星丛与谱系
国际中文教材的现代进程研究
（1912—1949）

马国彦　著

上海外语教育出版社
外教社　SHANGHAI FOREIGN LANGUAGE EDUCATION PRESS

图书在版编目（CIP）数据

星丛与谱系：国际中文教材的现代进程研究（1912—
1949）/ 马国彦著. -- 上海：上海外语教育出版社，
2024. -- ISBN 978-7-5446-8342-5

Ⅰ. H195.1

中国国家版本馆CIP数据核字第202464SZ39号

出版发行：**上海外语教育出版社**

    （上海外国语大学内） 邮编：200083

电   话：021-65425300 (总机)

电子邮箱：bookinfo@sflep.com.cn

网   址：http://www.sflep.com

责任编辑：李振荣

印   刷：上海华业装璜印刷厂有限公司

开   本：**710×1000 1/16 印张 13 字数 215 千字**

版   次：**2025 年 1 月第 1 版 2025 年 1 月第 1 次印刷**

书   号：**ISBN 978-7-5446-8342-5**

定   价：**42.00 元**

本版图书如有印装质量问题，可向本社调换

质量服务热线：4008-213-263

摘　　要

　　本研究考察民国时期(1912—1949 年)国际中文教材的现代进程,从课文编选、注音和标点、词汇语法项目设置、练习设计、教学方法 5 个方面入手,对 14 部国际中文教材如《国语指南》(1915/1919)、《五十节十分钟中文课》(1931)、《华语讲话》(1948)做了比较细致的对比分析,深入探讨了教材形成的社会背景和学理动因,挖掘、概括潜隐于教材之中,反映不同阶段教材之间、教材与教学研究之间关联的学理要素和学术谱系。

　　本研究首先梳理了国际中文教学机构如华北协和华语学校、金陵大学华言科、东方函授学校华言科等的创建和发展历程,在此基础上分析了民国时期国际中文教师从语言辅导型、语文知识型家庭教师到语言教学技术型学校教师的专业化嬗变过程,厘清了国际中文教材多元化建设的发展脉络。

　　本研究重点探讨了独白性课文与晚清传教士教材、民国时期国语教材课文之间的互文关系,考察了歌谣在晚清、民国时期不同阶段的形态和功能的变化,讨论了教材采用注音字母、国语罗马字的情况及标点方式的变迁,考证了词类术语 Auxiliary Verbs(助动词)的源流,分析了词类标注符号如 CV、EV、SV 的所指和来源,对教材里的练习和测试做了溯源分析。结合《华语须知》(1931)、《华语课本》(1948)等前言中的教学说明,课文中有关教学的对话,以及专门记录整理教学法的文献,分析了国际中文教学法从语法翻译法、汉英对比法到直接法的变迁过程,讨论了《华语须知》中对直接法的反思。

　　研究显示,民国时期的国际中文教材在继承晚清来华传教士如鲍康宁、狄考文所编中文教材的基础上,顺应时代发展,借鉴吸收了中外语言教学研究成果,从而使教材的内容、结构和体例逐步规范化、专业化。

　　总体而言,民国时期国际中文教材的现代进程是在中外语言文化交流和国语运动的影响下趋向完备和完善的历程,也是现代化和中国化同步深化的历程。

研究表明,对民国时期的国际中文教材、教师和教学法进行整合性研究,分析探索与教材编写、教师发展和教学法变革有关的学理背景,有助于加深对国际中文教育发展通史的认识,对于当前的国际中文教育教学实践也有一定的参考价值。

目　　录

绪　论

一、研究缘起

一门学科、一个专业的发展史是这门学科、这个专业的重要组成部分。中文作为外语教学的历史一直备受国际中文教育界、国际汉学界、历史学界的关注。

历史上的国际中文教材是我们了解和梳理国际中文教育发展史的重要窗口。黄裕寿、金璞国为日本驻清朝公使馆翻译生吴启太、郑永邦编写的《官话指南》(1881)做的序言,已指出教材在中文学习中所起的关键作用:"语言之学,虽文人之绪余,原无关乎经济才能之大,然无成书以为娴习之助,但偶听人之谈论,依稀仿佛而效颦之,不惟随学随忘,诸多罣漏,滋管窥蠡测之虞,即轻重缓急之间,刚柔高下之际,亦必不能一一酷肖。"

民国时期(1912—1949年)是国际中文教育发展出组织形态、初具体系化、在华外国人的中文学习从个体自学为主转变为学校课程为主的关键时期,一定程度上奠定了新中国发展的基础(鲁健骥,1998、2014;张西平,2009)。教学模式的转变缘起于金陵大学华言科、华北协和华语学校等专门中文教学机构在20世纪初期的相继建立,学校的发展推动了国际中文教师、教材和教学法的现代进程(刘家峰,2008;李孝迁,2014;卞浩宇,2019)。

鲁健骥(2014)强调,目前,20世纪上半叶尤其是民国时期仍是国际中文教育史研究的"薄弱环节",研究的广度和深度都有所不足。

程相文(2004)把宋代以来的国际中文教材分为三种形态:以词汇教学为中心的教材,以课文教学为中心的教材,以语言结构教学为中心的教材。按此划分,民国时期的教材属于以课文教学为中心的教材。程文认为,这种形态的教材的突出特点是,"以课文作为教材的基本形式,分话题营造模拟语境,以会话体或短文形式进行口语训练"。以课文为中心的教材虽已"具备了现代语言教材的雏形,但每课一般只有课文,有的配有语音练习、生字

1

生词表、常用词组或单句",但"没有标出重点句型,没有语法注释,没有语言结构练习"。"课堂教学以读书会话为主,语言知识教学和语言技能训练没有明确的要求和统一的规划。"以课文教学为中心的教材自元代"一直持续使用到20世纪40年代"。程文所举民国时期的教材有施列民《国语指南》(1915)、芮德义《适用新中华语》(1927)、奥瑞德《华语须知》(1931)、王诏九《初级华语课本》(1947)、北平华文学校《医语会话》(1948)。

赵贤州(1988)指出,课文、语法、练习是国际中文教材的三大构成要件,三者是统一的整体。

初步梳理可知,民国时期的国际中文教材的形态不可一概而论。有的确如程文所说,只有课文和生字生词表,如《国语指南》《初级华语课本》;有的则除了课文之外,另有语法注释,如《华语须知》;有的既有语法注释,也有语言结构练习,如马守真《英华合璧》(1938)、北平华文学校《华语讲话》(1948)。

看来我们应在以往针对单部教材所做的专题研究,如王澧华和吴颖主编(2016a、2016b)的基础上转换思路,从细致描写教材中的语音、词汇、语法、汉字教学编排情况,转向对教材发展过程的总体考察和整合研究,紧扣不同时期教材之间的继承和发展关系,围绕注音方式、标点符号、词汇和语法项目、课文的来源、练习设计、教学方法分析民国时期的国际中文教材,考察民国时期的国语运动、中外语言学和语言教学研究、世界外语教学法变革等对教材建设的影响,如此方有望客观认识民国时期国际中文教材的全貌,将零星的学理要素整理而成学术谱系,探索并总结教材的规范化变迁历程。

本课题以民国时期在华西方学人(传教士、外交官、汉学家)和中国教师主编的国际中文教材为研究对象,在教材的专题考察中兼及教师和教学法,分析国际中文教材的现代进程。

二、国内外相关研究述评

1. 民国时期

晚清时期,在华传教士编纂的中文教材的传播,对汉语规范化运动产生了积极影响(吕叔湘,1942)。民国时期,国际中文教材和国语运动的联系更趋紧密。国语运动开展初期,国际中文教材是学习和推广国语的凭借之一

（赵元任，1922）。随着国语运动的深入，国际中文教材建设正式成为语言规划的议题：1934 年，教育部"国语统一筹备委员会"议决通过了魏建功提出的"编辑对外的国语教科书"提案（黎锦熙，1934）。陆志韦等 1939 年发起成立的"国语教育研究会"在宣言中提出了"怎么样教外国人国语"的研究任务。

国际中文教材一直是海外汉学界关注的重要领域。民国时期，国外的学术刊物如《美国东方学会会刊》（*Journal of the American Oriental Society*）、《哈佛亚洲研究学报》（*Harvard Journal of Asiatic Studies*）等刊发的 10 余篇书评，是最早针对这一时期中文教材的研究文献。美国汉学家金守拙（Kennedy，1942）在评论卜朗特编写的《华言拾级》（1940）时，讨论了"国音"和"京音"的差异对教材的影响，对卜氏从中国小学国语教材中取材、合理控制字词比的做法表示认可。他同时指出，卜氏由于忽略了黎锦熙的《新著国语文法》（1924），因而在个别词语如"给"的性质和用法上判断有误。

美国汉学家富路德（Goodrich，1948）认为，裴德士主编的《华文初阶》（1943）收录的词语用途广泛，句子自然地道，释义有助于平常学习，少量奇闻轶事类的课文大多取自春秋战国时期的文献，加以白话讲述，也能引起学生的普遍兴趣。不过个别地方存疑，如教材第 49 至 50 页列出的助词"的"的八种用法。

上述文献同时也从不同角度勾勒出了民国时期国际中文教材的发展情况。

2. 中华人民共和国成立以来

中华人民共和国成立以来，学界对民国时期国际中文教材的探索经历了三个阶段。

第一阶段：20 世纪 80 年代末 90 年代初，国际中文教材的重新发现期。研究者在总结赵元任和老舍的域外汉语教学贡献、分析相关中文教材时，揭示了教材编写与国语运动的关联。盛炎（1987）从教材编写和教学理论建构两个方面讨论了赵元任在国际中文教学上的贡献，特别指出，赵先生民国时期在美国出版的汉语教材《国语入门》（*Mandarin Primer*，1948）的注音采用"国语罗马字"，这种注音方式因声调包括在拼法之中而受到美国学生的喜爱。刘小湘（1992）从语言材料出发讨论了老舍参编的《言语声片》（1926）的"口语化、中国化、生活化"特点。

第二阶段：20 世纪 90 年代至 21 世纪初，国际中文教材研究的拓展期。

随着汉语史、汉语语言学史对晚清以降国际中文教材的史料挖掘和价值重估(邢公畹,1990;姚小平,1999),国际中文教育界对自身专业发展史研究的重视(鲁健骥,1998),国际中文教育史研究和汉学史探索的有效结合(张西平,2003),民国时期国际中文教材研究的范围不断扩大,思路不断拓展,这为国际中文教材参与国际中文教育史书写并逐步成为独立的研究对象提供了契机。

这一阶段的研究以六角恒广(2002)和张西平(2009)为代表。日本学者六角恒广(2002)注意到在华西方人和日本人对国民政府1918年公布的"注音字母"的不同态度,并讨论了这种差异在教材编写上的表现。张西平《世界汉语教育史》(2009)是国内外第一部以世界汉语教育史为中心的著作,涉及民国部分的内容时介绍了两部词典和一部教材,明确了这一时期的中文教材从近代到当代转型中的历史定位。

第三阶段:近年来,民国时期国际中文教材专题研究成为国际中文教育领域的热点之一。这一阶段的研究有以下两种取向:

一是以教材为中心,探索教材编写者对国语运动的认识,以沈国威(2009)和武春野(2014)为代表。沈文指出,狄文爱德的《新名词》(1913)和莫安仁的《新名词新术语》(1913)对19、20世纪之交大量新词语、新词缀的描写,是对传教士参与"新汉语的创建",经历并完成以"言文一致"为特征的国语建构历程的反映。武文认为,施列民编纂的《国语指南》(1915)代表了早期研究北京官话的传教士对国语运动的积极反应。

二是对教材构成中有关国语运动影响的分析,以张西平和柳若梅(2014)、王澧华和吴颖(2016a、2016b)为代表。这三部论文集所收都是对教材的专题研究。其中,意大利学者费琳(Casalin,2014)分析了国语运动对苟西马《官话撮要》(1928)收词的影响。倪春凤(2016)分析鲍康宁的《日日新》(1920),郭鑫考察芮德义的《适用新中华语》,陈丽华(2016)研究奥瑞德的《华语须知》,都已论及国语运动的影响。何玉洁(2016)讨论了石密德和陆懿合著《标准国语教本》(1939)对"国语"的认识,概括了课文编选的时代特点。常晓敏(2016)认为,国语运动的相关成果如《国语正音字典》、黎锦熙的语法研究,为马守真在鲍康宁《英华合璧》(1887)的基础上改编同名教材(1938)提供了重要支撑。

这三个阶段的探索,从历史和逻辑上描绘出了民国时期国际中文教材发展的清晰图景,确定了本课题的研究基调。不过,由于未能充分进行历史语境还原,中华人民共和国成立以来的研究与前述民国时期的相关文献脱

节,史料发掘尚显不足,因此在研究的广度和深度上都有进一步拓展的空间,以下问题尚待解答:

（1）民国时期国际中文教学机构的创建和发展情况如何,哪些教材是依托或面向特定中文教学机构编写的?

（2）教材里的课文,尤其是独白性的课文与中小学国语教科书的课文是怎样的关系?

（3）哪些教材的词语注音采用的是注音字母和国语罗马字? 哪些教材的课文标点采用的是新式标点符号?

（4）教材里的语法项目设置和词类标注有哪些继承和发展的特点,例如,多部教材都列为重点语法项目的 Auxiliary Verbs（助动词）渊源何自? 北平华文学校出版的《华语讲话》（1948）中的词类标注符号 CV、EV、SV、SP 的所指和来源是怎样的?

（5）哪些教材有专门的课后练习和单元复习设计?

（6）哪些教材对包括翻译法、直接法在内的教学方法做了记录,课堂教学是否确如程相文（2004）所说,"以读书会话为主,语言知识教学和语言技能训练没有明确的要求和统一的规划"?

毋庸置疑,这些问题归结为一点,就是目前仍缺少对民国时期国际中文教材发展历程的学术史梳理。当然,这些问题的存在,对在既有探索的基础上进一步发掘史料、拓宽研究视野,开展深入的整合研究提出了更高的要求。

三、研究动态和意义

1. 研究动态

国际中文教材研究的总体趋势,是在已有个案考察的基础上,开展深层次的综合性研究（郭利霞,2017）。深层综合研究的可行性,体现在以下两个方面:

一是加强文献爬梳工作,拓展教材研究的广度。鲁健骥（2014）指出,针对民国时期国际中文教育的研究,应在史料挖掘的基础上加强教材考查。借此可将更多的中文教材纳入研究范围,如夏威尔编写的《五十节十分钟中文课》（1931）、佚名编著的《中华适用话》（1930—1937）、北平华文学校出版的《华语讲话》(1948)，以加强对教材之间的横向联系和纵向比较。

二是从对教材中语言要素的静态描写，拓展至对支撑教材的学理背景和教学法变革的深入探索。豪厄特和威多森（Howatt & Widdowson，2004）在考察英语作为外语教学的历史时指出，一门语言的规范化是其作为外语教授和学习的内在基础、基本前提。语言的规范化过程与教材的内容和结构体例的规范化过程息息相关。通过对史料的初步挖掘、整理和分析，我们发现，民国时期国语运动对国际中文教育的影响逐步深化，国际中文教材的规范性逐步提高。鲍康宁 1920 年出版的教材《日日新》的生词注音首次采用了注音字母，耶稣会籍教士马丁神父 1949 年编写的中文学习手册的课文"俱选自中国小学所用十本最佳之国语教科书"。①

针对既有研究对国际中文教材的国语背景探索得不够的现状，我们对老舍先生与国语运动的关联做了专门考察，发现他在赴英任教之前，曾参加过国语讲习所举办的讲习会，组织过国语补习会，这一背景与他参编的《言语声片》的课文谈论"白话写成"的小说、新闻有直接联系。

沈国威（2009）强调，应结合传教士译词和国语教科书中的术语，加强对民国时期中文教材中所用语言学词汇的研究。这一观点对剖析民国时期国际中文教材教学语法项目的来源及其构成特征，探索中文教材的现代发展历程有重要的启发意义。

2. 研究意义

在国际中文教育领域，本研究是首次对民国时期的国际中文教材做系统性整合探索。

（1）分析国际中文教材的现代进程，实质上是对民国时期国际中文教育全貌的透视，有助于补充和完善目前的国际中文教育通史研究，为当前海内外中文教材建设和研究、教学法改革、中外合作教育教学实践模式的探索提供重要参考。

（2）对国际中文教材进行史论结合的还原梳理，深入挖掘、系统整理这一时期的教材和文献，细致解析教材发展的学理路径，有助于构建以教材为中心的中外语言学体系对话和话语模式互动的理论框架，为汉语史、汉语语言学史、国际汉学史研究奠定坚实的基础。

（3）从民国时期的国际中文教材中提炼对汉语特点和教学法嬗变的认

---

① 引文源自《神职月刊》1949 年第 2 期刊登的一则"国内外教务消息"（安徽）的书讯。

识,总结语言规范化与中文教材之间关系的发展规律,可以进一步丰富国际中文教育理论,使学科建设和专业发展有更深厚的历史根基。

（4）教师是连接教材和教学法的枢纽,以教材为中心的考察势必也会涉及对国际中文教师专业素养的认识,这有助于深化对国际中文教师评价标准的研究,为新时代教师培养和培训效能的提升提供助益。

四、研究对象和目标

1. 研究对象

本研究结合程相文（2004）、王澧华和吴颖主编（2016a、2016b）及其他文献论及的民国时期教材,并参考北京图书馆 1986 年编《民国时期总书目》（语言文字分册,1911—1949）、北京语言学院世界汉语教学交流中心信息资料部 1991 年编《世界汉语教学书目概览》（第一分册,1899—1990）收录的教材,确定以下 14 部国际中文教材为研究对象,我们按出版年份将之分为 4 个阶段,20 世纪 10 年代 2 部,20 年代 2 部,30 年代 4 部,40 年代 6 部。

1.1　20 世纪 10 年代

（1）《官话初阶》（1911/1918）：英国浸礼会传教士怀恩光（J. S. Whitewright）编写,1911 年初版于山东大学堂书局,1918 年上海雷斯赍修订再版。另有 1934 年、1939 年上海广协书局影印本。本研究考察的是 1918 年版。全书 44 页,共 37 课。无前言、目录、后记。各课无生词、语法点。这 37 课实际上是分话题的对话集,编写者根据语句实现的交际功能和对应语域,把话题分为 21 类,如第 1、2、3 课的主题都是"与先生念书话",第 4 至 9 课及第 11、18 课的主题均为"家常话"。第 12 课的句子最多,有 57 句话,第 24 课最少,有 11 句话,平均每课 28 句话。

（2）《国语指南》（*Simple Discourses in the Mandarin Language*，1915/1919）：美国基督复临安息日会医学传教士、中国红十字会总医院副院长施列民（A. C. Selmon）编纂,1915 年 11 月初版,1919 年 6 月再版,上海时兆报馆（The Signs of the Times Publishing House，Shanghai）印行。本研究考察的是 1919 年版。全书 80 页,分为 17 章（课）。第 1 至 10 章,第 14、15 章无题名,各章无注释、练习。第 6、7、8、10、11、12、13、14、16 章有新字表,共列出 169 个字,其他章无。

1.2　20世纪20年代

（1）《日日新》（*An Idiom A Lesson*，1920）：英国内地会传教士鲍康宁（F. W. Baller）编写，中国内地会（China Inland Mission）1920年出版，上海摩根和斯科特公司（Morgan and Scott Ltd.）印行，全书92页，一共50课，前30课是语句的汇集，每课包括课文、词汇表、课文英译、练习四部分，每六课有一个单元复习，后20课是阅读短文。

（2）《适用新中华语》（*Current Chinese*，1927）：美国驻华公使馆武官芮德义（J. P. Ratay）和中国教师金叔延、秀毓生合作编写，上海别发洋行（Kelly and Walsh Ltd.）1927年出版。整部教材包括中文版和英文版两卷，中文版237页，包括90章（课）的对话体课文；英文版295页，是课文的拼音形式和英文翻译，另附勘误表、词汇表。

1.3　20世纪30年代

（1）《华语须知》（*Practical Chinese: Including a Topical Dictionary of 5000 Everyday Terms*，1931）：美国驻华外交官奥瑞德（Harry S. Aldrich）主编，中国教师金叔延、秀毓生、武汉章"同著"，北平法文图书馆出版。封面"华语须知"四个字由美国美以美会传教士福开森（John C. Ferguson）题写，时任美国驻华大使纳尔逊·詹森（Nelson T. Johnson）撰写了序言。

全书包括两卷。第一卷293页，包括50课拼音形式的课文、音序检字表、术语检索表、参考文献四部分，其中50篇课文的编排体例是生词（拼音和英文对译）—语法（第1至25课、第46和47课）—课文拼音—课文英译。第二卷285页，可分为学和教两部分：前半部分（第1—182页）是"Topical Dictionary（分类字典）"，共75项，以英文解释中文词汇、语法项目和文化交际要素，供学习者使用，如第1项是"Cardinal numbers（基数词）"，第24项是"Animals（动物）"，第71项是"Parts of Speech（词类）"，第75项是"Proverbs, Colloquial Sayings（格言，俗语）"；后半部分（第183—282页）是50篇汉字形式的课文及相关生词，无英文对译，无拼音标注，供中文教师使用。

（2）《五十节十分钟中文课》（*The Chinese Language in Fifty Ten-Minute Lessons*，1931）：美国基督复临安息日会传教士、东方函授学校校长夏威尔（W. A. Scharffenberg）1931年1月17日—12月26日在上海《密勒氏评论报》（*The China Weekly Review*）上分50期连载的函授性质的教材，面向在华初级阶段学习者。夏威尔在第1课的"概说"部分指出，"系列课程的总体目标是让学习者系统掌握汉语语言要素知识。"这是目前所见第一部以报纸为传播载体、采用公开课形式的国际中文教材。

这部教材共 50 课,一课占据一个报纸版面。每课包括两部分:一是用英语撰写的有关学习方法、汉语语音、汉字书写、口语习得、中国常识等主题的学习指南;二是由汉字、生词、例句、阅读课文组成的教学材料。

(3)《中华适用话》(1930—1937):我们在"民国图书数据库"检索到一部名为《中华适用话》的国际中文教材,著作者、出版者不详,出版年份为(1910? —1949?),也就是说具体时间亦不详。《民国时期总书目》(1911—1949)、《世界汉语教学书目概览》(第一分册,1899—1990)均未收此教材。

《中华适用话》全书 144 页,共 64 课,每课由生字和课文(会话)两部分组成。课文围绕日常生活、学习等主题展开。如第二课的主题为指认日常物件,包括如下常用问答句:"这是什么? 那是书。那是什么? 这是钱。他有什么? 他有你的笔。这个钱是谁的? 那个钱不是我的,是你的。"《中华适用话》的封面、封底、版权页阙如,成书时间不明,我们通过课文中的叙述时间和涉及的历史事件,推测这部教材出版于 1930—1937 年之间(详第一章第四节)。

(4)《英华合璧》(*KUOYÜ PRIMER: Progress Studies in the Chinese National Language*,1938):澳大利亚内地会传教士马守真(Robert Henry Mathews)1928 年受中国内地会委托修订鲍康宁编写的《英华合璧》(*A Mandarin Primer*,1887)。[①] 1938 年,厚达 790 页的马守真版《英华合璧》修订完成。这一部综合性教材借鉴了鲍氏的结构和体例,同时做了一定程度的改进。全书共 40 课,包含 262 个语法点,1 354 个汉字,2 030 个词组;每篇课文可以分为 6 个板块,分别是字语集—字词注释—习语和语法点解释—杂句—英译汉练习—阅读课文。

1.4 20 世纪 40 年代

(1)《华言拾级》(*Introduction to Spoken Chinese*,1940):华北协和华语学校教师、俄侨汉学家卜朗特(Jakov Brandt)编写,北平法文图书馆1940 年出版。这是一部面向初级阶段学习者的综合性教材,共 391 页,包括 30 课,各课的编排体例是:字(单音节)—词(双音节和多音节)—语(句子)—短文(从第 16 课起)—语法点。

[①] 鲍康宁《英华合璧》1887 年初版于上海,至 1926 年印行第 14 版,前后修订、再版 13 次。详参刘媛媛(2011)、郭利霞(2017)。

（2）《华文初阶》（*Chinese Language Lessons*，1943）：美国青年会传教士、北平基督教青年会总干事、北平华文学校（原名华北协和华语学校）校长裴德士（W. B. Pettus）主编，1943 年出版于美国洛杉矶，出版者是 California College in China（中国加州学院）。California College in China 实即北平华文学校。北平华文学校在日本侵华、偷袭珍珠港事件之后转移至美国，"迁入加州大学"（《中央日报》1942 年 7 月 21 日报道），California College in China 是该校的英文名称。

《华文初阶》是一部适用于初级阶段学习者的综合性教材，共 256 页，包括 70 课。裴德士在教材序言中强调，《华文初阶》是华文学校在北平开展中文教学 30 年的积累。各课的编排体例是：课文—生词和注释—翻译。如某一课有语法点，则另有关于该语法点的用例的集句，并附与此有关的生词、注释和翻译。前 20 课的主课文是对话，第 21 课起为短文。第 31 到第 70 课，课文的安排是一古一今，交叉排列。如第 41 课是《庄子的哲学》，第 42 课是《地理》；第 51 课是《管仲的三件要求》，第 52 课是《预备茶话会》，第 69 课是《闾丘的希望》，第 70 课是《国语》。

（3）《华语易通》（*Conversational Chinese*，1947）：吴章编写，上海美灵登公司（Millington Limited，Shanghai）1947 年出版，全书共 310 页，包括 7 节。据时任上海美国学校校长托马斯·吉布（Thomas. C. Gibb）所做的英文导言（Introduction），这部教材是面向该校 8 年级至 12 年级中文零基础的学生而作的。吴章是目前所知最早独立完成国际学校中文教材编著的中国教师之一。目前仅知他是上海美国学校的教师，其他情况不详。

吴章在教材的序言里说，《华语易通》"乃鉴于西人来华，感感学习华语困难，爱本经验所得，编成是书以利学者，苟能循序勤学、持之以恒，则进步自易矣"。"编辑大意"指出，"本书专为初学以字句为基，使之循序而进，易于进步。"教材分为 7 节，"每节附以生字，共八百之数"："第一节四十课活用练习，由单句而复句，循序递增，以便反复诵读之用；第二节生字及短句例句；第三节注重成语以便练习语法；第四节文法举例；第五节套语会话；第六节儿童故事及应用文字"；第七节"附单字及习用成语等英文释义，以便自修时之参考"。

（4）《初级华语课本》（*Chinese Lesson Book*，1947）：王诏九编著，上海美国学堂（Shanghai American School）1947 年出版，也是一部面向在华美国中学生的中文教材。封面题名为《初级华语》，扉页题名为《初级华语课本》。上海美国学堂即上文所说的上海美国学校。据中国征信所编《征信工商行名录》(1940)收录的东方函授学校情况,王诏九是东方函授学校华言科第一助理、中小学部主任,也就是说至少截至1940年,王诏九在东方函授学校华言科从事国际中文教学工作。

《初级华语课本》全书77页,共16课,每课由生词(语)、课文两部分组成,无语法项目,无练习。前八课的课文是集句和对话,后八课的课文是独白性的文章。

(5)《华语讲话》(1948):北平华文学校1948年出版,应为该校中国教师集体编写,中高级口语教材,共71页,包括11课。这是一部以来华的美国商人高先生的活动为主线、在他的视角下展开的连续性对话体教材。各课的编排体例是:课文—新词—练习。

(6)《华语课本》(1946—1948):我们在"民国图书数据库"检索到一部名为《华语课本》的著作。无封面、封底,有目录,出版者、出版地不详,出版年标为[193—?],即不能确定出版于20世纪30年代哪一年。我们根据课文中的例句推测,这部教材应出版于1946—1948年之间(详见第一章第四节)。

《民国时期总书目》(语言文字分册,1911—1949)将这本书收在"外国人学习汉语读本"类,第191页对此有以下四项说明:440页,16开;天主教会编的学习汉语课本;共80课;书末有国语罗马字拼音索引。不过惜未标注出版时间。《世界汉语教学书目概览》第一分册(1899—1990)未收此教材。

《华语课本》各课的编排体例是:生词表—与生词对应的句子—课文(白话和语体)。如第一课分两段,第一段有11个生词,接下来是与生词对应的句子,白话文《一个小画家》;第二段是9个生词及与之对应的句子,然后是语体文《小画家》。整部教材还穿插编排了23个交际会话,涉及"交际上常用语""修女交际用语""打电话""参观""旅行""辞行"等主题。

这14部教材既有综合性教材,也有口语类教材,既有图书教材,也有报刊连载教材,涵盖了初、中、高三个语言水平等级,适合成年人和中学生学习,以成年人为主。

在本研究过程中,因语法项目、词类标注符号、课文、练习设计溯源,还会涉及晚清民国时期海内外多部中文教材,如鲍康宁《英华合璧》(1887)、狄考文《官话类编》(1892)、德·范克《初级汉语课本》(1946)等,这些将随文说明。

本研究的重点是国际中文教材构成要素的分析整理,并结合教材前言的教学说明、课文中有关教学的对话,以及专门记录教学法的文献,如华北协和华语学校教材程锡之撰写的系列文章《华语学校教授法》,考察课堂教学方法和中文教师的专业发展历程。

2. 研究目标

本课题研究的主旨是以国际中文教材为中心,分析民国时期的国际中文教育实践由疏离到融入中国社会语言生活,同时逐步规范化、专业化的变迁历程。这一主旨可分解为以下三个方面:

(1)梳理民国时期国际中文教学机构的创建和发展情况,在此基础上,分析中文教学机构选聘、培训国际中文教师的具体办法,勾勒国际中文教师从家庭教师到学校教师、从偏重文史知识到偏重教学技术的发展路径,明确教材建设的社会背景。

(2)从课文编选、注音方式、标点符号、词汇语法项目、练习设计五个方面入手,通过对民国时期14部国际中文教材的内容、结构、体例、编排方式的对比分析,探索教材建设的学理背景和渊源,梳理教材的形态变迁,探讨教材在继承晚清中文教材的基础上,顺应时代的发展,在中外语言文化交流互动和国语运动的影响下逐步规范化的过程。

(3)结合国际中文教材中所附教学建议,以及世界外语教学法的变革、国语运动的开展,分析教材中的教学方法从语法翻译法、汉英对比法到直接法的变迁。

五、研究思路和方法

1. 研究思路

本课题基于以下学术思考进行探索:

(1)国际中文教育断代史研究是一个亟待开拓的学术研究领域,是学科和专业建设的重要支撑。国际中文教学深受中外语言文化交流影响,民国时期的国际中文教育史是世界中文教育史、世界外语教育史的必要组成部分。

(2)汉语规范化与国际中文教育息息相关、相互促进。随着国语运动的持续深入推进和中外语言文化交流的影响,国际中文教育实践逐步成为中国社会语言生活的一部分,国际中文教材的内容、结构因之而规范化,教学法逐渐科学化,教师的专业素养构成渐趋明晰化。

（3）整体而言,国语运动对国际中文教育的影响逐渐深化。不过这一时期国语运动的开展具有阶段性特点,不同时期对国际中文教育的影响不一,同一时期对教材、教师和教学法三个方面的影响并不相同,这决定了教材的规范化是一个动态起伏甚至参差错落的过程。

本课题的研究思路是,首先考察民国时期国际中文教学机构的创立和发展历程,分析师资队伍建设、教材编写与教学机构的关系。

其次,结合互文理论探究教材中课文的来源,深入考察课文修订、改写的动因和表现,重点分析《华语课本》白话文和语体文的来源。以歌谣为例,探索歌谣从教学材料到文体区分材料的变迁过程。

第三,将14部教材对应还原到民国时期的社会历史语境中,分析词语的注音方式和标点符号使用情况,重点是注音字母和国语罗马字在教材中的使用及标点方式的变迁。

第四,考察国语运动对教材词汇语法项目建设的影响,以多部教材中均设置的词语类别 Auxiliary Verbs（助动词）为例,探讨术语的学理渊源和流变,分析《华语讲话》中的词类标注符号如 CV、EV、SV 等的来源。

第五,考察教材中的练习和测试的形式、分布、特点,以及练习设计的来源,重点考察《五十节十分钟中文课》《英华合璧》《华语易通》《华语讲话》中的练习。

第六,结合《官话初阶》的课文,程锡之刊发的有关华北协和华语教学法的系列文章,以及《五十节十分钟中文课》《华语须知》《中华适用话》《华文初阶》等教材讨论教学法的变迁。

需要说明的是,我们发掘到的民国时期几个时间段的教材和文献资料多寡不一,加之以国语运动为代表的中国社会语言生活变革对国际中文教育的影响在各阶段的表现有所不同,因此造成各部分的探索在体量上并不均衡。

2. 研究方法和材料来源

本研究是在国际中文教育史框架下的探索,要求作者具备多学科的会通视野,以第二语言教学和习得理论、教师专业发展理论、互文理论为基础,在语言学、教育学等学科的知识体系和研究方法的支撑下开展研究。

研究过程中,秉承全面、历史的研究理念,既注重对不同历史阶段教师、教材和教学法之间内部关联的探索,也注重对中文与其他语言作为外语教育之间的外部关联的考察；主张以今视古，但不以今律古；注重史料的发掘、整理和分析；史论结合，描写和解释、个案考察和整合研究结合；综合运用比较法、归纳统计法进行多维度、深层次探索；强调在史实分析基础上的理论概括和总结。

本研究考察的教材、文献有的是纸质版，如《国语指南》《适用新中华语》《华语易通》《华文初阶》，有的是来源于"民国图书数据库"等电子资源库的电子版，如《中华适用话》《华言拾级》《华语讲话》等。

第一章　国际中文教学机构的发展历程

民国时期,国际中文教学机构的创立和发展,为师资队伍建设、教材编写、教学法改革提供了组织保障,推动了国际中文教育的体系化进程。

美国长老会传教士赛兆祥(Sydenstricker,1912)从自己的中文学习和教学经验出发,指出开设专门的语言学校是十分必要的,因为在这种环境里学习中文具有明显的优势,主要表现在以下五个方面:其一,学生如果去学校上学,其语言学习进程被中断的可能性就会低很多。其二,学生聚集到学校或课堂,可以相互交流和竞争,这有助于激发学习者想要脱颖而出的良性渴望。其三,学校里有专门的教师为学生提供指导。其四,这种学习方式能让学生省下相当多的时间,也就可以让他们更早地为传教做准备。其五,学生通过这种方式明显能获得更好的学识和更精准的语言知识。

本章首先梳理国际中文教学机构的创建和发展历程,然后讨论中文教师从家庭辅导教师到学校教师的嬗变过程,最后分析教材建设与教学机构的关联。

一、国际中文教学机构的创立

晚清时期,英国传教士鲍康宁 1887 年在安徽安庆创办的内地会语言训练所,是基督教(新教)创建国际中文教学机构的发端(卞浩宇,2016)。

1906 年,基督教上海传教士联合会议之后,教会各界纷纷致力于创办中文培训学校,探索实施系统性的中文课程教育。1907 年夏季,美国青年会传教士来会里(D. Willard Lyon)和美以美会传教士巴乐满(Fletcher S. Brockman)共同在江西牯岭开办了一个短期语言培训班,6 月 3 日开课,持续到 9 月中旬结束。参加这次培训班的学员共 14 人,聘请中文教师 14 人,师生比是 1∶1,开设的课程有"汉字书写""对话""写作""中国礼仪"等。

卞浩宇(2016)详细讨论了这些课程的开展情况。"对话"课上,教师通常在课前为学员准备好相应的话题,如中国的婚姻制度、葬礼、宴席等,课堂教学中学员分为若干个小组,在各自小组内根据话题内容以及教师设计的提纲进行会话练习,教师在旁适时给予指导。"中国礼仪"课上,教学采用场景模拟的方式,先由两位教师扮演途中相遇的行人,以此为场景进行对话和互动,向学员介绍与之相关的礼仪及其他注意事项,随后由学员代替其中一位教师参与模拟练习。

20世纪第二个十年(1910—1919年)是国际中文教学机构的集中建设和蓬勃发展期。1910年,基督教联合会在北京创办了一所"华言学校",1913年扩充成一个联合的学校,即华北协和华语学校(North China Union Language School)。

华北协和华语学校教师王竹铭在该校校刊《华语学校旬刊》创刊号(1922年第1期)上撰写的发刊词,简要回顾了华语学校的创建缘起、开办时间和办学成效:"泊乎海禁大弛,西人来华因之日众,而侨居京师者尤多。徒以不谙华言,交际殊多滞困,虽欲研习华语,莫知途径所趋。爰于民国初季,始有华语学校之设,数载以来所收成效,学者固有定评,勿烦余之喋喋也。"

1912年,南京金陵大学也附设了一所"华言学校",即金陵大学华言科(Chinese Department of Nanking University)。1914年,美国长老会等创办了广州协和华语学校(South China Union Language School)。1918年,上海英国商会设立了一所华语学校。1919年,苏州东吴大学附设吴语方言学校。除了教会和商会所办中文学校之外,还在一些避暑胜地如河南鸡公山、江西牯岭等组建了宣教师语言学习小组(郭卫东主编,1993)。

基督教会创办华语学校的初衷,是"使初来中国的西教士,先在这学校里学习一年的中国话,然后分发到内地去做传道工作"(王治心,1948:322)。1914年,金陵大学华言科在发布的英文公告中,宣称其办学目的是"训练新到传教士在汉语的听、说和读以及某种程度上的写作能力"(刘家峰,2008)。而上海英国商会的华语学校突出了交通、商务特色,"校内功课分实习谈话、读本翻译、实行地理等门,此外又读熟中国各省城、各通商埠名以及中国规矩与谈吐规则"。1919年,该校有学生一百多人,并允许美国商会的学习者加入(《时报》1919年8月18日)。

这些中文学校和教育机构无论规模大小、学期长短,都是国际中文教学开启现代进程的标志,预示着在华外国人在中文学习模式上的重大转变,即从个体自学转变为系统化的学校课程学习。

金陵大学华言科由美国基督会传教士美在中(Frank E. Meigs)筹备。

美在中请曾在江西牯岭语言培训班教过书、富有教学经验的贾福堂负责中国教师选聘。贾福堂选聘了 33 位中文教师,并监督教学工作、教授中文对话。金陵大学华言科 1912 年 10 月 15 日正式开学,第一届学员共有 45 名传教士。广州协和华语学校 1914 年时有学员 10—12 人。

金陵大学华言科在金陵大学校刊《金陵光》(*The University of Nanking Magazine*) 1914 年第 2 期上发布了“1914—1915 学年公告”(*Announcements for the Year 1914 - 1915*),对新学年与中文教学有关的各项事务做了详细说明。公告强调,“课堂上教师使用南京官话授课,因为换成学生母语授课的优势并不明显。”新学年的教学目标是使学生掌握如下内容:标准罗马拼音体系,鲍康宁英译本《圣谕广训直解》(1911 年版)前 20 课内容,阅读并翻译《约翰福音》第 4 章和第 9 章,背诵主祷文、20 条或 20 条以上中国俗语、谚语,至少会写 100 个常用部首,同时需会写并会分析《来会理汉字集》(*Leon's List of Characters*)中的 500 个汉字。[①] 开设课程有:语音、学习方法、熟语(语法)、会话、作文、汉字解析,以及有关中文、传教士培训的讲座,关于中国习俗的英语文章的指导阅读。

在校刊同一期上,有一篇汇集 1913 级学生反馈的报告 (*Reports from First Year Language Students*)。从报告可知,金陵大学华言科当时有 25 位中国教师、2 位美国教师。每天上午有会话课、汉字课、听写练习课、阅读翻译课,每门课各 45 分钟,下午有 1 个小时的语法、背诵课。

会话课由中国教师负责。教师给学生分发用拼音写的对话材料,首先领读一遍,让学生依次起立朗读,并纠正其发音错误。随后,教师安排每两位同学一组进行对话练习,并复述对话材料。若时间有剩余,学生可用中文向教师提问与所学材料有关的问题,教师进行解答。对话材料内容丰富,包括料理家务、购物、旅行等。同时,在这门课上,教师有时也会给学生发放用汉字写的对话材料(每周做两次这样的练习),材料往往是比较简单的小故事。学生需要用自己的话复述材料或者原话背诵材料,可以增添新内容或省略部分内容。通常情况下,学生在这门课上只能说中文。只有当学生实在听不懂中国教师说的话时,才允许用英文提问,这时美国教师会为其翻译。

汉字课是全中文授课,学生识读、书写汉字并学习字义。听写练习课上练习听写汉字和句子,句子中的生字都是当天学过的。在这门课上,中国教

---

① 这里所说的汉字集可看来会理所著 *On Mastering the Form and Use of the Most Frequent Words in the Mandarin Language*。见《教务杂志》(*The Chinese Recorder and Missionary Journal*) 1908 年 7 月 1 日刊。

师先念汉字和熟语,美国教师用英文把对应的内容写出来,并为学生翻译。

语法、背诵课上学习语法并背诵上午所教的句子。教师会给学生看英文材料,学生说出对应的中文句子。外国教师有时会讲解语法。中国教师负责听测学生说的中文,并为其纠正错误。

学生认为,华言科的中文教学有许多优点,例如,中外教师合作授课,外国教师可以帮助学生解释中文的词句,否则单靠学生猜测词义会非常困难。学校开设的有关中文学习方法的课程很有效,每天的汉字书写训练让学生掌握了大量的汉字,减少了后期学习的压力。在学校开展的对话、阅读和精读练习有助于提升听力和口语水平,因此传教工作中听力问题不大,在对话练习中的表现也还可以。课堂教学使学生感受到了同学之间的陪伴和竞争,这是对学中文的一种激励。[①] 课堂上学到了很多中国熟语。虽然工作后可能用不到南京话,并且多数情况下还需要学习新的方言,但是掌握两种方言可以让学生更好地理解和体会汉语。

华言科教学的不足之处首先是方言问题,去其他地方工作的学生表示,南京话和其他地方的方言不同,这一点对他们的工作稍有影响,但并不严重,他们都表示可以短期内迅速学习新方言并融入新的环境。其次,教师平时给学生的任务量有点大,对话训练的量则不太够。

《金陵光》1914年第2期发布的公告说:"课堂上教师使用南京官话授课,因为换成学生母语授课的优势并不明显",这表明金陵大学华言科此前是以学习者的母语即英语为教学媒介语的,或者说此前的教学法基础是语法—翻译法。另从会话课上要求学生只能说中文,不得用英文提问来看,华言科的教学法基础是直接法(Direct Method)。

自1914年起任华言科负责人的美国浸信会传教士钦嘉乐(C. S. Keen)在1917年的文章(C. S. Keen, 1917)中谈到,经协商,金陵大学华言科和华北协和华语学校就课程合作达成一致,自1918年起两校按照同样的标准开展中文教学,教授同样的内容。这说明华北协和华语学校的中文教学采用的也是直接法。[②]

中华续行委办会编《中华基督教会年鉴—1917》(第50页),将华北协和华语学校称为"完美之国语传习所":"京中之华语学校,为纯粹基督教所组

---

① 《北华捷报》(*The North-China Herald*)1913年6月14日有关金陵大学华言科的报道也强调了这一点。

② 《金陵光》的报道还不够完整,本章第三节我们会结合《华语学校旬刊》的记录详述直接法的教学原则和程序。

立,颇惹一般人士之注目。楼宇连楹,地址适中,亦且管理得人,教授有法,学生日增,诚完美之国语传习所也。"

二、国际中文教学机构的发展

20 世纪 20 年代(1920—1929 年),虽有华北协和华语学校"因时局不靖"而在 1927 年短期停办(《益世报》(天津版)1927 年 5 月 4 日),不过整体上国际中文教学的发展是较为平稳的。

这一时期,天主教会开始重视华语学校的创设。《公教白话报》1940 年第 17 期有一篇通讯,报道了北平圣母圣心会司铎华语学校创立满 20 年,共毕业司铎 235 位的情况。由此可知,这所华语学校创立于 1920 年。

基督教会和外国商会所办的中文学校的发展呈上升态势。1921 年,金陵大学华言科有寄宿学生 128 人,函授学生 33 人,中国教师 51 人。成都协和宣教师训练学校,即华西协和大学附设华语学校 1920 年成立,在此之前,在成都的外国学习者各自请教师来教,用旧式方法学习中文,没有一定的组织。学校成立以后,局面大为改观。1921 年,该校聘用了 17 名中国教师,教学方法和华北协和华语学校、金陵大学华言科保持一致,教授顺序是按照听、说、读、写进行的。

中华教育改进社编《京师教育概况》(1923)是对北京地区 1922 年 7 月至 1923 年 6 月之间教育状况的调查,报告第 14 页通过表格展示了"教会及外人立者三校"即北京财政商业专门学校、华北协和华语学校、华北协和女医学校的基本情况(见表 1-1):

表 1-1

校名	校址	电话	设立者	教职员数			学生数			全年经费数	每名学生平均费	备注
				男	女	总	男	女	总			
北京财政商业专门学校	崇内无量大人胡同	东364	青年会,英美两使馆	32	1	33	400		400	19 859	49.6	旧材料补入

校名	校址	电话	设立者	教职员数			学生数			全年经费数	每名学生平均费	备注
				男	女	总	男	女	总			
华北协和华语学校	灯市口七十一号	东1 633	青年会，英美两使馆	43	50	93	57	94	151	75 000	496.7	旧材料补入
华北协和女医学校	崇内孝顺胡同	东1 470	青年会，英美两使馆	3	12	15		24	24	77 400	3 225	

这三所学校都是基督教青年会和英美两使馆资助设立的，当年度华北协和华语学校教职员共93人，学生151人，师生比虽稍低于华北协和女医学校，但远高于北京财政商业专门学校。

北京高等教育访问社1923年12月28日在《时报》发布了华北协和华语学校年度招生统计："该校向以教授西人汉文及国语为课程，故应试及录取生有国籍而无省籍。入学时亦无试题，仅就所学略为询问，便分级教授。考试成绩表亦无从调查。"据统计，1923年应试131人，录取131人，其中男生52人，女生79人，以美国、英国、加拿大来华传教士、外交官、商人为主。

《大公报》（天津）1924年10月3日报道了美国商会在天津开设的华语学校举行的秋季开学典礼，该校当季共有来自法国、美国的学生36名，校长强调，"凡外在津之子弟，喜学华语者均可入学，分二班教授，认次递进。""现已有新旧生各一班。至成人之欲学华语者，则有夜班。凡在社会有职业者，以晚间之余暇，可报名学习。除礼拜日外，每晚自五点半至七点半。"

到了20世纪20年代后期，国际中文教学在地域分布上出现了一个有趣的变化，华东地区的中文教学中心似乎开始从南京向上海转移。据《基督教育》1927年第6期，基督教远东总会"因中国时局不靖，各省会西国工人多到上海暂居无事"，因此设立了一所华言学校，总会委办派夏威尔牧师（W. A. Scharffenberg）为校长，原在金陵大学华言科主持教学工作的贾福堂为教务长，并从南京请了16位中文教师。

基督教远东总会设立的这所华言学校实际上附设在中华函授学校，是该校的华言科。据《末世牧声》1928年第27期《华言学校》："本校（中华函授学校）附设之华言学校，系去岁（1927年）春季开办。特请前金陵大学华言学校主任（教务主任）贾福堂先生及其他华言教员廿余人，担任教授，分面授、函授两部,现共有一年级新生一百卅三位,二年级生六十二位,三年级生廿八位,四年级生五位,五年级生二位。"也就是说,1928年时在该校学习中文的面授和函授学生共230人。中华函授学校华言科采用五年学制,与金陵大学华言科1918年开始实行的五年制一致(刘家峰,2008)。

20世纪30年代(1930—1939年),中华函授学校易名为东方函授学校,该校华言科有了进一步发展。《末世牧声》1932年第16期有一则《特别通告》,详述了校名从中华函授学校到远东函授学校,再到东方函授学校的变更情况:"本校自民国十一年在上海成立,即定名为中华函授学校(Fireside Correspondence School China Branch)。嗣后因校务发展,扩充到中国以外,普遍全远东所有区域,于是改名为远东函授学校(Fireside Correspondence School Far Eastern Branch)。此种改变,不过因学校范围关系而已。嗣后又因校名关系,在英文上改为(Home Study Institute),在中文上仍依其旧。现在本校范围包括中华、远东两个总会所有区域,或者将来还要包括南亚总会,所以又改名为东方函授学校(Home Study Institute Oriental Branch)。所有先前和今后本校发出之中英文各种证书、证片均有同等效用,恐未周知,特此通告。"文末所署是"上海宁国路五二五号东方函授学校启"。

《火光》1933年新年特刊的卷头语对学校的十年发展历程做了总结:"校名为东方函授学校。吾校诞生,屈指已经十年。在此十年之中,内赖师生的合作,敬业一心;外仗教会的指导,热诚赞助。至记者执笔时止,本校计有职工18位,教员33位,学员1951位。已开班之课程,中文部30余门,英文部59门。校长以下计分会计、总务、教务、编译、华言,及五年传道科等部。"

《火光》同期刊发了李竭诚的文章《一日千里之华言科》,总结了该校华言科成立以来的发展情况:"华言科为函授学校之长子,产生于1927年,年方5岁。本年9月份新报名者32位,定课者38位;十月上半月,新报名者53位,定课者24位,前后不过六个安息(礼拜),共获新生85位,定课生62位。其原因即一方面由于校长之极力鼓吹,不遗余力;一方面由于教务长王子平君及各位教员的教授得法,热心校务。试察其他机关,大半是人浮于事,僧多粥少;但是本校的华言科实成为反比例。现在上海西青年会(Foreign Y.M.C.A)及电力公司,业已正式开班,学生颇为踊跃,以致教员不敷分配。刻下正在各方搜罗人才,训练国语教授,以应西人之聘。"

同期另一篇未署名文章《西人学习国语之踊跃》讨论了国语运动的持续深入推进对该校中文教学的影响:"近年以来,国语运动努力进行,几有普及之势。不特国人大多数能懂能说,即住在我国之西人,亦多竞习我国国语,以便了解我国风俗及人情。闻上海西青年会特聘本校校长为教育干事,专门提倡中国国语,上海电力公司亦聘本校校长为汉文顾问。该公司共有西籍职员 260 余位,现多报名入本校华言科学习华言。本校为便利学员起见,现在大马路电力公司、沙逊大厦及杨树浦三处开班教授。又闻有美国海军驻沪旗舰共有军官二十余位,亦请本校委派教员教授华言。"从中可知,夏威尔 1932 年被上海西青年会聘为教育干事、上海电力公司汉文顾问。

到 1932 年年底,华言科已通过函授的方式教授了 428 名初学者,当时上海的面授班级还有 250 名注册学习者。这些学员分散于全上海,包括美国学校、基督教青年会学校、上海大学、上海疗养院卫生院的外国职员。

《字林西报》(*The North-China Daily News*)1932 年 10 月 3 日报道,在当晚 8 点 30 分上海西青年会中文班的开班典礼上,夏威尔将会示范"如何用直接法教中文"(give a demonstration of the "Chinese Language by the Direct Method")。由此可知,该校华言科也要求中文教师掌握直接教学法。

据《末世牧声》1934 年第 21 期,"本校附设之华言科,年来极为发达,原有之华言教员不敷分配。现从各处征求此项人才,加以训练,以便分派教授。该班已于九月二日开班,学员二十余名,已于九月二十一日毕业,于是本校华言科又添一批新生力军了。"

截至 1940 年,夏威尔一直主持东方函授学校工作。据中国征信所编《征信工商行名录》(1940),东方函授学校除夏威尔之外,另有外国管理人员三人:Hamp, Mrs. G. G.(登记员),Morse, H. H.(主任),Anderson, W. E.(代理营业经理);中国管理人员三人:张伯安(Chang, A. H.,华言科秘书)、陈全和(Chen, C. C.,华言科主任)、王诏九(Wang, S. C.,华言科第一助理,中小学部主任)。①

20 世纪 30 年代,天主教会相继创办了两所华语学校。方济各会 1936 年在北京创建了方济堂华语学校。《公教周刊》1937 年第 19 期刊发了一则来自北平的消息《传教士应学中国国语》:"自国语标准音由教育部规定为北京音之后,北京国语更为全国学习国语之模范。外国传教士来华第一年内,每为学习语言之时期,学习国语自然以北平为理想地点。去年全国各

---

① 这里的王诏九应即《初级华语课本》(1947)的作者,其姓名拼音标注与《初级华语课本》的标注一致。

22

地方济各会传教士因于北平租屋成立方济各会学习语言之会院,一年内常有三十余会士在北平学习语言,近耶稣会士亦于北平成立会院,即在前平民大学地址,处辅仁大学西北,相距甚近。自本年九、十月起即将由江苏、安徽及献县大名各教区派遣新来华之会士,来平学习语言。"

《公教白话报》1940 年第 16 期的《方济堂华语学校概况》明确了学校的名称:"北京方济堂主办的方济各会华语学校,专为教授该会来华新神父的华语,开办以来成绩极佳。"该会视察专员舒乃柏神父称:"来华新神父,在该校学习华语二年后,分发该会各传教区,即能单独担任本堂职务,谈话讲道等均不感困难,并能作简单的华文书信。""该校现正训练暑期补习班,参加的神父一年级五十五位,二年级十六位,预计本月底始克结束。"

《安庆教务月刊》1941 年第 103 期的消息《方济堂华语学校开学》,谈到这所华语学校的学员以方济各会会士为主:"北京方济堂华语学校,兹以溽暑已过,气候凉爽,故于八月二十五日开始正式上课。本期司铎学生计五十位:内方济各会士三十一位,圣言会士六位,苦难会士五位,多明我会士三位,救世主会士二位,其余若嘉布道会、司加布罗会,及传教区辅助会士各一位。"

耶稣会 1937 年在北京创建了德胜院华语学校。《圣教杂志》1937 年第 12 期报道了"北平耶稣会德胜院开学"的情况:"耶稣会在华传教士,于本年暑间在平成立华语学校,名德胜院。现已于十月十五日开学,原定将前在安庆学习一年语言之传教士一并迁移来平,为第二年之华语学习者,今因交通不便未能实行,现已到平者为美国耶稣会士四名、墨西哥会士三名、西班牙会士七名、法国会士四名、奥国会士二名、瑞士会士一名,尚有意大利、加拿大、高隆皮、匈牙利及西班牙各国会士陆续前来,综计本年度第一年学习华语之会士约有三十四五名,德胜院理家司铎为法籍洛司铎,第一年华语教员为西班牙籍顾司铎,中国耶稣会巡闵毛大司铎亲自在平处理一切。"

《公教学校》1938 年第 28 期的《耶稣会华语学校南美会士将到平》记载了该校创办一年来学员不断增加的发展状况:"耶稣会在平成立华语学校,全国各教区新来华会士,须到平学习语言,研究中文二年。本年度除去岁来平继续第二年中文者三十一位外,新来华之会士三十八位,大多数皆已来平,最后来平者,将为南美银国(阿根廷)三位及智利一位,闻已得确讯,于十一月三十日经由巴拿马到日本,再由日来平。本年耶稣会华语德胜院学习华语学生,共约七十位左右,连共院长、理家、教授等,德胜院本年度当有耶稣会士八十位。"

《公教学校》1939年第17期的《耶稣会华语学校毕业生先后离平》报道了该校成立两年来的情况:"耶稣会士为新来华之各国司铎修士,在平成立华语学校,名'德胜院'。凡来华会士,除属华南各教区者,另在九龙成立类似学校外,皆须在德胜院学习语言文字二年:第一年专学国语,第二年以文言文为主,最后目标以能阅读通常日报为及格。德胜院华语学校成立以来已将二年。近第一届第二年华语毕业生三十二位司铎修士,皆已修毕预定学程,经笔试口试之过程,已于五月三十日考试完毕。三十一日起,分别先后各回本主教区服务。""现在德胜院第一年华语学生,尚有司铎修士三十三名。""闻下年度新传教士总数当有四十余左右,二年合共当有八十名。"

《公教白话报》1941年第1期的《德胜院华语学校学话神父达七十位》显示,该校创建三年来学制在逐步完善:"北京德胜门里耶稣会德胜院,最近又到二位新传教士,加入该院所设的司铎华语学校。截至现在止,该院现有学话神父七十位:五十位为耶稣会士外,其余二十位则为另四种修会传教士,全院学话神父代表十三个国籍、十三个教区。自本年度起,该院已成立第三年级,计有五位正式升入。"

德胜院华语学校也开设有暑期特别班。《安庆教务月刊》1940年第90期的《司铎华语学校之夏季班》报道了这方面的情形:"此间耶稣会华语学校现经决定续开七八两月之夏季班,以备志愿自修者之上进,闻志愿上课者已近二十余名。"

20世纪40年代(1940—1949年),除了前述华北协和华语学校、方济堂华语学校、德胜院华语学校等仍在持续经营、发展之外,可注意的是私立教会大学创设的中文教学机构。

燕京大学校报《燕京新闻》1940年10月19日报道了该校的"外国人华语"(Foreigner Chinese)课的情况,主讲教师是吴天敏。吴先生在接受校报记者采访时,对课程性质、学制和学分要求,教学法,教材编写,授课模式等做了较详细的介绍:

> 今年选修这门功课的外国学生一共十二个人,研究院五个,本科七个。若按已往的人数来说,本年的五个研究生,可算是外国研究生选修此门功课最多的一年。按学校规定,本课为三学分,凡外籍学生必修此门功课三年。以前对于教学方法,并无一定系统,然自前年起,我编了

教科书六本,每学期限定读完一本,如此方有些程序。不过,外籍学生来本校求学者,其华语之程度不一,所以虽只是十二人,不得不按程度分成三班授课。

以前的教法,偏重于说或写作,而有造成畸形发展的危险。现在为避免这种弊病,教科书的前二本是白话。写作与说并重,以后渐加文言和对子的作法。最少也使他们了解些中国文化;今年的研究生有采用《孟子》为课本者,但是并不是必修。他们在课外读,在班上回讲,虽然讲解有时发生错误,但是他们都很感觉到兴趣。

值得注意的是,吴天敏承担的是两个层次的本科生和研究生的中文教学,这与前文谈到的各语言学校的中文教学有明显差异。

《华中通讯》1947年第2期报道了华中大学"附设西人华语训练学校"的情况,办学缘起是,1946年夏末,"武汉区各差会为使其新派来华之传教士受华语训练,乃与本校洽商,拟借本校之人力,成立一华文学校"。华中大学韦卓民校长"因鉴于西人自办之学校,对我国社会及文化各方面甚为隔阂,加之受一班先来华者之宣传训练,致使初来中国之西人,不仅对我国毫无正确之认识,反为偏见与误解所蒙蔽,故经与教会合作,成立西人华语训练学校,由薛世和博士负责"。该校1946年11月正式开学,"又于本校校址内成立分校,两校共有学生五十四名,教员十八名。复经教务会议通过,承认该两校学生在本校取得学籍,又制定课程,全年授课十一月,以最新之直接法教授。除华语之训练外,为使彼等对中国文化各方面有正确之认识起见,更请韦校长讲演中国之哲学及宗教、中国之教育,外籍老师讲中国之地理、中国之文化史"。"开学以来,成绩甚佳。"

华中大学是20世纪上半叶华中地区几个英美基督教差会联合创办的一所私立教会大学。薛世和(Paul V. Taylor)来自美国复初会,他到华中大学后即担任教育学教授,并做了多年的教务长。从抗战胜利后至1950年,薛世和还一直负责华中大学的重建和学校土地购置、校舍修建等项工作。

《华中通讯》的报道有两点值得注意:一是该校的中文教学有明确的教学法即直接法,1∶3的师生比与华北协和华语学校、金陵大学华言科的情况一致;二是学校提供的不是一般的语言培训,而是承认学籍的学历教育的一部分;重视中国文化教学;特聘教师有中国学者,也有外国专家。

三、从家庭教师到学校教师

1. 家庭教师

1.1 从晚清谈起

20 世纪初(1900—1911 年),在华外国人的中文学习以个人自学为主,学习者通常会聘请一位中文教师进行指导或辅导。这种以学习者为主导的模式是 19 世纪晚期的延续。

冯友兰(1984:66)在回顾晚清时期在华外国人的中文学习时,谈到了当时的中文教师:"从外国到中国来的外国人,如果打算多住一段时间,往往是自己租一所房子,找一个人教他学中文。这种人名义上是先生,可是地位上是听差。这种办法可能来源已久,据我的猜想,可能上溯到明朝。"

曾任福州和宁波海关税务司的杜德维(Edward B. Drew)是哈佛大学 1863 届毕业生,1865 年 10 月来华进入中国海关工作(王澧华,2014)。他在给哈佛大学校长的信中谈到了自己学习中文的情况:"一般来说,学生选择威妥玛的《语言自迩集》作为基础教材;住在北京,雇佣一名先生,这名先生是他实现目标的特别工具。如果学生有充沛的体力和毅力努力学习的话,整个白天和傍晚的一部分时间,他可以跟随先生学习。先生根本不懂学生的母语,学生也不懂中文。他们从威妥玛的教材开始,先生发音,学生尝试模仿。刚开始时,学生不能辨别他所听到的奇怪声音,他的耳朵辨别不出'四声'的明显区别。但是,他每天掌握一点,最后会取得成功。"

英国传教士鲍康宁和瑞思义(W. Hopkyn Rees)在 1918 年的文章(Baller & Rees,1918)中写道:"三十或四十年前,学习中文就靠一本《新约》、一位中国教师,还有自然光,这就是新传教士的全部装备。就像'给你一堆生铁,然后要你造出一辆机车'一样,都是边干边学。"这就是当时在华传教士学习中文的一般情形。

英国外交官、著名汉学家威妥玛(T. F. Wade)编写的《语言自迩集》(*A Progressive Course Designed to Assist the Student of Colloquial Chinese, as Spoken in the Capital and the Metropolitan Department*,1886)"问答章"之九《谈代为聘请教师》,记述了中文教师不知如何教初级阶段学习者的情况,这位教师入过学、作过幕。

先生贵姓。贱姓苏。先生到这儿来贵干。昨儿听见一个相好的说起阁下要请先生。阿，必是那张先生说的。不错，是张先生说的。张先生他告诉您是我要找先生，是我替别人找先生。他没告诉我详细，可不是阁下要请么。不是我要请，是一个相好的托我请。令友还是贵国的人么。是本国的人，到贵处日子不多。既是新来的，我们的话恐怕不懂罢。不错，汉话一句都不懂，汉字一个也不认得。这么着，我怎么能教给他书呢。先生先得教他说话。话能说些儿，那看书再说。他一字不懂，我从那儿教起。先生是老手了，在贵国教过多少门生，怎么不能教他。我们的教学那是另有一说。说话是不学而会的，至于念书，是从小儿背念熟的，恐怕令友不能照着我们这儿的小孩子那么费事罢。那是自然的，也可以商量一个法子。……先生作过幕那更好了。怎么更好呢。好处是这么样，我那朋友学话之后，还要学文书。可惜就是这个教话没头绪。那我倒有一个法子，今儿个忙些儿，没空儿细说，请先生明儿过来，咱们再商量，行不行。可以，没有甚么不行的，我就遵命了。

当听到欲聘中文教师的外国学习者"汉话一句都不懂，汉字一个也不认得"，需先"学话"再"学文书"时，苏先生的第一反应是"这么着，我怎么能教给他书呢"，主要问题是"他一字不懂"，不知"从那儿教起"。同时，这里也谈到了二语教学和母语教学的差异，对于中文教师来说，初级阶段口语教学的特殊性和困难之处在于"教话没头绪"。

可以看出，19世纪晚期的中文教师主要是借助母语优势参与教学的，担负语言示范、陪练和纠察的职能，在教学过程中以机械性的语音跟读模仿为主，方法不够多样，这种情况在20世纪初依然存在。

英国外交官、汉学家禧在明（Walter C. Hillier）在1907年出版的《华英文义津逮》（*The Chinese Language and How to Learn It: A Manual for Beginners*）中谈道，对中国教师来说，"最困难的问题是他不知道如何教自己的语言"，一位好的中文教师的标准是，"能够一遍又一遍地纠正学习者的发音和声调错误"。英国汉学家翟理思（Herbert Allen Giles）在对这部教材的书评中谈到，禧在明在他的研究中并没有提出什么学习捷径，相反，他认为："需要在适当的时候有本土'先生'的服务，因为没有机会得到导师指导的人不可能有表达得体或发音准确的希望。学到这门语言的一点皮毛并非难事，但要达到诸如发音准确、韵律整齐、声调和谐等优雅表达的效果，专家的协助则是不可或缺的。每天应该在'老师'指导之后逐句阅读，并尽可能地模仿其语调和风格。模仿是成功的重要因素。"

美国公理会医学传教士万德生（Percy T. Watson）1909 年来华，长期在汾阳行医，他在工作记事中谈到了自己的中文教师及教学情况（白林海，2008：593）："因为我们到达中国时没有语言学校，所以很快就找了一位中文教师。他是远在黄河那边的人，那里的方言与北京普通话有很大的区别。但是他在北京做了几年的买卖，能说易懂的北京方言。那时他是能找到的最好的教师了。……我们的课本上有很多练习，每个分为三段。第一段是这些汉字的罗马字母拼音。第三段是句子的英语意思。我们要大声朗读中文句子，以便教师纠正包括读音和重读上的错误。"

华北协和华语学校校长裴德士的夫人（Mrs. W. B. Pettus）1920 年在《汾州》杂志第 4 卷发表了 "The Modern Study of Chinese Life"（《对中国人生活的现代研究》）一文，[①] 对 20 世纪初担任个别指导和辅导工作的中文教师作了如下描述：在中国，早期人们是通过一位有着学者风度，但感觉迟钝的人分发的课本来学汉语的，而不是通过最新的教学法准则。在人们的记忆中，这位"学者"戴着一副深度近视眼镜，留着长指甲。教师的个性是夸大其书法、阅读和背诵经典文章的能力。这种旧的中国的教学法注重记忆，强调从他渊博的"肚子"中获得知识。

万德生和裴德士夫人所记虽然都是家庭教师，不过前者以语言教学为主，是语言辅导型教师，而后者则是古典学者型或语文知识型教师。

1.2 民国时期

民国时期，在国际中文教学机构发展的同时，在家庭中进行个别辅导和指导因学习者具有某种特别的需求而依然较为活跃。

鲍康宁和瑞思义（Baller & Rees，1918）将中文教师分为古典和现代两种类型。他们强调，这种区分不是基于年龄，而是依据其教育背景和培训经历。前面所引是他们谈及古典教师的情况。在讨论现代教师的工作时，他们引用了一句中国俗语"礼多人不怪"，规劝学习者礼貌对待中文教师，把精力集中在学习任务上，而不是挑剔教师的衣着和卫生情况，这样才能更好地激发教师的教学热情和能量。至于学生抱怨教师教得无趣，他们指出，"每天教一个不能交谈的人几个小时英语，也并不是能令人兴奋的职业。"同时，

---

① 《汾州》（*Fenchow*）杂志是由外国传教使团美国理事会（American Board of Commissioners for Foreign Missions）领导下的中国北部使团汾州站创办，在美国公开出版的英文期刊。从1919 年到 1936 年共出版 19 卷，详细记载了汾阳地区的早期传教士活动及当地的风土人情、教育、医疗和政治状况，具有较高的历史价值（白林海，2008）。

他们也对中文教师提出了批评,认为教师或者因为不想伤害学生的感情,或者是出于礼貌鼓励他们,在教学中有时过于迁就甚至奉承学生。

一些来华致力于汉学研究的学习者,会优先聘请专擅古典文化的学者型中文教师,例如六角恒广(2002)中提到的侯永盛。六角恒广(2002)共为日本近代七位汉语名师立传,其中只有秩父固太郎的中文学习和教学工作主要是在我国的民国时期。1917年3月,秩父固太郎到北京留学一年,进行汉语学研究。秩父固太郎在北京的房东给他介绍了一位中文教师,"名字叫侯永盛,五十岁,很温厚,年轻时学习中国古典,后来随着时代变化又学习了西洋学问"。侯永盛一周教秩父固太郎两次,一次是以北京节俗为主,介绍中国的民俗,兼教北京官话;另一次是讲解报纸上的新闻报道,有时为学习古典文化而讲解《论语》(六角恒广,2002:174)。

20世纪20年代仍有不少古典语文知识型家庭教师。李菁(2013)考察发现,1920年,第二次来华的史迪威(Joseph W. Stilwell)上午在华北协和华语学校学习中文,同时他还请了一位家庭教师来辅导他。这位家庭教师姓管,史迪威夫人的回忆录里也时常出现这位"管先生"。管先生曾是紫禁城里的骑兵卫士,但实际上是位学者和三品官。他住在史迪威家里,除了教史迪威外,也成了几个孩子的家庭中文教师。他后来与史迪威一家结下了深厚情谊,史迪威的几个孩子把他看成中国祖父。

1928年,日本汉学家仓石武四郎(1897—1975)和吉川幸次郎(1904—1980)刚到北京留学时,聘请了两位中国教师学习中文。他们都是满族人,一位叫奚待园,原为贵族,另一位未具名。

据吉川幸次郎(1999:46),奚待园以讲读的方法教《红楼梦》,"因为是旗人,他对《红楼梦》中描写的贵族生活非常熟悉。""每天念一回《红楼梦》。首先是解释原文,对不懂的地方我们就详细质疑。""每天一回,共有120回,就是120天,用了半年以上。这学习对我非常有用。每天从九点或九点半开始,学习三小时到中午。"下午另一位未具名的老师"教我们实用会话"。"当时,旗人由于清朝的灭亡,十几年间都处于失业状态。留给旗人的工作:不识字的人就当人力车夫,识字的人就给外国来的留学生教北京话。都是上门教书的,这样的人不少。""奚先生是这些人中有学问的人。下午的旗人先生,开始是教实用会话,后来是进行《四书》素读。下午都是二小时的课。都读了些什么,全忘掉了。"这里也体现了专门用途中文教学与通用中文教学的不同。

捷克著名汉学家、布拉格汉学派奠基人雅罗斯拉夫·普实克(J.

Prusek)出生于 1906 年,1928 年毕业于布拉格查理大学,毕业后即赴瑞典、德国留学,曾在世界著名汉学家高本汉门下进修;1932—1935 年在华学习、考察,大部分时间在北京生活。他来华的目的本是研究中国经济史,不过在接触到中国的实际情况后,他的兴趣转移到了社会习俗、风土人情和反映各阶层人们生活的民间文艺上来,尤其对"话本"和用白话文创作的文学作品情有独钟。

普实克(1940/2005)在多个章节谈到了 20 世纪 30 年代的中文教师。首先是在第 14 章"满族的兴衰"中:

> 那时候我也请了一位老师。对于在北平的欧洲人来说,先生无疑是最重要的人物之一。先生不仅要教他们语言,而且要向他们介绍中国的各种习俗,介绍中国的生活方式,还要帮他们找房子,包括购置家具,雇佣仆役,以及陪他们上餐馆去吃饭,到博物馆去参观,去剧院听戏。此外,还要为他们翻译报上的新闻,并提供各种新闻的背景。
>
> 在中国,老师不仅体现着一种学术上的传统,而且体现着一种道德上的传统。……这些老师一般都是在老式学堂受教的思想保守的老学究,欧洲人不屑于雇佣现代学堂的学生,他们认为这些学生不懂古文,而他们感兴趣的主要是中国的古代文学。我的老师也很保守。据说他曾经当过莱辛格教授的助手,协助收集、整理中国的民俗。

紧接着,第 15 章"我的汉语老师"对这位未署名的教师的性格有进一步的说明:"他回避同欧洲女人交谈,更原则性地拒绝当她们的老师。……他们对中国所谓洋学堂的学生和现代知识分子持有同对外国人一样的态度,因为他们的行为举止违背了自古以来的传统。"

第 19 章在讨论"新老文字和语言"时,普实克对他的中文教师的情况又有所补充:"我的汉语老师不认识新学校里学生们所常用的新术语。"

可以看出,普实克谈到的中文教师,就是裴德士夫人描述的有贵族神态或学者风度的"文人",也就是第一章谈到的传统的语文知识型教师。他们有的思想保守,甚至主动将自己封闭在一个较狭窄的圈子里,以古典文史知识见长,语言教学只是他们工作中很小的一部分。这些中文教师是欧洲人"非常崇敬(师道)传统"的体现。

无独有偶。马守真的《英华合璧》(1938)第 5 课《一封信》在通过人物对话谈论当时中文教学的情况时,提到有两位外国人聘请一位姓万的先生教他们中文,"念中国书,写中国字,说中国话"。万先生"是个教友,是有学问的一位中国先生。他念的书不少；做事有本事；写字也写得不错；说话是一口国音"。他"不懂得外国话"，教学的方法是"万先生给他们念一句，他们看外国字就可以知道那一句是甚么意思。他们说话，要是万先生不懂得，一看课本的中国字，就晓得他们的意思"。万先生需要准备"一本中国字典"，"没有字典不好教书；有了一本好字典，先生就能给学生查生字"。从这部教材来看，学习的内容虽然是国语，表明顺应了时代的潮流，不过其中对教师的认识仍是"有学问的中国先生"，即现代语文知识型教师，书法、阅读能力突出，而教学的方法则较为单一。①

　　除了上述语文知识型家庭教师之外，在北京、上海、天津等地，还有一些短期临时聘用的中文教师。

　　《益世报》（天津版）一位署名"阿屏"的记者1934年3月20日撰写了一篇调查报告，题目是《故都特殊阶级译导员与官话员》，从任职资格、组织、收入三个方面调查了当时在北平专门向来自欧美的外国人提供导游、中文教学服务的译导员和官话教员的情况。他调查的官话教员即中文教师，他们"不过是一些略懂番语的旗籍老哥们，为了嗜好太多，又没有正当的职业，才辗转请托的得到'华语学校'的介绍信，仗着一口半通不通的'京话'信口开河的去欺骗外人"，其中"稍有一二较为识大体者，亦占极少数中之少数"。另，官话教员人数很多，"不过毫无组织，除了华语学校稍为彼等介绍职业外，便是自己托人谋求"。官话教员的收入每小时约一元，"普通计之，每月可得二十五元之谱"。

　　记者对他们在本职工作之外的欺诈等行为提出了尖锐的批评，认为"有碍人格""有伤国体"，希望引起当局注意。我们从这一份调查报告可以看出，"华语学校"的介绍信对于这些社会上的教员开展中文教学，即其任职资格的确认起着重要的作用。②

　　《益世报》（天津版）1936年10月5日刊登了一则"陈大可君谋中文教师，书记亦可"的求职广告："陈大可，年二十五岁，闽籍。能操平、沪、闽三地语言，擅长大小楷书，愿任家庭汉文教师及洋行机关书记，具有妥实铺保。用者请函法租界绿牌电车道广安堂转。"从这则广告可以推知，当时的天津作为对外通商的重镇，对中文教师有一定的市场需求，而且对教师资格的要求不高。

① 这也体现了这部教材改编自鲍康宁《英华合璧》(1887)，不依托或针对特定教学机构的特点。
② 所指不详，似应为绪论及本章谈到的当时在全国范围内影响极大的华北协和华语学校（华文学校）。

20 世纪 30 年代，国语运动的持续推进对中文教学产生了很大的影响。《电声周刊》1937 年第 22 期刊登了一则报道《秀兰·邓波儿在最近的新片中说中国国语》。文章指出，因为美国著名影星秀兰·邓波儿参演的电影的制片方"曾接到中国电影检查会的通知，规定影片中如有中国语言，必须采用中国国语，其他土语，概拒绝检查"，[①]制片方"派人到各处去搜罗教授中国国语的人才，虽然应征的人很多，但都不十分满意"，后由中国驻洛杉矶领事介绍毕业于南加州大学的中国女留学生严英女士教授邓波儿中国国语及中国歌曲。

这一时期随着中外交流的日益频密，专门用途中文教学开始兴起，与此相应，出现了适应这一教学需要的中文教师。梅君在 1936 年 2 月 15 日的《新闻报》上撰写了一篇文章，题目是《奇特的华文教授法》，介绍了毕业于加利福尼亚大学的罗女士（Miss Yarlock Lowe）教授美国"剪风机航空公司"驾驶员和随机职员中文的情况。罗女士用的是"图画与生活教授法"，选字"合于简单通俗而切于实用""偏重于飞行界所应用的"，教学过程中以解释字义为主，附以简单的线条组成的形象，以说明中国字的起源和演变，如"人、手、父"等。"她如此教授，各学生都感到了极大的兴趣，进步极速。"

2. 学校教师

随着国际中文教学机构的创设和发展，学校教师的数量大幅增加，教师的角色和职能也发生了相应转换，由个别辅导教师转变成了有组织的课程教学教师。中国教师正式以群体的方式进入国际中文教学领域。

本章前两节已谈及金陵大学华言科的教师群体。金陵大学华言科1912 年组建之初贾福堂招聘了 33 位中国教师；1916 年，金陵大学华言科的中国教师有 25 位（《兴华》1916 年第 48 期）；1921 年时有中国教师 51 位。广州协和华语学校 1914 年时有中国教师 5—7 人。

裴德士夫人（1920）讨论了 1919 年华北协和华语学校的中国教师群体。当年该校入学人数共 174 人，来自 27 个传教团、12 家商业公司和 4 个公使馆。学校有 87 位接受过欧洲现代教学法训练的中国教师。这些教师是从数百个申请者中遴选出来的。她强调，这个时期的"中国教师已不再有旧时'文人'的那种贵族神态。他们一起打排球、听课。他们的长指甲已剪掉。

---

① 1932 年，教育部、内政部电影检查委员会要求新片一律采用国语对白或字幕，国产片不许用洋文。到 1933 年则严格限定有声片一律以国语作为标准对白。

他们受到这样的教育:吃大蒜、脏领子对教师是不合适的"。新入职的中国教师在开学前接受两周培训,一周课程观摩,然后再开始正式上课。教学时中国教师不用英语授课,在教学过程中,"如果你不懂他们的意思,他们会用一些手势帮助解释"。学校每天的安排如下:每天早上,负责总班课程的教师用中文口头告知学生新任务,然后全班分成每8人或10人一组的小班。每一小班由一位专门的中国教师负责,与学生一起练习新任务。分班练习结束之后,转为在小教室内进行单独辅导、操练。

国际中文教学机构的中文教师在课堂教学中有一系列目标明确、程序规范的教学行为,这一定程度上改变了前期学习者知道学什么,而辅导教师却不清楚教什么和怎么教的状况。

华北协和华语学校中国教师的情况在该校校刊《华语学校旬刊》上有集中的展现。《华语学校旬刊》1922年创刊,由华语学校旬刊社负责编务工作,旬刊社共11人,均为华语学校教师:总经理王拜言(学校副教务长),总编辑章雪楼,副编辑关葛民,发行金仲升、王子荣,文牍李紫瑜、马泽川,校对耿幼山、傅芸子,会计钱寿如,庶务吴质春。

目前检索到的《华语学校旬刊》共四卷25期,起于1922年第1期,止于1925年第4期。1925年夏,华语学校与燕京大学合并,易名为"燕京华文学校"或"北平(京)华文学校"(李孝迁,2014)。我们推测,刊物建设可能因此而终止。[①]

经细致核查,在《华语学校旬刊》上撰文的共59位教师。[②] 其中发文在10篇及10篇以上的有27人:程锡之、王拜言、章雪楼、金绍芝、关葛民、李紫瑜、金际春、王实明、耿幼山、王竹铭、叶云园、金慧卿、卢焕宸、许辑五、王芝生、傅芸子、佟柱华、金仲升、张效桓、林雨苍、王子荣、马泽川、郎一民、李仲芳、赵晏川、徐子休、程锡之。

发文不足10篇的有32人:金醒吾(学校教务长)、张润斋(学校副教务长)、张炳南、萨啸空、陆梅村、汪松年、金秉英(女)、金月波、章秀兰、于泽民、冰隐(女)、傅寒山、胡天申、萧景班、曾昆峰、王君平、陈冠群、郭仲权、曾奂如、钱寿如、吴质春、舒溍川、王峄生、徐炯、李宗表、薛惠泉、李润华、李竹坪、修绍周、全静候、李萍、傅仲涵。

《华语学校旬刊》创刊号(1922年第1期)上有3篇发刊词,分别为王竹

① 这是根据目前检索到的史料所做的推测,尚未见到易名续办的线索。

② 未在校刊撰文,不过文章中提及的该校教师有王耀庭(女)、张睿生、李辅臣、金秉武、费博钧等。

铭、章雪楼、李紫瑜所写。王竹铭的文章强调刊物建设的主旨是力求呈现该校教师在教授法则、课程设施、字义讲求、读音统一方面的探索成果，旁及文艺、科学、美术、小说等领域。章雪楼认为，校刊通过教学经验和成绩的总结，既可以"发扬各人之怀抱，藉启雅兴于同人"，也可以解决教职员中"良莠不齐"的问题，有助于"阐发文学，促进知识，改良校风，夸美各国"。李紫瑜指出，华语学校"学员兼廿余国，教员统百余人""华语学校教员者，中国人格之代表也"，因此"本校对于延聘之教员，坚抱宁缺毋滥之旨"，校刊文章是教师"以憩息之谈余，摭拾而笔记之"，各篇文章"未始非学问之助，观摩切磋，极尽教学相长之道"，教师撰文的目的在于"以己之所长，济人之所短，集思广益，述旧启新""兼寓求诲之意"。

从这三篇发刊词来看，校刊是华语学校中国教师交流教学经验和心得体会的平台。王竹铭强调的四个方面（教授法则、课程设施、字义讲求、读音统一）反映了该校对中文教师专业知识和能力上的基本要求，而李紫瑜强调的教师人格则是对职业信念、道德上的要求。校刊上发表的文章反映了华语学校的教师对中文教师应具有的专业素养的观察，主要集中于以下四个维度：教学法、教师人格、语言文字、文艺科学。

首先，国际中文教师应掌握直接教学法。程锡之应校刊社总经理王拜言之约，结合个人的心得体会，对华语学校的教学法做了较全面的总结，他撰写的《华语学校教授法》系列文章从《华语学校旬刊》1922 年第 1 期开始，共连载 24 期（1923 年第 2 期因病未作）。

程锡之在 1922 年第 5 期的文章里说，他要把"在华语学校五年来的经验对诸位谈一谈"。[①] 他首先强调，"华语学校教授法新颖""教员教授有方"，这是"自华语学校成立，西人入本校学华语者咸称华语学校为终南捷径"的根本原因。掌握教学法是具有教师资格、胜任中文教学工作的核心条件："鄙人在未入华语学校以前，总想着教外国人学中国话没有什么难处，没想到入了华语学校才知道很难很难。为什么难呢？因为华语学校有教授法，不是随便说说。当华语学校教员先得学好了教授法，然后才能教学生，不是拍拍脑袋就算一个。"

华语学校的教学法依班级而细分，学校"有总班有分班，有初级、二级、三、四、五、六、七、八等级，另外还有特别班。""各班有各班的教授法，各级有各级的教授法。"

---

① 按此，程锡之是 1918 年进入华语学校工作的。

该校对新入职教师有一套严格、规范的培训制度："每年放暑假以后，秋季开学的前两个礼拜，特开一个师范班，凡是新来的教员都必得入师范班学习两个礼拜的教授法。"培训包括四个阶段，实际共 3—4 周：旁听演习—模拟练习—实地听班—实地授课。[①]

> 新教员入师范班，头一个礼拜系旁听，由本校旧教员充作教员、学员，演习教授法。第二个礼拜系新教员充作教员，旧教员充作学员，练习教授法。到了开学的时候，新教员还要实地听班，听本校旧教员怎么样的教真学生，或是一个礼拜，或是两个礼拜，然后才能教学生。

程锡之对初级总班的教学原则、纲领、程序和步骤做了详细说明。"何为初级？凡外国人从前未学过中国话，一句中国话不能说，到本学校来学中国话的，必须入初级班。"

初级总班的教学原则是"循序而进，由浅入深"。教学纲领和理念是："第一个礼拜领初级总班教员发新字时，只许学生听，不许学生说，也不许学生说外国话记写外国字，教员也不许说外国话。每一个总班都有单授教员听班，单授教员听班的时候，须将总班教员所发的新字用签字抄在一个小纸本儿上，也不许随便闲谈。"

教学程序是从"发字"（语素和词）到"教话"（会话）。[②] 字有定量，教师不得任意增减："华语学校每天是上两次总班，前几天的新字多一点儿，以后每天不过六个新字，每一个礼拜上五天课，这五天不过三十个新字。每一季是十一个礼拜，除去一个礼拜的温习，还有十个礼拜。这十个礼拜，应当教三百个新字，按着今年的新课程计算，又多添四十七个字，共合三百四十七个字。"发字有次序，第一天发十九个字："我、你、他、们、的、书、笔、钱、是、不、这、那、有、没、给、要、谁、什么——十九个字。"第二天发十六个字："也、都、懂、一、个、两、三、四、五、六、几、枝、本、张、样、好。"

无论发字还是教话，都应多用实物、比方和形容。例如，发"是、不、这、那"的教学步骤是这样的：

> 发完了这个"的"字，再发"是"字。发这个"是"字的时候，还是先拿一本书，对学生说"书"，再用手指着书说"是书"，说两三回，赶紧用手指

---

① 20 世纪 30 年代，东方函授学校华言科也开设了专门培养中文师资的师范班，培训时间为三周。

② 20 世纪 50 年代普及教育，推广速成识字法时，也是按照从（识、写）字到（写）话的程序推进的。参吴晓铃（1952）。

着笔,对学生说"不是书,是笔"。这个"不"字就随着发出来了,然后再指钱说"是钱,不是书,不是笔",总得慢慢的来回多说几回。容一会儿工夫,等学生往脑子里印一印。然后再发"这、那"两个字。发这两个字,必得把书、笔、钱这三样东西分开搁着,要有一样离着自己最近。比方把钱搁的最近。先用手指着钱,对学生说"这是钱",再指着书、笔说"那是书""那是笔",然后再把笔跟钱换过来,再指着笔说"这是笔""那是书""那是钱",要叫学生明白离着自己近的就说"这",离着自己远的就说"那"。

教话时,如果"有的意思学生不懂,或是教大物件的时候不能带着上堂",就应"多用比方跟形容",并参考该校编写的新教材《华语津梁》,"在这书上每一课都有画图跟英文的讲义,并且有注音字母、罗马字,学生一面念书,一面看图,这书上的话,是教员已经发过的字编成话语,不是第一天就给学生念这书。"①

《时报》1922 年 8 月 10 日报道了"德国特创之外国语最新教授法":The Berlitz School of Languages(伯利兹学校语言教学法),即直接法。直接法的基本教法有两点:养成用外国语直接发表意思;学习时,无论师生,只准用所习之外国语言。教授程序有三项:用实物教授具体事物;连络意念以教授抽象事物;用实例解释文法。可以看出,华语学校的初级总班教授法正是直接法的教学理念和方法的贯彻。

美国著名教育学家孟禄(Paul Monroe)20 世纪 20 年代在华开展教育考察时,曾专门提到华语学校的直接教学法(陈宝泉、陶知行、胡适,1922:33):"学外国文字,若英法文,须用直接教学法,重在练习;否则有什么用处呢?""'行以求知'(learning by doing),方有真正学习的价值;有实际的动作,方有成功的希望。北京外人办的华语学校,里面全用中国话,不准说一句外国话;他们学习语言,就用这个原则。但是这个学校只有一百六十人,教师就有一百二十人,这一点诸君应当注意;我是提醒这种方法,并不是主张中国办这种学校。"

以"字"为基本教学单位,注重听的训练的教学理念,反映了华语学校初级班教学法的实质是立足于汉语特点的直接法。程锡之还强调,"教授法虽

---

① 这部教材我们虽多方检索,不过尚未找到。目前仅在奥瑞德《华语须知》(1931)所列参考文献中看到教材的拼音名为 HUA YÜ CHIN LIANG,作者为 North China Union Language School,即华北协和华语学校。

然一定，教员可必得是一个活的"，中文教师"脑筋必得灵活，精神必得活泼"。

其次，国际中文教师应有明确的身份意识和职业效能感。《华语学校刍刊》有多篇文章强调应从国家的角度认识中文教师的身份和角色。如上文所引，李紫瑜在校刊发刊词中已指出，"华语学校教员者，中国人格之代表也。"章雪楼在《华语教员与中国的关系》一文中也说，"我们做教员的，更是他们（外国人）第一被考查的，不但语言文字是他们的模范，就是言行道德、一举一动，也是他们所特别注意的。"中文教师应秉持、坚守的品格是，"自尊自重，不亢不卑""诸事以规矩当先，进退守法"。这一品格落实在教学工作中，就是"教授时不宜古板，也不可活泼太过""教授法贵活不贵死，贵雅不贵野，贵简明不贵繁杂，贵贯串不贵零落"。

涵养品格的方式主要是平衡西学和中学，而以中学为根基，王芝生《不忘本》、金际春《论旧学与新学不可偏废》、王竹铭《精神底文明与物质底文明》三篇文章持这种观点。王芝生说："凡是我国心肝俱全的学子，都要一面用精神上的能力研究外国的文学，一面秉良心上的作用保存我国的文字，斟酌适宜，不偏不倚，教他外来的不丢，在家的不馊，那才算对得起我们五千年的文字老祖先哪！"

基于这种认识，华语学校的教师有强烈的职业效能感，认为中文教学是改善和重塑国民形象、国家形象的有效途径之一。章雪楼的《华语教员与中国的关系》呼吁，"我们应当借助这个机会，输入他们（按即外国学习者）点中国的好知识、好道德、好风俗，使他们佩服我们，对于我们发生出一种感情"，"使他们信仰我们的心要坚固，佩服我们的心要诚实，拿我们做中国全国的好代表，恭恭敬敬的尊爱我们，对于我们既是这样，对于我们国家自然也就亲善了"。金际春在《华语学校与国家之关系》一文中也说，"我们华语学校的同人，在教授华语的时候，时时的把中国好礼教好风俗，带手儿输入他们脑子里头去，叫他们也知道鲁虽弱国，礼教未亡，也可以稍存一点佩服的心。于是在无形中或者也算挽回一口气来，那么说句文话儿这叫文王之化仅行于南国而已。"

第三，国际中文教师应掌握必要的语言文字知识和跨文化交际知识。王竹铭之所以在发刊词里强调"读音统一"和"字义讲求"是华语学校教师"数载研求"的两个重要方面，主要原因在于这是教师有效贯彻华语学校教学法，合理使用所编教材《华语津梁》的基本要求。

正由于此，刍刊社总经理王拜言不仅在《注音字母为统一语言之基础》一文中主张应充分认识注音字母的重要作用："夫国语统一会之成立，其旨远,其意深,其收效易而奏功速。其故何也? 以其字仅三十九,读记最易,一小时此业能毕。今日之注音字母不仅为言语用,且为文字用,且为全国语言统一用也。其不识字者,无论男女,无论中外,读字旁之注音字母,则文字亦识。"而且撰写了《注音字母之研究》系列文章,分 8 期连载,对 39 个字母(声母 24 字、介母 3 字、韵母 12 字)做了专题介绍,为教师研习注音字母提供了范例,如:日:字典部首,本人质切,今读本音之阴平声,罗马字如 J。

王拜言的文章从一个侧面揭示了华语学校教师的专业素养与国语运动的联系。这种联系既可能是如前文所述华语学校教师强化中国身份的主动选择,也可能是当时教会学校融入中国社会思潮的缩影,正如胡适(1934)所指出的,"至于本国文字的被忽略,在十年前还是不可避免的事实。""十五年来,基督教的一班领袖,在司徒雷登先生的领导之下,都极力求了解中国新兴的思想潮流与社会运动,他们办的学校也极力求适合于中国的新社会。"

华语学校初级总班的教学程序是从字到话,字是基本教学单位。字义方面的探索有金慧卿辑《字义》、卢焕宸著《分字略解》等,以《字义》为代表。《字义》相当于一部微型词典,共连载 19 期。金慧卿认为,"字义之讲解,当力求简明,以适用于言语。凡所选之字,皆引证之,注以模范之语,并分析音韵、反切、四声、京音、罗马拼音、注音字母、英文等,俾阅者易明,以助其兴趣焉。"例如,"以"注解如下:

> 养里切,读如衣,上声,纸韵。注音如一,罗马如 i^3,译英如 with。为也(《论语》),视其所以,谓注意其平日之行为也;又用也,如言以小易大;又因也(《诗》),何其久也,必有以也,犹言所以然之故。

以上两方面之外,与语言文字有关的还有一些论说性质的文章,如关葛民的《语体文之流行为文学进步之关键》《中国宜制定新字以利时用》,王子荣的《世界语言之统一》《白话文解》,张效桓的《中国字数考》等。

国际中文教学必然涉及跨文化交流。《华语学校旬刊》有多篇文章讨论了这一问题,如王芝生《圣诞节与中国旧历新年的等观》、傅寒山《中西风俗之比较》等。傅文共列中西风俗对比十九条,如以下五条所示:

> 中国字直写,西国字横写。中国人之鞋带在后,西人之鞋带在前。中国人以白衣服为丧服,西人以白衣服为吉服。中国人先叫人后说话,西人先说话后叫人。中国妇女被人品头评足,则视人为调戏,引为奇辱;西国妇女被人赞称美貌,则以人为誉己,极为愉快。

毋庸讳言，有的条目截至目前仍能反映中西文化的差异，如丧服和吉服的对比，而有的则即便在当时似乎也无法体现文化差异的实质，如文字的书写方式、鞋带的在后在前。

第四，国际中文教师应有一定的文艺、科学素养。《华语学校刍刊》还刊发了不少文史探讨、文学创作、艺术讨论、科学常识、心理问题等方面的文章，如：徐子休、章雪楼《论语要义》，金绍芝《孔子非宗教》，傅芸子《雍和宫识略》；金仲升的小说《自由泪》，金际春的散文《我把我上鸡公山的见闻说一说》，傅芸子翻译的小说《得斯特曼》，耿幼山翻译的新剧《骗盗》；章雪楼《手工》，林雨苍《中西画法之区别》，傅芸子《艺林琼屑》；叶云园《论烟酒之危害》，王子荣《地理》《卫生常识》；王竹铭《塾师教授与学童心理》。此外，还有教师间的诗词唱和，以及关于中国武术的，如王竹铭《技击琐谈》，关于法律的，如王子荣《法律的意义和他的分类》。

这些方面都与教学工作、涵养品格、参与社会事务密切相关。程锡之说，"在华语学校当教员，都有孙悟空七十二变的本事。"孙敬修（1989）描述了1922年他在华语学校所见的二级总班教师的上课情形：

> 一位主讲教员化装成一个衙役的样子，头上戴着红缨帽，向全体学生讲课。教材是个故事，是用汉语加英语合在一起编写的。这位教师边讲边说边唱边表演。表演的歌词，也是一半中文，一半英语。[1]

1920年，《赈灾周刊》第8期发布了一则"华语学校演剧助赈"的赈灾新闻，华语学校教师（未具名，应为群演）参加了万同辅、王芝轩、谢霞光主演的新剧《水火鸳鸯》。

从以上分析来看，华北协和华语学校在20世纪20年代已形成较为规范、合理的中文师资培养模式。这一点还可以从校刊1922年第3—第7期"代布"（即代为发布）的《北京华语研究社简章》看出来。

华语研究社的社务人员均为华语学校教师，社长李竹坪，名誉社长金醒吾，书记修绍周。简章的序言阐明了研究社的成立是有鉴于"自民国以来，各国人士萃集于北京者日渐繁多。凡百行业，莫不以学话为前提。欲延聘教员实苦于无处接洽，即或有人介绍，非学力不相合，即教授不得法"。"在学者枉费时日心思，所得有限；在教者徒劳工夫脑力，所授无多。此非学者

---

① 这位教员用白话演绎的是《聊斋志异》中的《赵成虎》，这部文言小说后收入卜朗特1927年编写的《汉文进阶》。1921年12月17日，该校教师集体排演的"赵成虎新戏"曾在华语学校礼堂演出。

性钝,教者无才,实缘学者资格尚浅而教者过于渊深,或教者学业浅薄,学者脑筋过敏之所致。此为学力不同等,即方言学之一大障碍。换而言之,抑有教之者不谙西俗,不明心理,而无良好之教材,有恶劣之习惯,加以漫无秩序,音韵含糊,皆为教授之阻力之疵病。"研究社成立的目的,是"既为学者开一捷径,复为教者创一阶梯""此后有欲延请教员者,即可直接函达本社,有欲为教员者,亦可按照本社章程来社报名,缮具愿书,经本社考试认可后即当挨次保荐。"

简章从宗旨、义务、社员、考试、演讲、保荐六个方面对华语研究社的建设方案做了详细说明:(1)宗旨:西人便于精学华语,华儒便于谋求生计。(2)义务:本社与华语学校有特别之关系,故有协助之义务,凡遇校中需人时,当即派员前往,其介绍费免收。(3)社员:须年在二十岁以上五十岁以下,品行端谨,文理通顺,身无宿疾,有妥实铺保或社员二人介绍者皆可入社,唯华语学校教员因事被革者概不收录。(4)考试:挂号时缮具愿书,对等出题,面加考试,三日后再定去留。(5)演讲:本社暂定每礼拜演讲二三次一切教授法及教授之困难,声音之不同,教员之本分,欧俗西礼等事。(6)保荐:本社已登华英各报散布传单,谅不久必有西人来社聘请教员。本社定章无亲无疏,均按资格之优劣,挨次对格,由社出函保荐,务期教者学者两相合宜。如有不合宜处,该社员可以来社声明,经本社审查认为理由充足,本社即出函调换。

可以看出,这一方案实际上是将华语学校对中文教师的常规测评和培训程序,转化成了一套专门的、周期更短的师资培养机制。

不止于此,华语研究社还将社员分为普通社员、文理社员、英文社员和特别社员四类,并分别设定了合格条件:

> 普通社员以文理通顺、语音纯正者为合格;文理社员以讲解经书古文、拟作信函文报、翻演书籍文义、书法纯熟者为合格;英文社员须有五年以上程度、能与西人谈话作文者为合格;特别社员此为现已有馆教员,亦愿入社研究学理,亦须有社员二人保证方可入社,后遇失馆时优先保荐。

冯友兰(1926)指出,华语学校的中文教学"分配为五年的课程,采用学分制",第一学期"须要认 350 个字,并熟悉其用法及其所构成之话""第二学期须加认三百字,第三第四学期又各加认三百字"。"此一千余字及其所构成之话,乃一切学生所必需学的,此外又有因学生之职业而设的特别功课",修习特别功课的学生分为四类:"医生及看护妇、商人、外交界翻译,不属于上三种者"。"每一学生除学会上述之普通功课外,并须学其职业中所常用之字及语言。""上述功课,构成第一学年及第二学年一部分之课程,大部分学生即学到此而止。以后关于文言、文字学及作文等较深功课,学者较少。"

结合程锡之有关华语学校的班级划分来看,华语研究社的普通教员对应的是前四个学期的学习者(初级到四级),文理教员对应的是第五学期之后的学习者(五级到八级),英文教员对应的是特别功课的学习者(特别班)。

从《华语学校刍刊》的创刊目标、各期的构成和文章内容来看,华北协和华语学校当时已建立了一套以教学法为核心的国际中文教师考核和培训机制,确立了语言教学技术型教师的基本专业素养格局。①

从国际中文教师发展的历史来看,校刊中的中文教师群体具有承前启后的特点,是连接中外,既受欧洲现代外语教学法的影响又受国内国语运动的影响,上承晚清、下启当代的重要过渡环节。立足于专业素养进行形象刻画,这一群体可以描述为:接受过现代教学法训练,有"学问"的知识分子——能够熟练运用直接教学法,具有自觉、主动的身份定位和强烈的职业效能感,掌握与教学工作有关的语言文字知识,有一定的文学艺术涵养、科学常识和外语能力。

虽然华语学校的中国教师绝大多数在当时的中国学界毫无影响(李孝迁,2014),不过从国际中文教育史的角度看,以往的中文教师通常是作为沉默的被提及者,存在于外国学习者的文献中,因而他们在校刊上的积极言说这一事实本身即具有重要的标志性意义:既标志着中文教师的专职化、专业化,也标志着国际中文教育发展到了一个新的阶段。他们所做的较为深入的经验总结、思考和探索,为我们充分认识民国时期国际中文教学机构里教师的情况提供了切实有力的依据。同时,华语研究社有关社员分为四类的方案,也为当前国际中文教师的分级评定提供了借鉴。

值得注意的是,20世纪二三十年代,一些国语运动的推行者也参与了教学机构的中文教学,如李级仁和前文提到的吴天敏。据1922年《国语月刊》第2期,上海基督教青年会附设华言学校,"从本学期起,特别注重国语,事前到上海国语专修学校聘请讲师,现在已由该校介绍李级仁先生担任"。李级仁是国语运动的力倡者之一,1920年创办上海"注音字母传习所",至1922年传习所已开办多期。1923年,李级仁曾在上海大学主办的暑期讲习

① 《国际汉语教师标准》(2012版)从汉语教学基础、汉语教学方法、教学组织与课堂管理、中华文化与跨文化交际、职业道德与专业发展五个方面描述了教师应具有的知识、素质和能力。《华语学校刍刊》的文章对这五个维度都有所涉及。

会上主讲注音字母(《民国日报》1923年7月9日)。

吴天敏是民国时期国内高校中为数不多的既从事国际中文教学和教材编写,也开展理论探索的教师。吴先生1934年毕业于燕京大学,获心理学硕士学位。1933年和导师陆志韦合作修订了中国比纳—西蒙智力测验。她是燕京大学1939年成立的国语教育研究会的发起人之一,并任该会国语教学研究组的理事。

以上考察还表明,民国时期虽然日寇侵华、时局不靖,国际中文教学仍在世界外语教学法变革和国语运动的影响下,有着较好的发展态势,国际中文教师总体上是沿着从语文知识型向语言教学技术型的方向稳步发展的。同时,民国时期的国际中文教学不是孤立的、封闭的,而是已逐步融入以国语运动为主导的社会语言生活的变革浪潮之中,同时也是世界中文教育、世界外语教育的组成部分。

四、教学机构与教材建设

国际中文教材建设与国际中文教学机构的创立和发展是同步的。绪论部分所列14部教材,除《官话初阶》《国语指南》《日日新》《英华合璧》的使用机构不详外,其他10部教材均针对或依托特定的国际中文教育机构,都有或显或隐的国际中文教学机构的背景。

《适用新中华语》《华语须知》面向美国驻华使署设立的华语学校。[1] 在《华语须知》的致谢部分,奥瑞德列出了对这部教材的编写做出重要贡献的11位"美国使署驻华陆军参赞处华籍教员":金叔延、金月波、全静侯、秀毓生、林雨苍、刘尚贤、田谷香、王伯川、文鉴泉、叶绍廷、武汉章。[2] 在英文前言中,奥瑞德强调,"秀毓生先生、金叔延先生、武汉章先生,博学多才,真正欣赏自己的语言。他们尽一切努力为学生提供简单、自然的对话,即使是在因为可用的词汇很少的入门课上,也尽可能地完成了这项任务。"

李孝迁(2014)指出,"这些教员大多来自华文学校"。联系上一节可知,金月波、全静侯、林雨苍均曾在《华语学校旬刊》撰文,是华语学校的教师。

---

[1] 有关民国时期美国驻北平领事馆外交人员的中文学习和中文教学机构的详细情况,可参看殷华珝(1991)。

[2] 奥瑞德同时感谢"各地华文教授","只因此界人士襄助西人洞悉中国社会之情形及礼俗,并人民之趋向也"。

换句话说,截至这部教材出版之时,至少这三位教师都经历了华语学校时期和华文学校时期,已在国际中文教学领域工作 10 年左右。

《五十节十分钟中文课》的主编是东方函授学校校长夏威尔。他在第一课的导言中说,这部教材是在总结东方函授学校华言科 1927 年以来开展汉语教学经验的基础上,为满足在华外国人的汉语学习需求,改革汉语教学方法而编写的。同时,这部教材还与金陵大学华言科有着紧密的联系。

《中华适用话》的封面、封底、版权页阙如,成书时间不明,我们只能通过课文中的叙述时间和历史事件进行推测。第 13 课的课文中,"张先生"的叙述时间是 1930 年 9 月,他谈及 1925 年到国外,1929 年回国:"上瞻礼七早晨五点多钟,……。他也到外国去过几年,能说很好的外国话也懂外国礼。……我问张先生,您在外国住几年。张先生说,我从一千九百二十五年到外国,住了四年,去年九月回到中国来。……我说今天晚半天有工夫,早半天没工夫。"第 22 课有以下会话:"你在那里住。我是山东人,现在住在北平安定门里二条胡同。你从前在那里作事。我在华比银行当过厨子。"

华比银行属比利时通用银行系统,1902 年创立于布鲁塞尔,同年 12 月在上海设分行,1906 年在天津设分行,1911 年在北京设分行。北京 1928—1937 年之间称"北平",1937 年 7 月后至 1945 年 8 月间称"北京"。根据以上材料,我们推测这部教材成书的时间上限是 1930 年 9 月,下限是 1937 年 7 月。

除了成书时间之外,我们还能够从课文中探查到与教材编写和使用有关的信息。第 17 课的课文有这样的说法:"他说敝国是比国。……他说我前天从南京才到北平来。"第 26 课课文里有这样几句话:"我看中国人有信天主的,有信耶稣的,也有的人信佛。……但是他们所拜的都是假神。我们知道,天主是一位真神。……我想后来,我若是能说满口中国话的时候,请他们到天主堂来,听神父讲一讲天主的道,也明白天主他是一位救世人的,别的神不能赦免我们的罪,他能赦免我们的罪,所以盼望他们常常的到天主堂去,听神父演讲,听神父演说……这是我的盼望。"

从课文里华比银行、比利时、天主教等关键词的出现频次来看,《中华适用话》应是圣母圣心会司铎华语学校的中国教师编写或参编的教材,出版于 1930—1937 年。[1] 以上推测的《中华适用话》的成书时间,正处在这所学校

---

[1] 当然,课文中所谈,不一定都与现实情形相符,如第 38 课有这样的对话:"今天挂国旗是甚么日子,那个人告诉我? 今天是欢迎美国总统,他到中国北平来,所以挂国旗。大街这么些人都是欢迎他么? 这来往的人不是欢迎他的人,他们是逛庙的。"我们未检索到时任美国总统访华的史料,这一说法不确。

的办学、经营时间范围内。

《华言拾级》《华文初阶》《华语讲话》均为华北协和华语学校（北平华文学校）的教材，《华语易通》《初级华语课本》则是面向上海美国学堂的教材。

《华语课本》应出版于1946—1948年之间。根据前文所引《公教白话报》等报刊的报道，我们推测这可能是北平耶稣会德胜院华语学校（1937—1948年）的教材。教材第75课有这样的句子："我听见了日本无条件投降，立时精神焕发。"教材中的例句和课文大多是以北京为中心的，出版地应为北京。

《华语课本》确是面向来华天主教传教士的中文教材。教材第6课给"着急"加的句子是："学华语必须有三到：心到，眼到，耳到，可是这'三到'必须要用一个相当的工夫才可以做到，切不要着急。"第17课以"众位到中国来，过一年半载的，就能说很好的中国话了"注解"一年半载"。第18课课文的题目是《中国公教的义务》。第63课以"今天是教宗比约第十一位逝世纪念日"注解词语"逝世纪念日"。第71课为"先锋队"配的句子是："在明末清初的时候，从欧洲来到中国的传教士，是天主教的先锋队。"这部教材应是信奉天主教的中国教师编写的。这一点从"我华北人民在敌人铁蹄之下八年之久，景况非常之惨"（第39课），"自敌人占据华北后，我忍气吞声八年之久"（第42课），"利玛窦是泰西义国人，我们公教的教士"（第57课）等句子中"我"的使用即可看出。从教材内容来看，应是中国教师集体编著。

在前两节谈及的教学机构中，华北协和华语学校（北平华文学校）的教材编写最为引人瞩目。20世纪20年代的情况可以从该校教务长、北京华语研究社名誉社长金醒吾编写的两部教材加以说明。一部是1925年编写的面向少数民族的国语推广教材《国语读本》，另一部是1922—1928年间编写的《京华事略》。

《国语读本》共两册，中华教育改进社出版，"蒙藏用书之一"。第1册前19课共21个生字，依次为：

我，你，他，们，的，书，钱，有，没，笔，纸，要，给，不，是，谁，这，那，个，什么。

除了"个"和"纸"，另外19个字严格对应于前述程锡之谈到的华语学校初级班第一天所发生字。

第11课《谈话》里有这样的对话："金先生是我们的老师。……他又不懂藏文，又不用翻译，你们怎么能懂他的意思呢？我们都能懂他的意思。因为他有很好的教法，又用很多的比方。"这里所谈的不借助学习者母语的教法，就是华语学校的以直接法为内核的教授法。

第50课《考试》谈到了白话和文理的区别："这么说，您的汉话是大有进步了？岂敢，能够不退步就不错了，因为我对于文理话是一点没学，竟学的是白话，那能算有进步呢？您别心急呀，我想到了第二年，渐渐的就要学一点文理话了。"

这里谈及的学习者对文理话，即兼具书面性质和文言特点的话语的认识，认为文理话是"进步"的标志，进一步印证了《华语学校刍刊》涉及一部分古文的必要性，同时也印证了北京华语研究社设立文理教员的合理性。

《京华事略》（出版机构不详）全书284页，无前言、目录、后记，包括72篇文章，以对话的方式介绍北京的风土人情，所涉主题非常广泛，包括街道胡同、城建布局、气候特征、风景名胜、文物古迹、风俗习惯、中文学习、文化教育、宗教信仰、衣食住行等方面。例如，第一篇的主题是《北京街道新旧之比较》，第61篇的主题是《华语教授法新旧的比较》。《民国时期总书目》（1911—1949）将之归入"地理类"。

其中《清华学校》一文谈及，清华学校"1921年把中等、高等两班毕业的年限，一律改为六年"。《贫富住户》一文提到，"北京是全国的首都"。由于"北京"之名称及首都的定位在1912年3月—1928年6月之间，因此这部教材的编写时间应在1922—1928年间。

细读这些文章可知，《京华事略》实际上是一部面向华语学校英美学习者的文化教材或文化辅助读物，适用于有一定中文基础的中高级阶段学习者。

《华语教授法新旧的比较》一文是"我"和"何先生"的对话，何先生是家庭辅导型的中文教师：

> 何先生您好，我们有几年没见了，您还在英国府教书么？不是，现在我是在美国府教丁先生。
>
> 您教他难不难？不难。
>
> 您都教他念甚么书？他念的书有《英华合璧》《官话指南》《文义津逮》。
>
> 那么您每天教他几点钟？我教他四点钟。
>
> 这四点钟您教他多少话，念多少书？没有一定。
>
> 您用甚么法子教他呢？我没有一定的法子。他爱说话，我们就说话；他爱念书，我们就念书。
>
> 请问您说的话太多，他记得住么？他有一个纸本子，所说的话他都

用罗马字记在上头。

　　若是书里头的字他不懂怎么样呢？他可以查字典。

　　那么认字有甚么法子呢？我给他写字号，天天认字号。

对话者认为，"何先生"的教学虽然有一定教材，不过其教学程序和方法都不够合理。这一判断就是拿华语学校的教师跟他进行比较的结果。

　　照着您这么教，简直的没有教授法，那可跟华语学校差得天上地下了。我有一位朋友张先生，是华语学校的教员。据他说，要入华语学校当教员，先得考试一次，作一篇论说。取中了，然后再入师范班，学习教授法，学好了，才能教书哪！教的时候，必得严守定法，每天的新字、新意思，都有一定的字数，不能随便加添。按着学生的程度分级分班，每一级都有一定的课程。教的时候必得注意学生的声音，说错了当时就改。倘或学生有不能说的声音，必得用注音字母的拼音法念给他听，然后再叫他跟着说。若遇见难懂的话或费解的意思，先生得多用比方。写罗马字、记英文、写字号、查字典、用英文教授，是一概不准的。就是写字、认字都有一定的次序。最要紧的是要学生多说话，先生有时用新字或旧字叫学生说话，有时用比方叫学生说新字或旧字，有时候叫学生讲字义。可是无论怎么讲解、比方，都不能出学生所学的新字范围，就是学生故意问课外的字或是特别的话，先生也不能给他讲解。

　　要按您这位朋友所说的，可比在外头教书难的多了。教授固然是很难，可是学生的进步比在外头念书真是有霄壤之别了。

这里谈到的华语学校教师的选聘、培训方式，教学过程中对教学内容、工作步骤的严格要求，都与程锡之所总结的一致。由此来看，《民国时期总书目》(1911—1949)将之归入"地理类"的处理值得商榷。《京华事略》是北京大学 2018 年出版的《早期北京话珍本典籍集成》系列中的一册。校注者刘倩、郝琦在"内容提要"中认为这本书是"日本北京话教材"。范苗苗(2020)沿用此说。我们认为，这本书是面向外国学习者的北京话教材这一判断是准确的，不过教学对象并非日本学习者，而是欧美学习者，这一点不仅体现在类似上述的课文中，编著者金醒吾的身份也可作为旁证。

20 世纪 40 年代，北平华文学校出版的中高级口语教材除通用性的《华语讲话》之外，还有一部专门用途的《医语会话》。《医语会话》也出版于1948 年，同样应为该校教师集体编写。这是一部专门针对医护职业需求的教材，全书 75 页，共 20 课，均为对话式的课文，各课无生词、练习。

第 1 课是介绍大夫,对话者是病人王先生和他的朋友张先生。第 2 课到第 18 课是按照到医院的看病流程,以科室为中心的病人和大夫的对话,依次为:挂号、内科门诊、药局、外科门诊、小儿科、骨科、耳科、眼科、脑神经科、皮肤科、妇科、产科、泌尿科、牙科、病房、X 光科(放射学科)、变态反应科。第 19 课和第 20 课分别是人体解剖和病理杂谈。

课文中的句子不长,结构也不复杂,看来编写者是有意识加以控制的。课文中的对话能够反映医患交流的实际意义,并且从一个侧面展示了当时医疗科学的最新进展。由于教材另附一册 23 页的中英文对照词汇,因此可以大大纾解课文中不少医药、诊察、治疗方面的名词术语造成的教学困难,如:脉搏、化验、烤电、胆囊、白血球、血色素、腹膜炎等。不过,这部教材对于中文教师的医药方面的知识仍有较高的要求。

冯友兰(1926)指出,华文学校有"因学生之职业而特设课程",学校根据学生的职业不同,把他们分为四类:"医生及看护妇,商人,外交界翻译,不属于以上三种者"。看来《医语会话》是为该校的医护学习者编写的教材。

显然,《医语会话》代表国际中文教材分技能、分领域的建设倾向,同时也意味着教材编写者和任课教师在专业素养、专项技能上的多元化。

总体上来看,国际中文教学机构从 20 世纪 20 年代起开始重视教材建设。绪论部分已述及,20 世纪 30 年代,编写国际中文教材已正式成为国语运动的议题之一。1934 年,教育部"国语统一筹备委员会"第 29 次常务委员会议决定通过了魏建功提出的"编辑对外的国语教科书"的提案(《国语周刊》1934 年第 122 期)。提案的缘起是注意到外国人学习中文"所用课本,往往不能免音词间之错误及观念上之纰缪""本会既有'统一国语'之专责,对此外侨亦应特编一种合宜的课本,以作准绳"。教材编写的语音标准是以"国语区受过教育的人所用语言为基本,充量应用国语罗马字",办法是"依中外语音歧异难易之标准分别先后,由单音而词类而语句而选文",目标是"使外国人既可学习我国语言,并有阅读书报能力",同时"随处注意矫正外人所编书中音词之错误,并纠正外人所编书中观念之纰缪"。会议决定由魏建功担任教材主编,"以三年为期"。

20 世纪 30 年代末,国际中文教学问题已成为国语教育研究的组成部分。《燕京新闻》1939 年 12 月 2 日报道,燕京大学研究院院长陆志韦及吴天敏、郭绍虞、董璠等发起成立国语教育研究会。在发起宣言中,就实用和理论两个方面各提出了三项研究任务,其中实用方面第三项任务就是"怎么样教外国人国语"。研究会的宗旨是改良小学、中学、成人和侨民的国语课本,设立了六个研究组,其中第六组是侨民国语教育研究组。一周之后,《燕京新闻》发布国语教育研究会成立大会已于 12 月 5 日举行,通过会章并选出理事的消息。吴天敏任成立大会临时主席。大会对研究分组进行了合并调整,设国语教学研究组,选举吴天敏、陆志韦、董璠三人为理事。可能是受此风潮的影响,因此 20 世纪 40 年代,国际中文教学机构的教材建设更为活跃。

第二章　国际中文教材课文来源考述

历史上的国际中文教材一直非常注重紧贴中国社会语言生活进行课文的组织编排。例如,威妥玛《语言自迩集》(1886)里的课文《践约传》是元代王实甫杂剧《西厢记》的改编白话故事版,鲍康宁《英华合璧》(1887)摘编清代名教中人的小说《好逑传》作为课文。

我们注意到,民国时期的国际中文教材在课文的编选上,既重视与以往国际中文教材的互动,也重视与同时代国语、国文教材和报章杂志文章的互动。

盛琴仙(1946)在记述自己第一次教外国小朋友学中文的经历时说:"同事中有挑幼稚园或小学用的课本的,不过我以为那种材料为中国孩子是很好的,因为反正他们说话总会的,可是为外国孩子,化了那末些时候,学会几句'钟声响滴答滴答''大羊大,小羊小'之类的,未免不合实用,所以我还是自己挑一些日常用的字眼和句子,如'我要买一本书'之类的,好像还有用一点。"这里既反映了盛琴仙注重语言的实际运用、强调培养口语技能的教学理念,同时也如实记录了当时的教师从国语教材中选用中文教学材料的行为特征。经查,"大羊大,小羊小"来自吴研因编著的《国语新读本》第1册(世界书局1933年版)第4课(初小上学期用)《两只羊过桥》。这一课的课文就是下面两句话:"大羊大,小羊小。两只羊,跑跑跑,跑上桥……"

本章考证民国时期国际中文教材里课文的来源,主要讨论:(1)课文的编选、调整有哪些倾向性或规律;(2)从课文入手,分析教材在呈现形态、编排体例上的特点;(3)中国社会语言生活变革与国际中文教材现代历程的关系,国际中文教育的时代特征。

在考证过程中,确定课文的来源主要依据以下原则:(1)一致程度:内容上完全一致或高度一致;(2)辑录的意图和频次:从某部教材、杂志中辑录文本的行为意图明确,且通常情况下不会仅发生一次,往往是比较集中的操作;(3)源文本的权威性:发行出版之后的影响力,印行的版次、数量,以及编写者、出版者的情况。确定课文来源的程序是,以上三项原则逐一考量,以出版年份为界，向前溯源。

一、《国语指南》课文的来源

《国语指南》第1、2、4、5、14章是对话体课文，其他各章为独白叙述。第1、2、4、5章的对话者以A、B标识，第14章的对话者以甲、乙标识。例如，第1章A、B前几个轮次的对话：

> A 我要两个人来。B 你要那两个人来？A 我要那两个好人来，我不要那个不好的人来。B 三个人来，好不好？A 三个人来不好。我要两个人来，不要三个人来。B 你要的人，一个是个好人，一个不是个好人。A 不要叫那个不好的人来。他待主不好，他待人不好，他待我不好。

《国语指南》之外，施列民另撰有医学科普读物《延年益寿》（*Health and Longevity*），1918年上海时兆报馆初版，正文前有清末民初杰出政治家、外交家、法学家伍廷芳撰写的序。此书1928年已印行至第11版。

经考证，《国语指南》与多部国际中文教材及施列民所撰《延年益寿》关联紧密，它的课文的形成离不开文本之间互文（inter-textuality）关系的支撑。

首先，《国语指南》前七章的页眉都标注了与 Bryan Lesson 的关联。第1章的页眉是 Chapter 1. To follow Bryan Lesson 10，第2章是 Chapter 2. To follow Bryan Lesson 12，第3章是 Chapter 3. To follow Bryan Lesson 16，第4章是 Chapter 4. To follow Bryan Lesson 18，第5章是 To follow Bryan Lesson 20，第6章是 To follow Bryan Lesson 25，第7章是 To follow Bryan Lesson 27。第8章的页眉是 Chapter 8，此章之后，页眉以 Chapter X（9、10、11……）标识。Bryan Lesson 应是一本教材性质的书籍，不过它的所指究竟是什么，是一部谈论基督教教义、劝人信教的书，还是一部国际中文教材，以往涉及《国语指南》的研究（如武春野，2014）并未谈及。

查阅史料可知，Bryan 即美国浸信会传教士万应远，其英文全名为 Robert Thomas Bryan（1855—1936）。这里的 Bryan Lesson 指的应为万应远1913年在上海卫理公会出版社（Shanghai Methodist Publishing House）出版的四卷本《两年中文学习课程》（*Two Years' Course of Study in* the Chinese Language）的第 1 卷《启蒙读本》（*Analytical Primer*）。高葆真（W. Arthur Cornaby）在 1914 年 2 月 1 日《教务杂志》的"我们的书桌"（"Our Book Table"）栏目，曾撰长文评介了这部教材。

高葆真认为，万应远《启蒙读本》一书非常适合中文初学者使用，学完这部教材，能够深刻理解并熟练掌握 2 000 个左右的汉字，可以阅读几乎所有的中文文章，这些都能够激发初学者学习中文的积极性。教材在编排上注意到了语言要素的合理使用，其中语法方面主要展示了简单句的构造，目的是帮助初学者更好地与同伴交流。

由于截至目前我们尚未检索到《启蒙读本》，因此只能推测《国语指南》第 1 章至第 7 章应是对这部教材课文的接续。

其次，国际中文教材之间题目和内容的互文关联。《国语指南》有好几篇课文以"论××"为题。例如，第 10 章《论天气》，包括《论黑日》《论吃饭的钟点》。第 12 章是《论派书人》。第 13 章有《论预言》一文。这些题目与此前多部国际中文教材里的课文题目相类。例如，德国传教士范·威廉姆（von R. Willhelm）1912 年编辑的《华德进阶》（华文本，青岛德华印书社版）有多篇课文以"论××"为题，如《论飞虫之变法》（第 42 课）、《论狮子》（第 44 课）、《论蚂蚁》《论太阳》（第 47 课）、《论行星》（第 48 课）等。[①] 怀恩光《官话初阶》第 33 至 35 课，分别以《论前进》《论学中话》《论礼貌》为题。

《国语指南》第 13 章《看热闹》记述"我"和一位朋友到城外"正福字号"看热闹的游历经过，文中有这样一段描述：

> 我们走不多远，就听见许多的人笑起来。我上那里去看是甚么事情。<u>只看见一个说书的在那里，说三国的事情，有几百个人站在那里听。他说得也好，人都爱听。</u>……我们回家，走的不过有半里路。

这一段文字似乎源自鲍康宁《英华合璧》1911 年第 8 版第 10 课辑要《城外游观》的一段话：

> 我们又走了几步，到了一块空地，就看见<u>一个说书的，说三国，有一二百人站在那里听。他说得也好，人都爱听。</u>我们到他那里他快要说完，请人多给他几个钱可以买茶喝。

这两篇课文中加下划线的几句话在用词、句子的组织上非常相近，其间

[①] 《民国时期总书目》（1911—1949）、《世界汉语教学书目概览》第 1 分册（1899—1990）亦收此教材。

仅存在细微差异,如"只"和"就","几百个人"和"一二百人"的区别,最后一句话"他说得也好,人都爱听"则完全相同,显然这不是一种巧合。

另需指出的是,《国语指南》第 10 章《论天气》中有这样几句话:"吃饭是不可少的事情,但是不可吃多了。若是吃多了,就不能好好的学中国话。"夏威尔《五十节十分钟中文课》(1931)第 1 篇阅读课文《初来的外国人》有相似的说法:"你们是外国人,我也是外国人。你们学说中国话,我也要学说中国话。若是不懂中国话,不可以在中国做事,所以第一件事是念书,不是吃饭。"这可能与施列民和夏威尔都是在南京学习中文,且均为基督复临安息日会传教士的身份背景有关。

第三,《国语指南》与《延年益寿》的互文关联。《国语指南》第 16 章《茶山的传道士写信给安牧师》,提到谢从光在茶山劝人戒烟之事:"这个地方不但出茶也出烟,所以此地的人,无论男女老少都用烟。我常常的把烟的坏处,说给他们听,所以那些问道的人现在都不用烟。"《延年益寿》第 17 章的题目即为《吸烟》,施列民从"烟为毒物""吸烟者气自促""因吸烟而成心疾""吸烟阻碍躯体之发育""吸烟短人寿命""烟之毒害吾人之思想能力"等方面入手,详细分析了烟草之害,并提出了"如何可戒除吸烟"的办法。《国语指南》谈戒烟,显然与《延年益寿》的论述有关。

二、《华言拾级》课文的来源

《华言拾级》从第 16 课起,"根据学生已经学习过的语言材料,每课编入一些简短的故事、韵文和歌谣(stories,verses,rhymes,songs)",少则 1 篇,最多 3 篇,总计 25 篇。分别是①:

第 16 课 1 篇:《读书写字》;第 17 课 2 篇:《入学堂》《算一算罢》;第 18 课 2 篇:《十个小朋友》《我问他自己去》;第 19 课 2 篇:《太阳和月亮》《好朋友》;第 20 课 1 篇:《我的先生不如你的先生》;第 21 课 2 篇:《问警察》《你家在那里》;第 22 课 1 篇:《我没还手》;第 23 课 1 篇:《钱的用处》;第 24 课 1 篇:《中秋》;第 25 课 2 篇:《买饼》《画画儿》;第 26 课 3 篇:《健康》《回家》《狗、鸡、羊》;第 27 课 2 篇:《超重》("The heavy letter")、《衣裳》

---

① 第 27 至 29 课的 4 篇短文本来只有英文题名,为与其他短文保持一致,现将英文译为中文,并把英文题名放在括号里。

("Clothes");第 28 课 1 篇:《先生看书时睡着了》("The teacher asleep over a book");第 29 课 1 篇:《笨小孩儿》("The stupid boy");第 30 课 3 篇:《不可弄脏》《看报》《合群》。

例如,第 16 课《读书写字》:一个先生,十二个学生。一个人教,十二个人学。先生教书,学生读书。读了书就写字,写了字又读书。十二个学生,三个读书,九个写字。四个写大字,五个写小字。大学生写小字,小学生写大字。

第 25 课《画画儿》:弟弟画个太阳,爸爸说画得不像。妹妹画个月亮,爸爸说画得更不像。我画一只黑羊,爸爸说很像很像。

卜朗特在前言中强调,这些短文是编选而非自行编写的,均取材自小学生读物。按照前述考证原则和程序,经检索比对,我们已基本确定这 25 篇短文的对应文本即源文本。源文本可概括为三种类型:

(1)"千字课"系列:朱经农、陶行知 1923 年编写的《平民千字课》(第 1 册)(商务印书馆),晏阳初 1927 年编写的《市民千字课》(第 1 册)(商务印书馆)。

《华言拾级》有 4 篇短文对应于《平民千字课》,3 篇短文对应于《市民千字课》。如表 2-1、表 2-2 所示。

表 2-1　《华言拾级》与《平民千字课》

《华言拾级》	《平民千字课》
第 16 课《读书写字》	第 1 册第 1 课《读书》+ 第 2 课《写字》
第 17 课《算一算罢》	第 1 册第 3 课《算一算》
第 23 课《钱的用处》	第 1 册第 7 课《钱的用处》
第 24 课《中秋》	第 1 册第 16 课《过中秋》

表 2-2　《华言拾级》与《市民千字课》

《华言拾级》	《市民千字课》
第 17 课《入学堂》	第 1 册第 2 课《瞎子》+ 第 3 课《入平民学校》
第 30 课《看报》	第 1 册第 15 课《看报》
第 30 课《合群》	第 1 册第 17 课《合群》

《华言拾级》的短文与"千字课"系列中的文章高度一致。例如,第 16 课《读书写字》是《平民千字课》第 1 册《读书》和《写字》的加合,两者的差异仅在于学生数量上,《华言拾级》是"十二个学生",《平民千字课》是"十个学

生"。第 17 课《入学堂》是《市民千字课》第 1 册《瞎子》和《入平民学校》的加合。《华言拾级》的《入学堂》是:"不能看的人是瞎子,不识字的也算瞎子。我入学堂,天天读书,天天写字,不再作瞎子。"《市民千字课》的《瞎子》一文是:"不能看的人是瞎子,不识字的也算是瞎子。瞎子苦,不识字的也苦。"《入平民学校》是:"我入平民学校,学读书,学写字。不再做瞎子,来学做新民。"《华言拾级》少了"瞎子苦,不识字的也苦""来学做新民"这两句话,用词用字也有一些差别,如"平民学校"和"学堂","作"和"做"的不同,也就是说卜朗特应做了一些删节和替换处理。

再如,《华言拾级》第 17 课《算一算罢》除了题名与《平民千字课》的《算一算》有细微区别之外,还少了最后两句话"一面加,一面减。加一回,减一回",文中其他部分完全相同。第 24 课《中秋》与《平民千字课》的《过中秋》的不同,主要在于后者文中的人物是专名"秋儿",前者是普通名词性短语"一个小姑娘"。

(2) 国语教科书:沈百英、沈秉廉 1933 年编著的《复兴国语教科书》(商务印书馆,初级小学校用第 1、2、3 册)。

《华言拾级》有 9 篇短文对应于《复兴国语教科书》,第 1 册 7 篇,第 2 册和第 3 册各 1 篇。如表 2-3 所示。

表 2-3 　《华言拾级》与《复兴国语教科书》

《华言拾级》	《复兴国语教科书》
第 18 课《十个小朋友》	第 1 册第 34 课《十个小朋友》
第 19 课《好朋友》	第 1 册第 35 课《好朋友》
第 19 课《太阳和月亮》	第 1 册第 20 课《太阳和月亮》
第 25 课《画画儿》	第 1 册第 26 课《弟弟画个太阳》
第 26 课《健康》	第 1 册第 27 课《你要身体好》
第 26 课《回家》	第 1 册第 33 课《回家》
第 26 课《狗、鸡、羊》	第 1 册第 31 课《妈妈叫我去找狗》
第 27 课《衣裳》	第 2 册第 26 课《大家都穿中国货》
第 29 课《笨小孩儿》	第 3 册第 19 课《买酒和油》

这 9 篇短文中,题名虽稍有差别,不过内容完全一致的有 3 篇,即《华言拾级》的第 25 课《画画儿》、第 26 课《健康》《回家》。

其他篇目在选词用字、人物上存在细微的区别。例如,《十个小朋友》一文,《华言拾级》用"作工",《复兴国语教科书》是"做工",其他完全一致。《好朋友》一文,《华言拾级》用"随",《复兴国语教科书》用"跟",其他完全一致。《太阳和月亮》一文,《华言拾级》中的人物是"姐姐","姐姐说,这是太阳不是月亮",《复兴国语教科书》是"妹妹",从常识来看前者设定的弟弟和姐姐的对话更合理一些,其他完全一致;或者说"姐姐"纠正"弟弟"的认知错误,似乎比"妹妹"纠正"弟弟"更合理一些。无论是家长视角还是兄妹关系视角,《复兴国语教科书》都不如《华言拾级》合乎常识。《华言拾级》的《狗、鸡、羊》一文,用的是"找着""找着了狗在大门口""找着了鸡在青草里""找着了羊在小桥上",《复兴国语教科书》用的是"找到",其他完全一致。

《华言拾级》的《衣裳》一文,用的是"作","我的衣裳用布作""你的衣裳用绸作",最后一句是"我们都是中国人,大家都用中国货",《复兴国语教科书》用的是"做",最后一句是"穿",其他完全一致。《华言拾级》的《笨小孩儿》设定的人物是"母亲"和"小孩子",《复兴国语教科书》的《买酒和油》则是"相成的妈妈"和"相成",前者用的是"铜子儿",后者是"铜圆",除了这些以外,其他地方完全一致。

除了第29课《笨小孩儿》之外,源自《复兴国语教科书》的其他8篇短文在性质上可判定为歌谣。顾志贤1934年编著的《复兴国语教学法》(商务印书馆)是《复兴国语教科书》的配套教师用书,其中强调这些面向儿童的叶韵课文,练习时"宜多吟唱"(第219页),或"用歌调吟唱"(第262页)。第25课《画画儿》上文已引录,其他几首歌谣在教材中的分布如下:

第18课《十个小朋友》:你有我有,大家都有。十个小朋友,五个在左,五个在右。十个小朋友,帮我作工,帮我拍球。

第19课《好朋友》:好朋友好朋友,大家拍着手。你向左我向右,大家分开走。好朋友好朋友,大家牵着手。你在前我在后,大家随着走。《太阳和月亮》:太阳出来了,弟弟当他是月亮。姐姐说,这是太阳不是月亮。月亮出来,弟弟当他是太阳,姐姐说,这是月亮不是太阳。

第26课3篇,分别是《健康》:小弟弟你要身体好,天天得起早。小弟弟你要身体好,天天得睡早。小弟弟你要身体好,天天笑几笑。《回家》:左手牵羊,右手牵牛,回家走回家走。爸爸等在小桥头。左手拿书,右手拿球,回家走回家走,妈妈等在大门口。《狗、鸡、羊》:妈妈叫我去找狗,东找找西找找,找着了狗在大门口。妈妈叫我去找鸡,南找找北找找,找着了鸡在青草里。妈妈叫我去找羊,远找找近找找,找着了羊在小桥上。

第27课《衣裳》:我的衣裳好,我的衣裳用布作,这种布是国货。你的衣裳好，你的衣裳用绸作，这种绸是国货。他的衣裳好，他的衣裳用呢作，这种呢是国货。我们都是中国人，大家都用中国货。

这几首歌谣可以理解为教学动因促动下的收录。《华言拾级》用"作"不用"做"，用"着"不用"到"，似均非偶然。"作"是第九课的生词，其英文释义连带引入了"做"。"作：to do；to act；to make.（做-to make-is often written for this character.）"，即表制作义时常写成"做"。也就是说，"作"和"做"是包含和被包含的关系。这与王力（1980/2002：48）认为"做"是"作"的分化字，"做"分担了"作"的部分职能的看法一致。不过，我们统计发现，整部教材实际上只有"作"而无"做"，使用"作"的词语、句子共五十余例，无一写成"做"，甚至在制作义非常突出的与"饭""菜"的组合中，也写为"作饭""作菜"，另如"作事，作买卖，作皮鞋"等。第17课、第23课分别源自《市民千字课》和《平民千字课》的短文，与原文的唯一区别也在此。

这种处理方式，在裴德士《华文初阶》（1943）中也得以延续，如："你们到中国来作麼么？我们到中国来学中国话。"汪怡主编的《国语辞典》（1945）中"做"有三个义项："为；举办；装作、佯为"。相关词语有"做饭、做工"等。"作"有四个义项："起；造，创造；鼓舞；与'做'第一项通"。相关词语有"作客、作陪"等。可见，这里"作"和"做"既相区别，又有联系，两者是等立关系。《复兴国语教科书》的处理与此一致。吴章的《华语易通》（1947）则做了有效区分："白天我们要做事。夜里我们不做事。你现在做甚么？我今天有很多的事情要做。"①

在《华言拾级》中，"随"是第18课的生词，而"跟"是第20课的生词，因此引用《好朋友》时变"跟"为"随"。

虽然动词后的"到"和"着"在这部教材中都是作为"助动词"（Auxiliary verb）介绍的，分别是第22课和第25课的语法项目，不过可能主要由于教材中跟"找"搭配的都是"着"，②"找"和"到"并无组合实例，加之这首歌谣与语法项目"着"毗邻，因此编者做了替换。

此外，从短文编排的顺序上看，《华言拾级》似乎比《复兴国语教科书》的安排也更合理一些。

由此可以看出，简短押韵、朗朗上口的歌谣，不仅在幼儿的语言学习和

---

① 老舍的话剧《茶馆》（1956年版）中用字，一律写为"作"，如第二幕的"可是呀，这兵荒马乱的年月，能有个事儿作也就得念佛！"
② "找"是第16课的生词，例句有："我找着了。我找不着。"

小学语文教学中发挥着重要作用，而且在历史上的国际中文教学中也占有一席之地。

《华言拾级》中的歌谣首先是教学材料。卜朗特强调，《华言拾级》之所以从第 16 课起增加白话短文，是为了便于学习者诵读，更有效地复习、记忆前 15 课的语言材料。① 这些歌谣语句简短，韵律和谐，朗朗上口，这样的特点正符合编选者的要求。美国汉学家金守拙（George A. Kennedy,1942）评论这部教材时，特别肯定了卜朗特的课文引录工作。

《复兴国语教科书》编辑大意中，编辑主旨第一条是："指导儿童学习平易的语体文，并欣赏儿童文学，以培养其阅读的能力和兴趣。"这一主旨与卜朗特的立足点一致。需要说明的是：

1）《华言拾级》并不是完全按《复兴国语教科书》的课文先后顺序引录的，例如第 18 课的《十个小朋友》对应的是第 1 册第 34 课，而第 26 课的《狗、鸡、羊》对应的是第 1 册第 31 课，这种调整使得课文的话题、语句、用词更符合由易到难的原则，这既体现了两部教材选词用字范围上的相近，也体现了语文教学和国际中文教学的不同。

2）如前文所述，《华言拾级》用"随"而不用"跟"，用"找着"而不用"找到"，正是立足于教学的细节调整。

3）国际中文教材应兼容适用于不同学习者的语言材料，不仅应关注适用于成人的材料，也应关注适用于幼儿的材料，国际中文教学和语文教学之间是错配关系。

值得注意的是，《复兴国语教科书》是针对汉语母语者的教材，主要培养学生的语文能力，尤其是汉字的认读和书写能力，因此第 1 册第 34 课《十个小朋友》用注音字母标出了以下生字：十、朋、友、都、五、拍；第 2 册第 26 课《大家都穿中国货》的生字有：衣、裳、布、绸、呢、穿。而《华言拾级》是国际中文教材，因此从歌谣中析出的字词数量较少，更为强调利用这些短文复习已经学过的词语。

这些歌谣与选自平民教育课本、其他少儿读物中的短文一样，都是国语学习的示范材料。

（3）少儿读物：《儿童世界》杂志（1922—1928 年刊），《小朋友》杂志（1930 年刊），徐卓呆 1935 年编辑的《笑话三千》(中、下)(中央书店出版社)。

---

① 裴德士在《华文初阶》的前言中，特别强调了课文背诵对于外语学习的重要性，是从教学方法上对卜朗特观点的进一步解释。

《华言拾级》有 5 篇短文对应于《儿童世界》的文章,1 篇对应于《小朋友》的文章,3 篇对应于《笑话三千》的文章。如表 2-4 所示。

表 2-4 《华言拾级》与《儿童世界》《小朋友》

《华言拾级》	《儿童世界》《小朋友》
第 18 课《我问他自己去》	计剑华《儿童世界》1923 年第 11 期《问问他自己罢》
第 21 课《问警察》	叶伯祥《儿童世界》1928 年第 12 期《问警察》
第 22 课《我没还手》	张勉寅《儿童世界》1922 年第 7 期《我不曾回手》
第 25 课《买饼》	沈志坚《儿童世界》1922 年第 11 期《买饼》
第 27 课《超重》	叶伯祥《儿童世界》1928 年第 12 期《加贴邮票》
第 30 课《不可弄脏》	朱福如 1930 年《小朋友》总第 427 期《不可弄脏》
第 20 课《我的先生不如你的先生》	徐卓呆《笑话三千》(中)《你的先生》
第 21 课《你家在那里》	徐卓呆《笑话三千》(下)《还原》
第 28 课《先生看书时睡着了》	徐卓呆《笑话三千》(下)《催眠新法》

这一种对应关系的一致程度,不仅明显低于第二种,也低于第一种。例如,《华言拾级》的《我问他自己去》一文是:"父亲对他小儿子说,若是有人来找我,你对他说我没在家。后来有一个人来找他。儿子就说我父亲没在家。那个人说他到什么地方去了? 儿子说我不知道,等我到里头问他自己去。"计剑华《问问他自己罢》一文是:"父亲对儿子说:'今天有人来找我,你可对他说,我不在家里。'一会儿,果然有人来了。儿子便把这句话回答他。那个人道:'你晓得他到那里去的么?'儿子道:'我不知道,让我到里面去问问他自己罢'。"文本之间的差异既反映在字词上,如"说"和"道"、"就"和"便"的不同,"晓得"一词在前者中并无对应成分,也反映在语句的组织上,如假设的表达有无关联成分:一个是"若是有人来找我",一个是"今天有人来找我"。

《华言拾级》的《不可弄脏》,照应于朱福如 1930 年发表在《小朋友》上的同名笑话,不过后者的人物是"林儿",用词是"衣服"而非"衣裳"。①

---

① 从《笨小孩儿》《不可弄脏》等短文来看,针对母语者的故事往往着力渲染其真实性,故用专名,而国际中文教材则重在语言材料的教学实用性,故多用无定名词语。

再如，《华言拾级》的《先生看书时睡着了》一文是："有一位老先生，他家里有一个小孩儿，看妈儿看着。有一天那个孩子净闹，怎么哄他也不睡觉。那个看妈儿没了法子，就对那位先生说，请给我们一本书罢。那位先生笑着说，你一个字也不认得，你要一本书作甚么呢。那个看妈儿说，这个孩子净闹他不睡觉，我见先生拿起书来就睡着了，若是给这个孩子一本书，他也许就睡了。"徐卓呆《催眠新法》一文是："有一乳母哺养小儿，因儿啼哭不肯安睡，乳母无奈，蓦然叫官人快拿本书来，官人问其何用？应曰：'我常见官人一看书便睡着了。'"两文不但在人物设定、词句上存在诸多不同，文体和风格上也有相当大的差异，前者是口头的白话，后者则是书面的浅近文言。

比较这三种对应关系，从课文编写的角度来看，我们认为"千字课"系列和国语教科书中的文章，应是《华言拾级》的短文的直接来源，而少儿读物的文本则是《华言拾级》的短文的间接来源。换个角度来说，少儿读物的文章进入《华言拾级》之前，可能是先被编选入某部或某些国语教材之中，经过了一个中间阶段的文体变革和词句上的调整。不过，我们尚未检索到这些文章对应的国语教材。

20 世纪 40 年代，书面白话文材料开始集中进入国际中文教材，对教材的形态和体例带来了重大影响。《华言拾级》收录 25 篇短文作为课文，可以说是这一处理方式的发端。在当时缺少国际中文教学大纲的情况下，这些与国语教学密切相关的材料实际上起到了教学指南的作用。

卜朗特从平民教育读本、国语教科书、幼儿读物中选取材料，是他编写文言读本《汉文进阶》（1927）时从庄俞等 1907 年编写的《国文教科书》中取材做法的延续，反映了国语运动的推行对教材编写者的语言观产生了重要影响，也就是说这是卜朗特顺应国语发展潮流的主动选择。[①]《平民千字课》《市民千字课》《复兴国语教科书》与国语运动的关系自不待言，实际上，《儿童世界》和《小朋友》也反映了与国语运动的密切关联。这两份杂志均创刊于 1922 年，在 20 世纪 20—40 年代是影响极大的少儿读物。马国英等在《小朋友》上开办了"国语杂货店"栏目，普及国语语音、语法、汉字知识，训练会话、作文技能。吕伯攸、沈百英在《小朋友》，许地山、叶圣陶、郑振铎在《儿童世界》上都分别刊载了多篇文章。

---

① 《华言拾级》选择童谣、笑话，可能还与始于 1934 年的大众语运动有关。

三、《华文初阶》课文的类型和来源

《华文初阶》共 70 课,前 20 课的主课文是对话,第 21 课起为短文,并有题目。裴德士在前言中说,教材中的课文是 30 年来在北平教美国人中文时所用资料的汇集和总结。他强调,要掌握一门语言,记忆是必不可少的。"我们建议学生每课都要背一些句子。只学习孤立的单词和语法规则并希望把两者结合起来,这是远远不够的。我们确信唯一正确的汉语是我们能够记住的汉语。在学习过程中,学生应该通过记忆段落和故事完成单词和语法规则的学习。记忆的内容最好是母语为汉语的人说的话,或借助好的留声机唱片完成。"

1. 现代文的类型

《华文初阶》中的现代文共 14 篇,分布在 14 课中。从主题和体裁上看,包括口语对话 2 篇,即第 32 课与朋友商定一起去听演讲的《演说》,第 34 课吩咐"下人"准备请客所需物事的《请客》,书面短文 12 篇,有记叙、说明、议论三种类型,以记叙文为主。

记叙文可以细分为三类。记述应酬活动、酬酢事务和学校工作的 4 篇,分别是第 36 课《待友》、第 48 课《接风》、第 50 课《辞行》、第 52 课《预备茶话会》,第 52 课是记述茶话会的准备情况,告诉校务人员需要做哪些事情。参观访问记 2 篇,即第 42 课《地理》、第 46 课《参观公事房》,这两篇文章记叙的是"跟一位同学到公立第一小学"参观访问的事情。游记 6 篇,分别是第 38 课《西山》、第 40 课《逛庙》、第 44 课《野外》、第 56 课《公园》、第 60 课《野餐》、第 64 课《避暑》。例如第 60 课的开头是:"三月初间,我跟两位同学的商量着到野外去逛一逛。咱们野餐去,好不好呢? 把这些东西归着好了……"

议论文 2 篇,分别是第 66 课《家庭教育》、第 70 课《国语》。第 66 课有这样的论说:"若是家庭里有不好的习惯,小孩子们每天耳朵所听的,眼睛所看的,都是这样,也就成了习惯了,好像白布染黑了一样。后来再入学校,虽然学校里有极好的教育,也不容易改他所染的不良习惯了。……并且要教给儿女规矩礼节。"

说明文 1 篇,即第 54 课《万里长城》,文中有这样的介绍:"但是各国筑各国的城,也没连合着筑。后来秦始皇把齐楚燕韩赵魏等六国灭了,统一了中国;又派将军蒙恬带兵三十万去打匈奴,把他们打败了。以后秦始皇就派人修筑旧城,把各国的城都连在一块儿。"

虽经多方查证,目前仍不能确定这些现代文的来源。我们推测,这些短文可能是华北协和华语学校的中国教师自行编写的。

2. 历史故事、人物介绍的来源

第30课《介绍新书》,对古代故事的出现做了预告:"现在你们念了二十九课了。念完了第三十课以后,除了当学的日常会话和文法以外,还要念些个中国故事。那些故事有的是注重知识,有的是注重道德,都是特别的有意思。所说的人,大半是和孟子一样的有名声。差不多都是两千年以前的事。故事是古的,但是所用的话完全是新的。我想你们大家,念完了那些故事以后,对于中国古时的事情,多少一定有点认识。"

《华文初阶》中的历史故事、人物介绍共14篇文章,分散在22课中,分别是第31、32、35课《买义》,第37、39课《卖病牛》,第41课《庄子的哲学》,第43课《和氏之璧》,第45课《仇人和亲人》,第47课《辞赏》,第49课《三个问题》,第51课《管仲的三件要求》,第53课《正直人》,第55、57、59课《士为知己者死》,第58课《孔夫子》,第61、63、65课《大义灭亲》,第62课《晏子使楚》,第67、69课《闾丘的希望》。

经检索,我们发现除了第53课《正直人》,第61、63、65课《大义灭亲》之外,另外分散于18课中的12篇文章,与20世纪20年代朱经农和陶行知编著的平民教育课本、20世纪30年代朱鼎元等编著的故事读本、吕伯攸编写的童话读本有明显的照应关系。

第31、33、35课《买义》,照应于朱鼎元等著《中国故事》第2册(商务印书馆1934年版)的《买到了一个"义"字》,《华文初阶》与之相比有较多删节。

第37、39课《卖病牛》,照应于朱鼎元等著《中国故事》第7册(商务印书馆1933年版)的《卖牛的故事》(一)。两则故事行文上基本一致,如《华文初阶》的开头是:"'叫我怎样去卖给人家呢?'一个老兵,拉着一头牛,自言自语的说。那时太阳已经下山了。远远的走来一个农夫,头上戴着草帽,身上穿着布衣,脚上穿着草鞋,手里拿着锄头。一看,就晓得他是从田里做工回来的。"《中国故事》的开头是:"'教我怎样去卖给人家呢?'一个老兵,牵着一头牛,自言自语的说。夕阳已经下山了,远远走来一个农夫,头上戴着襄帽,身上穿着布袄,脚上踏着草鞋,肩上背着锄头。一看,就晓得他是从田里做工回来的。"两者只有用词上的细微差别,如"叫"—"教","拉"—"牵","太阳"—"夕阳","草帽"—"襄帽"等。最后一句话相同,均为"你真是个诚实可靠的人啊!"朱经农、陶行知《平民千字课》(商务印书馆1923年版)第36课《老实人卖牛》也是这则故事,不过表述更为简练一些。

第41课《庄子的哲学》,照应于吕伯攸编写的《庄子童话》(中华书局1932年版)第15课《你又不是鱼》和第2课《蝴蝶梦》,应是吕著的整合改编。两则故事里都用"鱼们"这一说法,可作为具有照应关系的佐证。

第43课《和氏之璧》,照应于吕伯攸编写的《韩非子童话》(中华书局1932年版)第4课同名课文。凡在《韩非子童话》中需要加附注的,《华文初阶》均改为更口语化、易懂的词语,以减少生词数量,如把"璞"改为"很宝贵的石头"。两篇课文的差别主要表现在人物谱系上,《韩非子童话》中的人物谱系是"厉王—武王—文王",《华文初阶》中是"武王—文王—成王"。

第45课《仇人和亲人》,照应于吕伯攸编写的《吕氏春秋童话》(中华书局1932年版)第1课同名文章。《华文初阶》与《吕氏春秋童话》的不同主要是以下词语:"不假思索"—"立时","偏偏"—"单","才干"—"才能","两桩事情"—"两件事情";南阳"令"—南阳"县长","尉"—"军长"。后面两处不同应源于《吕氏春秋童话》对这两个词所加的附注。

第47课《辞赏》,照应于吕伯攸编写的《庄子童话》(中华书局1932年版)第25课《辞赏的屠羊说》。《庄子童话》用专名,而《华文初阶》不用专名,如不用"楚昭王"而用"楚王",不用"屠羊说"而用"一个宰羊的人"。

第49课《三个问题》,照应于朱经农、陶行知编写的《平民千字课》(商务印书馆1923年版)第51课《三个问题》。两相比较,一共有14处词语上的细微区别,如《平民千字课》开头是"一个国王,忽然想到……后来他去问一个隐士……并且把三个问题说了几遍",《华文初阶》是"某国王,一日想到……后来他就去见一个隐士……同时把三个问题说了几遍"。[①]

第51课《管仲的三件要求》,照应于吕伯攸编写的《说苑童话》(中华书局1932年版)第12课同名课文。不同之处主要是在用词上,例如《说苑童话》用的是"卑贱、上卿、权力",而《华文初阶》则是口语化的"地位这样低、行政长官、力量"。孔子所说的最后一句话,《华文初阶》比《说苑童话》更为直白。

第55、57、59课《士为知己者死》,照应于朱鼎元等著《中国故事》第5册(商务印书馆1933年版)的《从此以后可以对得住智伯了》。《中国故事》开头多了两句与听者互动的话:"中间却有一段故事,诸位且听我一一道来。"

---

① 《平民千字课》的课文是对托尔斯泰1903年发表的短篇小说《三个问题》的概括和改写。黎锦晖、陆费逵等编辑的《国语读本》第4册(中华书局1923年版),引的是托尔斯泰小说的译文。

用词上,《中国故事》是书面色彩的"范中行氏、郁愤",《华文初阶》是口语化的"范氏、很不高兴"。《华文初阶》无漆身吞炭、自尽等情节,亦无韩康子、魏桓子、张谈起等人物。①

第58课《孔夫子》,照应于朱经农、陶行知编写的《平民千字课》第56课《孔夫子》(一)、第57课《孔夫子》(二)。《华文初阶》开头第一句话与《平民千字课》第57课第一句话相同:"孔夫子是中国的圣人",而所述孔子生平、事迹则与《平民千字课》第56课相仿。

第62课《晏子使楚》,照应于朱鼎元等著《中国故事》第4册(商务印书馆1933年版)的《人不可以貌相》。其间的差别也在于前者的用词更具有口语色彩,如后者有"张袖成帷""挥汗如雨""比肩接踵"而前者则无。

第67、69课《闾丘的希望》,照应于吕伯攸编写的《说苑童话》(中华书局1932年版)第16课《闾丘先生的希望》。不同之处也在词语的色彩上,如《说苑童话》的"慰劳、兀立、徭役、权柄、国家的仓廪、没有缺出",在《华文初阶》中对应的分别是"欢迎、直立、当兵义务、权力、国库、没有出缺",并且无"赏罚分明""一年四季"等起连接作用的小句。

《华文初阶》的12篇课文与上述三种文本之间的关系,如以下表格所示。

表2-5 《华文初阶》与朱鼎元"故事"系列

《华文初阶》	"故事"系列
第31、33、35课《买义》	朱鼎元等著《中国故事》第2册《买到了一个"义"字》
第37、39课《卖病牛》	朱鼎元等著《中国故事》第7册《卖牛的故事》(一)
第55、57、59课《士为知己者死》	朱鼎元等著《中国故事》第5册《从此以后可以对得住智伯了》
第62课《晏子使楚》	朱鼎元等著《中国故事》第4册《人不可以貌相》

表2-6 《华文初阶》与吕伯攸"童话"系列

《华文初阶》	吕伯攸"童话"系列
第41课《庄子的哲学》	《庄子童话》第15课《你又不是鱼》+第2课《蝴蝶梦》

---

① 署名"学明"的作者1931年在《儿童世界》发表的《豫让》(中国故事)与朱鼎元所编相似。

《华文初阶》	吕伯攸"童话"系列
第 43 课《和氏之璧》	《韩非子童话》第 4 课《和氏之璧》
第 45 课《仇人和亲人》	《吕氏春秋童话》第 1 课《仇人和亲人》
第 47 课《辞赏》	《庄子童话》第 25 课《辞赏的屠羊说》
第 51 课《管仲的三件要求》	《说苑童话》第 12 课《管仲的三件要求》
第 67、69 课《闾丘的希望》	《说苑童话》第 16 课《闾丘先生的希望》

表 2-7 《华文初阶》与《平民千字课》

《华文初阶》	《平民千字课》
第 49 课《三个问题》	第 3 册第 51 课《三个问题》
第 58 课《孔夫子》	第 3 册第 56 课《孔夫子》(一) + 第 57 课《孔夫子》(二)

《华文初阶》第 43 课《和氏之璧》后面有这样一条注释："这一故事见于《韩非子》《太平御览》及其他涉及楚武王、文王，而非同时期周武王、文王的著作。"我们认为，这并不表明如方书萱（2022）所说，包括这则故事在内的文章是编写者直接从古代的文言文译为白话文的。实际上，从上述分析和所列表格来看，由于与《华文初阶》照应的材料高度集中于少数几部课本或读本，而且每部都有若干篇对应，一致程度较高，因此我们有理由认为这些是《华文初阶》课文的直接来源。

需要说明的是，《华文初阶》的 14 篇文章，其中 11 篇与 College of Chinese Studies 1948 年出版的《故事选》所收故事高度一致。这应该不是偶然的。《故事选》的出版者 College of Chinese Studies，实亦即华文学校（原华北协和华语学校），出版地是北平，共 34 页。"故事选"三字下有拼音及英文 Famous Stories。

《故事选》共收 24 则故事，一个话剧。24 则故事分别是："曹冲称象、草船借箭、空城计、木兰从军、宝玉换城、廉蔺交友、苏轼卖画、庄子哲学、正直人、和氏之璧、三个问题、公正无私、辞赏、管仲的三件要求、卖病牛、找骆驼、合乎时用、不要工钱的工人、爱人、以德报怨、买义、闾丘的希望、大义灭亲、愚公移山。"话剧是"木兰从军"。

《华文初阶》中的课文除了《孔夫子》《士为知己者死》和《晏子使楚》之外，其他 11 篇对应《故事选》，内容完全一致或基本完全一致。例如，第

41 课《庄子的哲学》与《故事选》第 8 篇《庄子哲学》几乎完全一致，所不同者只是题名有无"的"，以及几个词的顺序。第 43 课《和氏之璧》与《故事选》第 10 篇同名故事几乎完全一样，突出表现在人物的谱系完全一致。第 51 课《管仲的三件要求》与《故事选》第 14 篇同名故事的内容几乎完全一致，尤其是最后一句提到的"才能、机会和工具"。第 67、69 课《闾丘的希望》与《故事选》第 22 篇同名故事几乎完全一致，比《说苑童话》中的对应故事重合度更高。前述未检索到来源的《华文初阶》第 53 课《正直人》，第 61、63、65 课《大义灭亲》，分别与《故事选》第 9 篇、第 23 篇同名故事几乎完全一致，所不同的仅是同义词问题，如："持身正直"—"正直"，"邻家"—"街坊"。

由此来看，《故事选》具有教辅性质，其中的故事应是在《华文初阶》选文的基础上扩充编写而成，体现了华文学校对教学辅助资源建设的重视，而《华文初阶》中的这些文章在进入教材之前，则正如裴德士所说，经过了相当一段时间的收集整理。

四、《华语课本》课文的类型和来源

《华语课本》适用于"二年级学习者"，应为华语学校的中国教师集体编撰，共 80 课。通过对史料的挖掘和分析比对，我们发现《华语课本》的大多数白话文和语体文渊源有自，其源头是上海圣教杂志社 1915 年初版、徐家汇土山湾印书馆发行的《国民学校国文新课本》[①]（共 8 册，以下简称《国文新课本》）中的第 6 至 8 册，这三册课本的课文均为文言文。《华语课本》的大部分语体文和白话文，是这些文言文的对应改写。

《华语课本》里有这样一句话，"二三年级的功课注重语体，一年级注重说话"，这适足以代表这一部教材及使用这部教材的华语学校的教学宗旨及文体理念。《华语课本》"注重语体"表现在，大致以第 38 课为界，课文从文体倾向上看可分为前后两部分，前半部主要呈现的是白话文和语体文的对应，编排方式是先白话文后语体文，后半部则以语体文为主。

1. 对应白话文和语体文的来源

《华语课本》80 课中，白话文和语体文对应的短文共 27 篇，其中 24 篇

---

① 我们注意到，这套教材 1940 年印行至第 8 版，未检索到 1940 年之后的出版发行情况。

照应于《国文新课本》第 6、7 册的文言文。例如，第 1 课白话文《一个小画家》和语体文《小画家》，对应于《国文新课本》第 6 册第 2 课的《画工》。现将这三篇短文抄录于下：

白话文《一个小画家》：于中正很会画画儿，画的各样东西都是很像的。有一天拿了一张纸铺在桌子上，泡湿了笔，蘸上了墨，画了两个燕蝙蝠，他的样子如同活的；妹妹瞧见了，喜爱的舍不得放手。中正说：我要把猫叫来，试验试验这个画儿好不好；就把他粘在墙上，向外头叫猫，猫进了屋子，当是蝙蝠呢（Ne），就使劲儿逮他，头（脑袋）碰在墙上，疼的他直叫唤，哥哥妹妹都大笑起来了。

语体文《小画家》：于中正长于绘画儿，描画各物，没有不很像的。有一天拿纸一张铺在桌上，用笔蘸好了墨，画了两只蝙蝠，他的形状如生，妹妹见了那张画，爱玩着不肯放下。中正说：我要叫猫来，以便试验这张画好不好（是否佳作）；就粘在（贴在）墙上，向外叫猫，猫入室，以为是蝙蝠呢，就奋力捕他，头碰在墙上，疼的他叫起来，兄妹二人都大笑了。

文言文《画工》：于儿长于绘事。描绘各物，无不酷肖。一日，取纸一方，铺案上，濡毫和墨，绘蝙蝠二，其状如生。妹见之，爱玩不释。于儿曰，吾将呼猫来，以验此画之佳否。乃黏之壁上，向外呼猫。猫入室，以为蝙蝠也，奋力攫之，头触于壁，呜呜而鸣，兄妹皆大笑。

《华语课本》24 篇对应的白话文、语体文，与《国文新课本》文言文的照应关系，如表 2-8 所示。

表 2-8　《华语课本》白话文、语体文与《国文新课本》文言文的照应

《华语课本》	《华语课本》	《国民学校国文新课本》
第 1 课通俗白话文《一个小画家》	语体文《小画家》	第 6 册第 2 课《画工》
第 2 课通俗白话文《鹅》	语体文《鹅》	第 6 册第 1 课《鹅》
第 3 课通俗白话文《不要暴躁》	语体文《戒暴怒》	第 6 册第 4 课《戒暴怒》
第 5 课白话文《汉朝联通西域》	语体文《汉朝通西域》	第 6 册第 6 课《汉通西域》
第 6 课白话文《奚家的菜园（子）》	语体文《奚氏的园子》	第 6 册第 7 课《奚氏圃》
第 7 课白话文《好好儿的过主日》	语体文《善守主日》	第 6 册第 10 课《善守主日》
第 8 课白话文《梅花鹿》	语体文《鹿》	第 6 册第 11 课《鹿》

《华语课本》	《华语课本》	《国民学校国文新课本》
第 12 课白话文《不要骄傲》	语体文《戒骄傲》	第 6 册第 12 课《戒骄暴》
第 13 课白话文《运河的大工程》	语体文《运河大工程》	第 6 册第 13 课《运河》
第 14 课白话文《长虫》	语体文《蛇》	第 6 册第 23 课《蛇》
第 15 课白话文《微生虫》	语体文《病菌》	第 6 册第 24 课《病菌》
第 16 课白话文《五饼二鱼的圣迹》	语体文《五饼二鱼的圣迹》	第 6 册第 26 课《五饼灵迹》
第 17 课白话文《花甲子》	语体文《天干地支》	第 6 册第 36 课《干支》
第 18 课白话文《中国公教的教务》	语体文《中国公教教务》	第 6 册第 49 课《中国教务》
第 21 课白话文《代替父亲受劳苦做买卖》	语体文《代父亲任劳营商》	第 7 册第 1 课《代父任劳》
第 23 课白话文《人种》	语体文《人种》	第 7 册第 12 课《人种》
第 27 课白话文《车》	语体文《车》	第 6 册第 8 课《车》
第 28 课白话文《野鸡》	语体文《野鸡》	第 7 册第 6 课《雉》
第 29 课白话文《不可骄傲》	语体文《戒骄傲》	第 7 册第 13 课《戒傲慢》
第 30 课白话文《政府的制度》	语体文《政体》	第 7 册第 14 课《政体》
第 30 课白话文《自强》	语体文《自强》	第 7 册第 21 课《自强》
第 34 课白话文《邮票》	语体文《邮票》	第 7 册第 16 课《邮票》
第 34 课白话文《犀牛》	语体文《犀牛》	第 7 册第 17 课《犀》
第 38 课白话文《鱼》	语体文《鱼》	第 7 册第 20 课《鱼》

另有三组，虽然白话文和语体文也是严格对应的，不过它们的出处不可考，看来应是编写者自行建立的文体分野，分别是：第 23 课白话文《拜年的信》，语体文《贺年信》；第 25 课《自由和平等的真正义意》（原文如此），语体文《自由与平等的真义》；第 27 课白话文《做买卖的游戏》，语体文《贸易的游戏》。

需要说明的是，《华语课本》中的白话文和语体文的篇幅都不长，大多相当于一个大语段或小篇章，具有明显的从语段到篇章的过渡性质。张宝林（2005）指出，汉语作为外语的学习者在成段表达方面存在突出的问题，而其症结在于对语段教学重视不够:"在成段表达中试图让学生从单句直接跳到话语篇章,而不给学生任何台阶。也就是说,忽略了其间的一个必经阶段——语段教学。"《华语课本》按照循序渐进的原则建构语体文,详尽展示白话文和语体文的区别,对于当前国际中文教学界开展面向中高级阶段的语段和话语篇章教学,对于提高学历生(国际本科生和硕士研究生)的书面表达能力,都有着重要的启发意义,这种对比编排的方式尤可为我们开展教学、考试资源建设提供借鉴。

2. 单列语体文的来源

《华语课本》单列的语体文43篇,其中与《国文新课本》照应的共31篇。例如,《华语课本》第40课语体文《诸葛亮》,照应于《国文新课本》第7册第22课《诸葛亮》。现将这两篇文章抄录于下:

语体文《诸葛亮》:诸葛亮字孔明;汉末隐居在南阳,自己比如管仲、乐毅。昭烈(刘备)皇帝在荆州的时候,司马徽和徐庶推荐他的贤能,于是昭烈"三顾茅庐",他才出来任事。昭烈得亮,"如鱼得水",便在赤壁打败了曹操,取荆、益二州;建国在西蜀,并攻取汉中,同魏、吴鼎峙。昭烈即位,亮任丞相,昭烈驾崩,亮受遗诏辅保后主;在国内修理制度,在国外联合孙权。既然在南方平定了孟获,便一意的讨伐魏国,打算恢复中原,可是虽然六次出兵祁山,没能成功,然而"鞠躬尽瘁"的热忱,光辉可以同日月相比了。

文言文《诸葛亮》:诸葛亮字孔明。汉末隐居南阳,自比于管仲、乐毅。昭烈帝在荆州,司马徽、徐庶荐其贤,三顾其庐,始出任事。昭烈得亮,如鱼得水,遂败曹操于赤壁,取荆、益二州。建国西蜀,攻取汉中,与魏、吴鼎峙。昭烈即位,亮为丞相。昭烈殂,亮受遗诏辅后主。内修制度,外联孙权。既南平孟获,遂一意伐魏,谋复中原。虽祁山六出,未能成功,而鞠躬尽瘁之忱,光昭日月已。

《华语课本》31篇单列语体文与《国文新课本》文言文的照应关系,如表2-9所示。

表2-9 《华语课本》的语体文与《国文新课本》文言文的照应

《华语课本》	《国民学校国文新课本》
第36课"尺牍"(家信)《孙子写给(禀告)祖父母的信》	第7册第19课"作文初步"《孙禀祖父母》
第36课《祖父母回答孙子的信》	第7册第20课"作文初步"《祖答孙》

《华语课本》	《国民学校国文新课本》
第 40 课《诸葛亮》	第 7 册第 22 课《诸葛亮》
第 41 课《通告》	第 7 册第 7 课"作文初步"《通告》
第 41 课《募捐启》	第 7 册第 47 课"作文初步"《募捐启》
第 43 课《便条》一	第 7 册第 16 课"作文初步"
第 43 课《便条》二、三	第 7 册第 12 课"作文初步"
第 43 课《广告》	第 7 册第 15 课"作文初步"
第 44 课《明太祖》	第 7 册第 27 课《明太祖》
第 46 课"尺牍"（家信）《孙子写给祖父母的信》	第 7 册第 21 课"作文初步"《孙禀祖父母》
第 46 课《祖父母写给孙子的信》	第 7 册第 22 课"作文初步"《祖谕孙》
第 46 课《儿子写给父亲的信》	第 7 册第 23 课"作文初步"《子禀父》
第 46 课《父亲写给儿子的信》	第 7 册第 26 课"作文初步"《父谕子》
第 47 课《国外要闻—欧战》	第 7 册第 49 课"作文初步"国外要闻
第 48 课"尺牍"《写给女教师的信》	第 7 册第 32 课"作文初步"《禀女教习》
第 48 课《写给女学生的一封信》	第 7 册第 33 课"作文初步"《致女学生》
第 49 课《天津》	第 8 册第 22 课《天津》
第 49 课《徐文定》	第 8 册第 19 课《徐光启》后半部分
第 50 课《义和团》	第 8 册第 43 课《义和团》
第 53 课"尺牍"《写给同学的信》	第 7 册第 31 课"作文初步"《致学生》
第 53 课《写给兄弟的信》	第 7 册第 39 课"作文初步"《与弟》
第 55 课《铁》	第 7 册第 45 课《铁》
第 56 课"尺牍"《乞求帮助贫苦邻居》	第 8 册第 13 课"作文初步"《乞助贫邻》
第 56 课"尺牍"《写给侄女的信》	第 7 册第 38 课"作文初步"《与侄女》
第 57 课《罗马》	第 8 册第 13 课《罗马》
第 57 课《利玛窦》	第 7 册第 50 课《利玛窦》
第 60 课《发匪》	第 8 册第 30 课《发匪》
第 60 课《雪人》	第 8 册第 34 课《雪人》

（续表）

《华语课本》	《国民学校国文新课本》
第 63 课《播种的比喻》	第 8 册第 31 课《播种之喻》
第 63 课《赠给朋友圣物的一封信》	第 8 册第 6 课"作文初步"《赠友圣像》
第 64 课《白莲教》	第 8 册第 29 课《白莲教》

另外 13 篇语体文中,引自《知行书信》即陶行知先生信函的语体文 3 篇,分别是:第 36 课《给小桃的信》(1924 年 4 月 13 日),第 43 课《给胡适之夫人的信》(1923 年 10 月 8 日),第 49 课《下乡拜年》(1927 年 2 月 11 日)。经逐一核对,这三封信均引自 1929 年上海亚东图书馆出版的《知行书信》。

《华语课本》征引陶行知先生的书信,是整部教材中唯一注明来源的实名引用。为便于中文学习者理解和接受,编写者在引用时做了适当调整和删节。例如,《给小桃的信》《给胡适之夫人的信》在《知行书信》中都是副标题。教材中的三封信相比原信都省去了若干个句子,尤其是与专有名词如"烟霞洞""海宁""试验乡村师范""连环教学法"等有关的表达。当然,删略时个别地方因疏忽而有失照应,如《给小桃的信》在《知行书信》中最后三句话是:"妈妈,阿姑,桃红好久没有写信给我了,你能请他们写信给我吗?老太太如果能写一封信给我,我更加喜欢了。你教她写好不好?"《华语课本》去掉了中间一句,格局变更为:"妈妈,阿姑,桃红好久没有写信给我了,你能请他们写信给我吗?你教她写好不好?"这样就造成这两句话事理上连贯不起来,最后一句的"她"也无法跟上文的"他们"衔接照应。不过,类似的细节问题并不影响陶先生的信为《华语课本》的文体分层和习作应用提供权威性支撑的事实。

此外,《华语课本》的处理还有其他的衔接和连贯问题。《国文新课本》第 7 册第 23 课"作文初步"《子禀父》,关联的是第 24 课的《父答子》(述家中平安及设学缘由),而第 26 课的《父谕子》,是对第 25 课另一封《子禀父》(述母妹病情并索回信)的答复。《华语课本》第 46 课《父亲写给儿子的信》引用时,虽去掉了开头有关皮衣的两句话,但仍无法连贯起来,关键在于这一课中两封信所涉的两个儿子、两个父亲实际上并不同指。

尚无法确定来源的一共 10 篇:第 47 课有关王尔谦的事迹(无题目)、《运动会演说词》;第 54 课"尺牍"《写给同业的信》;第 58 课《苗民的痛苦》(昆明通讯);第 59 课"报纸上社论"《出土文物应归国有》;第 61 课《圣神降临诵《又圣母经》;第62课《班禅来平》《克罪七德》;第64课《拜圣母》。

《华语课本》后半部分另有单独的白话文4篇,分别是:第45课白话文《欢送会演讲词》;第52课白话文《桃色案》、演说词《农人的生活》;第69课白话文《周武王誓师》。其中《周武王誓师》应为狄考文《官话类编》(1892)附卷《武王誓师》的节录和改编。《武王誓师》是《官话类编》附卷所收三篇演说词(orations)之一,另外两篇是《太甲悔过》和《孟子》,这三篇均取自登州文会馆(Tengchow College)准备的教学材料,作为中国演说词的样本。

《华语课本》之所以主要从《国文新课本》取材,我们认为主要有三个方面的原因:

第一,宗教背景一致,均为天主教学校教材。《国文新课本》的出版与天主教在上海土山湾开展的慈善教育有关,编辑提要中说,"是书之宗旨,所以养成国民之知识,灌输圣教之真理""使教中子弟,得正确之知识;使外教青年,略知圣教之门径"。

第二,编排原则和理念契合,教学对象中文水平相当。《国文新课本》"课文之长短,因学年而递增;学说之深浅,由程度而差别"。"第五第六册,另辟文法一门,使知文字之所以然;第七第八册,则示以日用文章。"①"识一字即得一字之用","毕业后于社会应酬,可以左右咸宜"。第六、七、八册"供初等学校第三学年第二学期之用",因而适用于采用《华语课本》的华语学校二年级学习者。

第三,《国文新课本》中的语言虽然还有比较浓重的文言气息,不过正如张伟(2015:105)所指出的,"内容则与时俱进,以灌输新知识为主,且简明扼要",因此便于编写者以此为基础开展文体实践,将"国文"改造为白话和语体性质的"国语"。

3.《华语课本》里的歌谣

与《华言拾级》相似,《华语课本》也收录了一些歌谣。《华语课本》的歌谣都是明确标出的。我们按照广义的理解,将诗歌也计在内,这部教材共收9首,其中8首"歌谣",1首"新诗"。这些歌谣有的分布在例句部分,有的分布在短文部分。

第39课的例句部分有一首歌谣:小宝儿乖乖,把门儿开开,快点儿开

---

① 第3章第2节讨论的《华语课本》的词类九分的观念及所用术语,也源自《国文新课本》。这表明我们将《华语课本》的词类观追溯至《马氏文通》和《中等国文典》的处理是比较合理的。

开,我要进来。答:不开不开不能开,你是老妖怪,妈妈不回来,谁叫也不开。

第51课的例句部分有一首歌谣:花花轿,八人抬,抬进府门来;哥哥背我上花轿,嫂嫂送我龙王庙,扯红旗,放大炮,吹吹打打好热闹。

第66课的"拉杂日记"记录了一首歌谣:小枣树,搭拉枝,上头坐着小闺女,小闺女十几了,十五了,打个帖子该娶了。

第73课的语体文有一首新诗、一首歌谣。新诗是:膀臂粗的像树干,刀枪武技练得熟,我们有了两条腿,不要常常翘上台,赛跑跳高多练习,肌肉练得像铁块。歌谣是:小燕小燕出了窝,听我给你唱个歌儿,我的歌儿从那儿起?自小爹娘养着你,把你养的翅膀长,你打食吃着香,也该想想你爹娘。

第74课的语体文收录一首歌谣:扇子有风,拿在手中,有人来借,等到立冬。

第78课的白话文有两首歌谣:1.拉大锯扯大锯,锯木头盖房子娶娘子;搭大棚挂上彩,羊肉包子往上摆,猪肉片儿好大块儿,鸡蛋打卤过水面,不吃不吃两碗半。2.媳妇媳妇像泥皮,死了一个咱再娶,穷人丧妻坑了命,富人丧妻走好运。

第79课的白话文收录一首歌谣:男子进书房,女子进厨房,男子吃馒头,女子吃糟糠,男子穿绸缎,女子穿布片。

与《华言拾级》的歌谣对应于一套国语教科书不同,《华语课本》的歌谣的来源比较分散,追溯和判别出处也比较困难,有的甚至无法检索到对应的原文。

第39课的歌谣可能源自黎锦晖等1924年编著的《国语读本》(中华书局)初级第3册《老虎叫门》:"(老虎唱)小孩子乖乖,把门儿开开。快点儿开开,我要进来。(小孩唱)不开,不开,不能开。母亲不回来,谁也不能开。"《华语课本》中的"你是老妖怪"的说法可能源自吴研因1933年编著的《国语新读本》(世界书局)第3册的《老狼推草房》,其中有"不开不开我不开,你是老妖怪,怎么能进来!"。《华语课本》与这两部文献的不同,一是第1句的"小宝儿",二是第7句的"妈妈",三是最后一句的"谁叫也不开"。

第51课的歌谣应来自朱天民1923年编著的《各省童谣集》(商务印书馆,第1集)。《各省童谣集》所收名为《花花轿》(湖北武昌童谣),最后一句是"呜呜打打",此外其他处完全一致。

第66课的歌谣目前尚未检索到其直接来源。我们发现这首歌谣在结构上与朱雨尊1933年所编《民间歌谣全集》(世界书局)中《小枣树》的开场部分对应:"小枣树弯弯枝,里头坐着小姑娘,十几啦? 十八啦,过了年儿该娶啦。"袁学骏、李保祥 1999 年编著的《耿村民间文化大观》(北京图书馆出版社)记录了 4 首名为《小枣树》的歌谣,其中之一的开场部分是:"小枣树,搭拉枝儿,上头坐着小闺妮儿。十几啦?十五啦。打扮打扮该娶啦!"①这与《华语课本》所录更为接近,不过我们未检索到民国时期的版本。

第 73 课的新诗是对周瘦鹃、黄寄萍 1935 年编《申报儿童之友》(申报馆印行)第 1 集所收刘尧通《手和腿》的节录。原诗共 16 句:"我们都有两只手,不要把它藏进袖,自己的事自己做,不靠父母和朋友。膀臂粗得像树干,拳头大得好如斗,刀枪武技练得熟,将来长大报国仇。我们有了两条腿,不要常常翘上台,赛跑跳高多练习,肌肉练得像铁块。认清目的快步走,不怕路上多阻碍。出处应该抢先头,不达目的不回头。"《华语课本》节取的 6 句打乱了原诗的韵脚和节奏,语义上也不够连贯。

这一课的歌谣"小燕小燕出了窝",应引自梁式堂 1933 年著《儿童白话歌》(儿童丛刊社印行)的《燕出窝》,引文与原文相比有四处不同:一是原文第 3 句为"我的歌打头起",二是原文第 4 句为"从小",三是原文第 5 句为"翅儿",四是原文"把你养的翅儿长"和"你打食吃着香"中间还有一句"一飞飞的过了墙"。

第 74 课的歌谣传唱甚广,我们未找到民国时期的对应文本,仅注意到王耀真 1938 年主编的《教学做儿童千字课》(河北昌黎美会小学教育股出版)第 3 册第 37 课的谜语与此有关:"有风身不动,一动就生风,若有人来借,须等到秋冬。"王文宝 1982 年搜集选编的《北京民间儿歌选》(浙江人民出版社)收此歌谣,并指出:"这是小孩儿在夏天常唱的"。旷晨、潘良 2006 年编著的《我们的 1950 年代》(中国友谊出版公司)中一篇文章的题目就是《扇子有风,拿在手中,朋友来借,等到立冬——摇着扇子走过五十年代的夏日》。李爱中、李长山和张立江 2012 年编著的《民谣辑录》(新疆生产建设兵团出版社)收"老北京民谣"4 首,这是其中之一。赤飞 2015 年著《怡亲王允祥与〈红楼梦〉和白家疃》(新华出版社)附录"白家疃的俗语村言"亦收此民谣。张国庆 2015 年著《老北京忆往》(北京燕山出版社)中的《那些消逝的老行当》一文也收此民谣。赵华川、赵成伟 2015 年绘《老北京风情系列·旧时行业》(文化艺术出版社),介绍"卖羽毛扇的"时,文末引此"打油诗"。

第 78 课的第 1 首歌谣,可溯源至意大利驻华外交官威达雷编著的《北

①　演唱者:崔小英、朱秀兰,1987 年 10 月 14 日采录于河北省藁城市耿村。其他三首的开场与此大同小异,"搭拉枝儿"换成"弯溜枝儿","小闺妮儿"换成"花闺女儿"。

73

京儿歌》(1896)的第 1 首《拉大锯》，不过内容上有比较大的差异。《华语课本》这首歌谣更接近雪如 1928 年编辑的《北平歌谣集》(明社)中的《拉大锯》而有微调："拉大锯,扯大锯,锯木头,盖房子。盖上房子,娶娘子;搭大棚,挂大彩,羊肉包子,往上摆,猪肉片好大块儿,羊肉打卤过水面儿,不吃不吃两碗半儿。"①调整主要有三处,一是原文"盖房子"之后还有一句"盖上房子",二是原文最后两句"面"和"半"之后都有"儿",三是原文为"羊肉打卤",替换为"鸡蛋"可能是为了避免与上文的"羊肉"重复。此外还有停顿的差别。

第 2 首歌谣暂未找到来源。曲子贞 1950 年 4 月 28 日发于《甘肃日报》的《从民谣看新旧社会妇女》与此相近,仅第 3、4 两句的用词稍有不同:"穷人丧妻如丧命,富人丧妻交好运。"不过把妻子比作泥皮的说法则渊源有自。日本学者福岛安正 1902 年编辑的《自迩集平仄编四声连珠》(日本东京博文馆)第 48 章有:"俗语说媳妇儿是墙上的泥皮,揭了一层又一层。"李寿彭 1934 年编《华北谚语集要》(泰东印书局)第 16 章有:"媳妇是墙上的泥皮,去了旧的换新的。"②王千秋 1945 年编《古话正误》(韬奋书店)第 2 集有:"媳妇是墙皮,掉了咱再泥。"编者将其标为"误"。"正"则是:"夫妻好比一对梁,折了一根要塌房。"

第 79 课的歌谣暂未找到来源。

《华语课本》的歌谣从来源看,似非一人一时所辑。这与教材可能并非集中编撰,而是多位教师经多年汇集而成的特点一致。

《华语课本》中的歌谣也是教学材料。编写者收录的 9 首歌谣明显也有教学方面的考虑。第 39 课、51 课例句中的歌谣,分别是生词"乖乖""扯"的例证。第 66 课的歌谣与生词不对应,不过"帖"(帖子)第 19 课已学,"枣"(枣树)第 42 课已学。第 73 课的新诗与生词"臂""技""翘""台""肌"对应,且第 11 课已学过"膀",节引看来就是为了与生词契合。第 73 课的歌谣与生词不对应,不过第 11 课已学过"翅"(翅膀)。第 74 课的生词有"扇"(扇子、打扇、电扇)。第 78 课的生词有"坑"(坑骗、坑儒)、"锯"(锯子、拉锯),第 7 课学了"富",第 13 课学了"运",第 31 课学了"丧"(丧了妻子),例句是"俗语说:人生有三不幸:少年丧父,中年丧妻,老年丧子"。第 79 课生词有"馒"(馒头),第 24 课学了"绸缎"。

---

① 朱雨尊 1933 年编《民间歌谣全集》(世界书局)的《拉大锯》与《北平歌谣集》完全一致,分在"滑稽歌谣集"甲"词令歌谣"部,北平歌谣。

② 作者注:"去了"当然是死或离之意。在这里很露骨地写出了男权社会的畸形现象。男子娶个三妻四妾,都无不可,遑论再娶。

五、《初级华语课本》课文的来源

《初级华语课本》共 16 课,前八课的课文是集句和对话,后八课的课文是独白性文章。第 9 课至第 16 课的独白性文章,除了第 10 课《弟弟给姊姊的一封信》似为编写者自拟自撰,无从查考其来源之外,其他七篇课文均渊源有自。

经查考比对,这七篇课文可能有四个来源。一是此前的国际中文教材。第 9 课的两则故事《不可弄脏》《问警察》,与《华言拾级》的同名故事(第三十课和第二十一课)几乎完全一致,仅个别词句有细微差别。

《不可弄脏》:一个小孩子早上起来,母亲给他穿上一件干净衣服,说小心一点儿,不可弄脏。小孩儿到了学校,就拿笔在衣服上写了"不可弄脏"四个字。放学回来,母亲看见了问他,为甚么你写了四个字?小孩儿说恐怕忘记。

《问警察》:小孩子走错了路,不认得回去。他就去问路上的警察。警察说你住在甚么地方?小孩儿说母亲没有告诉我住在甚么地方,只叫我走错了路去问警察。

《不可弄脏》这则故事,《华言拾级》用的是"早起""衣裳""些儿",《初级华语课本》的是"早上""衣服""一点儿",同时比《华言拾级》少了"四个字"前面的"这",以及最后一句话"所以写在衣裳的前面"。《问警察》这则故事,《华言拾级》最后一句话比《初级华语课本》多了一个语气词"呀"。此外,《初级华语课本》两则故事第 1 句用的是"小孩子",《华言拾级》是"小孩儿"。由此来看,《初级华语课本》收录的这两则故事,极有可能是在《华言拾级》基础上的调整,这彰显出南方和北方的国际中文教材在选材上的一致性。这两部教材在用词上的差异(衣裳—衣服,早起—早上,一些儿——一点儿),既体现了南北地域的差异,同时也有通用性方面的考虑和选择。①

二是外国寓言故事中译本。第 11 课《卖驴子》,可以追溯到伊索寓言,孙毓修 1918 年编纂的《伊索寓言讲义》(商务印书馆)中有名为《乡人卖驴》的故事,内容大体相同。

《卖驴子》:一个老人同他的儿子,牵了一匹驴子,到街上去卖。路上有一个人看见了就说:"奇怪奇怪,有了驴子不骑。"老人听见就对儿子说:"你

---

① 《华语须知》《华文初阶》中的用词均为"衣裳"而非"衣服"。

听见吗？别人笑我们。所以我想你可以骑驴子，我走。"走了一会儿，又听见一个老太太说："奇怪奇怪，老年人走路，小孩子骑驴子。"老人听见就对儿子说："你听见吗？别人笑我们，我想我应当骑驴子，你应当走路。"走了一会儿，又听见一个女人说："奇怪奇怪，给这么小的孩子走路。"老人听见就对儿子说："你听见么？别人笑我们。我想我们一同骑这驴子。"走了一会儿，又听见一个工人说："奇怪奇怪，这么小的驴子，怎么样两个人骑。"老人听见就对儿子说："你听见吗？别人笑我们，我想我们可以抬这驴子。"他们就抬了这驴子，走到桥上，又听见一个学生说："奇怪奇怪，有了驴子不骑，还抬着走，这真是两个笨人。"老人同儿子听见很生气，就把驴子摔下河去，说："我们不要别人说我们奇怪奇怪。"

第13课《五个渔夫》的原型，可追溯到郑振铎1925年编译的《印度寓言》(商务印书馆)中的《群猪与圣者》，这则寓言谈的是十二头猪过河，领头者未将自己数在内的故事。

《五个渔夫》：有一天五个渔夫一同到乡下去钓鱼。他们从早上钓到下午，钓了很多鱼。他们很快乐，就预备回去。一个渔夫说我们五个人出来，现在应当数一数。你们都站好，我来数一数。所以别的渔夫站好了。这个渔夫数着说，"一二三四，啊怎么样少了一个人？"第二个渔夫说我来数，你站好。第二个渔夫数着说，"一二三四，啊是的少了一个人。"第三个渔夫说我不信，你站好，我来数。他数着说，"一二三四，啊真的少了一个人。"后来别的两个渔夫都数过了，他们都没有数到自己，所以他们想一定是少了一个人。他们就大哭起来。有一个小学生走过就问，你们五个人为甚么哭？他们听了同声说："五个人，没有，我们都数过了只有四个人，你怎么样说五个人？"小学生数着说，"一二三四五，不是五个人么？"五个渔夫听了就说，"啊我们太笨了，现在我们明白了。"

第15课《老鼠开会》也源自伊索寓言，《伊索寓言讲义》中故事名为《老鼠系铃》。

《老鼠开会》：有一天很多耗子开会。一个大老鼠站起来说，我告诉你们一个不好的新闻，现在我们的朋友，天天少一点儿。你们知道为甚么？我告诉你们，是因为有一个猫来了。我们的朋友出去，不小心就给猫捉去吃了，我们应当想一个法子。很多耗子听了，都想法子。一个小老鼠站起来说，我有一个铃，我们把铃拴在猫的脖子上。要是猫来了，铃就有声音，我们就晓得猫来了，可以快回来。很多耗子听了，很快乐同声说，好法子，好法子。大老鼠也说，好法子，好法子。现在就请你去做这件事。小老鼠听了说，今天我的脚有病，不可以去，我想他可以去。那个老鼠听了就说，啊，我的头有病，也不可以去，我想他可以去。每一个老鼠都说有病，他们都不能把铃拴在猫的颈上。所以现在猫的颈子上没有铃。

三是民国时期的国语教材。第 14 课的课文《造房子》，显然是庄适、吴研因、沈圻 1930 年编纂的小学初级用《新学制国语教科书》（商务印书馆）第 5 册第 2 课《笨人采木料》和第 3 课《捉太阳光》的整合。

《造房子》：有一些人想造房子，可是没有木头。他们找来找去，后来在山上找着了很多树。他们很快乐的把树锯下来，两个人抬一根木头，从山上抬到山下。抬到末了一根木头，不小心跌倒了，木头就滚下来。他们看见了很奇怪，说："啊，好法子，好法子。"所以他们再从山下把木头抬到山上，再一根一根滚下来。后来他们把房子造好了，可是没有窗户，房子里头很黑，他们不知道为甚么很黑。有一个人说："啊，我知道房子里头没有太阳，我们应当去捉太阳。"所以他们都去捉太阳。捉了很多时候，都不能把太阳捉到房子里头去。他们想这房子里头有鬼，所以把房子烧了。

《笨人采木料》的第一段是"笨人国的人民，要盖一座议事厅，许多笨人都到山上去采木料"；《捉太阳光》第一段是"笨人国里盖了一座议事厅，但是没有开窗子，所以厅里面黑暗得很"。《初级华语课本》应是把"笨人"改成了"有一些人"，"议事厅"改成了"房子"。

第 16 课的课文《动物同音乐》，似是对庄泽宣 1934 年编纂的《人人读》（第 6 册）（商务印书馆）第 11 课《动物与音乐》的缩写和改编。

《动物同音乐》：有一个财主，顶喜欢试验各种事情。有一年夏季，他租了一个动物园，又请了一班顶出名的音乐队，到园里去奏音乐，要试验各种动物的脾气。他看见猴子听见这音乐，一点儿也不动，在很用心听。老虎听了连忙跳舞。河马①听了，非常害怕，撞来撞去。豹听了，非常高兴快乐，走来走去，走了几十圈。从这里我们可以知道，人所喜欢的音乐不同，动物也有这个脾气。

据《人人读》文末标注，该文见于《东方》杂志 1927 年第 14 号，而其源头可追溯至《学报》1907 年第 5 期的同名文章，不过其中所涉人物、动物与《东方》《人人读》都有所不同。

四是来源暂时不明的民间故事。第 12 课《乡下人》：一个乡下人到城里

---

① 《小孩月报》1878 年第 3 期曾专门介绍"河马"："产于亚非利加大洲，不拘咸水淡水中，皆能居之。"

去，经过一个饭店，闻着饭香，乡下人站在饭店门口不肯走，闻着说，好闻呀好闻呀。饭店里的厨子跑出来就对乡下人说，你闻我们饭，现在你应当付我们钱。乡下人说，我没有吃你们饭，为甚么付你们钱？所以他们就吵起来。后来警察来了，问明白了，就问乡下人有钱吗？乡下人说，我有一块银圆，可是不能付他。警察说好你拿来给我。警察就拿一枝笔打着银圆，银圆就有当当当的声音。警察问厨子说好听吗，厨子说好听。警察说好，你的饭好闻，他的钱好听。警察把钱还给乡下人，对厨子说，你听他钱声，他闻你饭香，这不是很公平吗。

从文献检索的情况看，用听银圆代偿闻饭香的故事可能有两个来源。(1)汉族民间故事，民国时期的类似故事暂未查到。重庆市江北区民间文学集成编辑委员会编辑的《中国民间故事集成》(科学技术文献出版社重庆分社 1990 年版)，记录了一则 1985 年采录的《闻油香听钱响》，讲的是一个上京赶考的秀才跟饭店老板的争执，与此相类。(2)少数民族民间故事。如维吾尔族阿凡提系列故事中的《饭钱》(赵世杰 1963 年编译的《阿凡提的故事》，中国少年儿童出版社)，说的是巴依(地主)因一个穷人闻了他餐馆的饭香而索要饭钱，并向喀孜(宗教审判官)告状，阿凡提替穷人打抱不平，摇自己的钱袋让巴依听钱响，算作付了饭钱。[①] 赵世杰在 1958 年出版的《阿凡提的故事》(上海文化出版社)的"编写说明"中写道，阿凡提的故事均从"维吾尔本的印文"翻译出来，来源有三:《哈萨克人民杂志》(1948)、维吾尔语课本、在新疆的口头记录。另如朝鲜族金善达系列故事中的《闻肉味儿和听钱响》亦与此相似(张越，1987;乌丙安，2014)。可惜的是目前我们尚无法确定《初级华语课本》中《乡下人》一文的直接来源。

实际上，源自伊索寓言和印度寓言的故事，可能是先进入国语教科书，然后再由王诏九编入《初级华语课本》中的。第 11 课的故事与叶圣陶 1932 年编《开明国语课本》第 5 册(上海开明书店)第 23、24 课《这个话不错》的故事框架一致，所用"驴子"一词一样，不过涉及的人物及人物所说的话有比较大的区别。例如，《开明国语课本》开头是:"有一个老人和他的儿子一同到市上。买了一匹黑驴子，牵着回去。"故事中有四个人，"一个跛子""一个撑着拐杖的老人""一个抱着孩子喂奶的妇人""一个老太太"。沈百英、沈秉廉 1933 年编著的《复兴国语教科书》(商务印书馆)初小第 6 册第

① 这则阿凡提故事另见于 HSK 五级样卷(H51001)阅读题，以及沪教版小学语文三年级上册课文。

32、33 课《卖驴》讲述的是同样的故事，不过是以话剧的形式呈现的，主要人物是磨工父子。

就语言表达而言，第 13 课的故事更有可能取材自沈百英、沈秉廉 1933 年编著的《复兴国语教科书》（商务印书馆）初小第 6 册第 4 课《五个渔夫》，开头是："五个渔夫从湖里捉鱼回来，停船上岸以后，要数数他们队伍里的人……"

从题名和表达来看，第 15 课课文应源自庄适、黎锦熙 1920 年编著的《新体国语教科书》（商务印书馆）第 6 册第 37 课同名课文。此外，魏冰心、范祥善 1927 年编著的《新学制小学教科书初级国语读本》（世界书局）第 3 册第 35 课也是同名课文。这则故事也出现在 20 世纪 30 年代的国语课本中，如吴伯匡、徐迥千、杨干青 1930 编写的《新中华国语读本教授书》第 4 册（中华书局），以及朱文叔 1932 年编写的《新中华国语读本》第 4 册（新国民图书社）。

由此可见，《初级华语课本》这三篇课文可能是以国语教材中的故事为底本，为便于教学，做了简化结构、减少句子中的修饰成分等处理。

《初级华语课本》的课文来源广泛，编写者对卜朗特《华言拾级》的课文、伊索寓言和印度寓言故事、具有代表性的国语教科书课文的选录改编，表明王诏九既关注中国社会语言生活，深受国语运动的影响，也关注了国际中文教材的发展状况。

通过梳理这五部教材的课文的来源，我们发现，民国时期国际中文教材的课文编选有一个突出的特点，20 世纪 10 年代的《国语指南》注重同类教材之间的互动，以征引辑录以往教材中的课文为主，而到了 40 年代，课文的编选则更为主动地贴近、融入中国社会语言生活，这与 20 世纪 30 年代中国学术界开始关注国语运动与国际中文教学之间的关系是有密切联系的，《华言拾级》《华文初阶》《华语课本》《初级华语课本》里的课文编选是对这一风潮的呼应。

本章的考察既为分析教材里的注音方式、标点符号、词汇语法项目等奠定了基础，也为观察教学材料的形成，总结其中蕴含的教学实践价值奠定了基础。《华言拾级》和《华文初阶》的课文避用源文本中的专有名词，改用普通名词，《华语课本》通过对比较为系统地确立了语体文和白话文的区分，这些对于当今的国际中文教学和教材建设都有一定的启发意义。同时，这也为文体和修辞研究开辟了新的空间。

第三章 国际中文教材的注音和标点

晚清民国时期,政府和民间合力推行的以北京话为基础来确立汉语标准语的"国语运动",对我国的社会语言生活产生了深刻的影响。黎锦熙(1934/2011)将国语运动分为切音运动时期(清末 1900 年以前)、简字运动时期(1900—1911 年)、注音符号与新文学联合运动时期(1912—1923 年)、国语罗马字与注音字母推进运动时期(1924 年—)等阶段。

国语运动是完善、规范现代汉民族共同语的运动。国语运动对社会语言生活的影响,不仅体现在以汉语为母语者的语文教学上,也体现在面向外国人的中文教学上。从国际中文教学的角度来说,汉语的规范化无论对教师、教材还是教法都有深远的积极的影响。由于国民政府成立以后,包括国际中文教学机构在内的在华教会学校都"渐渐注重中国文史的教学""极力求了解中国新兴的思想潮流与社会运动""极力求适合于中国的新社会"(胡适,1934),因此国语运动为这一时期国际中文教学的发展提供了内在动力,对教材的影响尤为显著。

本章讨论民国时期国际中文教材里的词语注音和标点符号,首先梳理注音符号、国语罗马字、威妥玛拼音和国际音标在这一时期教材中的使用情况,分析教材中关注、记录、分析了哪些语流音变现象,最后对标点符号的使用进行个案考察。

一、注音符号和国语罗马字

民国时期,国语运动的开展是从统一标注并规范汉字读音开始的。1913 年,国民政府教育部"读音统一会"按照"折中南北、牵合古今"的原则,议定了汉字的国定读音(国音)和拼切国音的"注音符号"。1918 年,注音符号由北洋政府教育部正式公布,后称"国音字母第一式"。由于注音符号不便于国际应用,"国语统一筹备会"研究制订了《国语罗马字拼音法式》,

1928 年国民政府将此作为"国音字母第二式"予以公布，这是我国第一套法定的拉丁字母拼音方案。

　　1930 年 12 月，林和民、查德利、卜舫济、沈嗣良、牧作霖、黎维岳等中外人士在上海发起并组织了"中国语言文字学会"，1931 年 3 月 1 日召开成立大会，学会的主要工作是研究国民政府公布的国语罗马字，提倡广泛使用注音符号等（《湖北教育厅公报》1931 年第 5 期）。周有光（1961）对国语罗马字给予了很高的评价，认为这种拼音方案完全采用现成的拉丁字母，注意到了分词连写的问题，具备文字体系的完整性与符号观点的国际化，将汉语拼音运动推向了一个新的阶段。

　　注音符号和国语罗马字对这一时期国际中文教材的注音方式均有一定程度的影响。

1. 注音符号

　　注音符号产生以后，"教会罗马字运动开始消沉下来"（倪海曙，1948）。在此背景下，鲍康宁 1920 年出版的《日日新》的书中字词采用了三种注音方式：内地会式、威妥玛式和注音符号。就目前所知，这是注音符号第一次在国际中文教材中运用。《日日新》第 1 课的生词"笔""钱"在词汇表中的呈现方式分别是[①]：

　　　　（1）ㄅㄧ 笔³　pih　pi　pencil；pen.　　ㄊㄧㄢ 钱²　ch'ien　money.

　　汉字右上角的数字表示调类，3 表上声，2 表阳平。"笔"的左侧是注音符号，右侧是内地会式、威妥玛式拼音及对应英文词。"钱"的内地会式拼音和威妥玛式拼音一致。

　　华北协和华语学校教师程锡之在该校校刊《华语学校㚅刊》发表的系列总结教学法的文章中提到，20 世纪 20 年代该校编写的《华语津梁》也采用了注音符号，不过我们至今尚未检索到这部教材。未见 20 世纪 30 年代使用注音符号注音的教材。

　　北平华文学校 1948 年 6 月出版的《华语讲话》（印刷体版本，共 70 页）采用了两种注音方式，一是注音符号，二是国语罗马字。课文中出现的叹词"喝""欸"和英语单词 hotcake（煎饼），是以注音符号标释的。这三个词的标注集中出现在第 1 课：

---

① 　教材中的汉字原为繁体，为便于讨论，统一改为简体。以下各章同此。

（2）农人：先生你带着吃的没有？我们这儿就有一点儿窝头，窝头你没吃过吧？你看看，是棒子面儿蒸的，你尝尝。

商人：喝（ㄏㄜ），真不错。我家里也做这样的东西。我们管他叫（ㄏㄡˊㄎㄟˊㄎㄜˊ）我们的做法不是蒸，是烤。

农人：你说叫什么？

商人：（ㄏㄡˊㄎㄟˊㄎㄜˊ）

农人：（ㄏㄡˊㄎㄟˊㄎㄜˊ）喝，我没想到说英文。

商人：你真学的快。（ㄟ）你姓什么？

教材里使用注音符号时，均未标声调。"ㄏㄜ"即表惊讶、读去声的"喝"（hè）。"ㄏㄡˊㄎㄟˊㄎㄜˊ"即 hou kei ke，是英语词 hotcake 的拼音。"ㄟ"是表示招呼义、读阴平的"欸"（ēi）。这个"欸"（ēi）在第 5 课也出现了一次：

（3）赶驴的：您放心吧，先生，天一亮我就来。

高先生：（ㄟ）你怎么称呼？

而第 11 课的则是表示诧异义、读阳平的"欸"（éi）：

（4）高先生：（ㄟ）——老梅。

梅先生：老高，你从那儿来的？

《华语讲话》是目前我们见到的除鲍康宁的《日日新》之外，民国时期第 2 部使用了注音符号的国际中文教材。

注音符号在国外的本土中文教材中也有所体现。日本的中文教材 1918 年以后开始使用注音符号标音，如田中清之助 1922 年出版的《速修篇》（史红宇，2002）。六角恒广（2002）在为井上翠和秩父固太郎所做的传记中，详细记述了民国时期日本的中文教学受注音符号、国语罗马字影响的情形。秩父固太郎认为，注音符号是标记汉语发音最合适的方法，他在 1920 年出版的《注音符号的效用及其用法》中，专门讨论了注音符号的性质及如何在中文教学中有效运用等问题。

不过，有的教材编写者对注音符号持保留态度。1922 年，英国传教士窦乐安（John L. Darroch）在伦敦马尔堡（Marlborough）出版公司出版的《汉语语法自学》虽然在导论中介绍了注音符号采用的符号，不过该书的字词注音并未采用注音符号。窦乐安认为，注音符号的使用必须建立在学习者已初步掌握汉字的构成规则、熟悉一部分汉字的基础上，因此不适用于初级阶段的中文学习者。

2. 国语罗马字

国语罗马字在国际中文教材中的应用,始于赵元任先生。赵元任1922 年在写给"劭西先生"(黎锦熙)的信中,提出拟借为外国人学汉语灌制国语留声机片的机会,通过华北协和华语学校的影响推广国语,试用当时正在研制的国语罗马字(赵元任,1922)。1925 年,赵元任在上海商务印书馆出版了与上述留声机片配套的教材《国语留声机教程》(*A Phonograph Course in the Chinese National Language*)。这既是"用留声机片教授外国人学习中国国语"的"第一次尝试",也是国语罗马字在国际中文教材中的第一次运用。教材第 17 课的生词"季""秋"在词汇表中的呈现方式如下:

(5)季［\cji］season　　秋［ ̄cciu］autumn

中括号内,左侧是声调符号,"\"表示去声," ̄"表示阴平;右侧是声母和韵母。

20 世纪 30 年代,编辑国际中文教材并在其中运用国语罗马字,正式成为国语运动的议题之一。前文已述及,魏建功 1934 年在教育部"国语统一筹备委员会"第 29 次常务委员会议提出的"编辑对外的国语教科书"的提案,强调教材编写的语音标准是以"国语区受过教育的人所用语言为基本,充量应用国语罗马字"。这一提案显然与魏建功 1927—1928 年曾在朝鲜"京城帝国大学"从事中文教学的经历有关(赵金铭,2002)。提案中涉及的教材后来虽似未成书,但这已在一定程度上表明,当时国语运动的倡导者和力行者已将国际中文教材建设等视为国语运动的一个组成部分,将之纳入了中国社会语言生活变革的浪潮之中。

赵元任 1948 年在美国哈佛大学出版社出版的《国语入门》的注音采用的是正式公布的国语罗马字拼音法式。这种注音方式的主要特点是声调包括在声韵组合之中。教材第 23 课的句子"妈,我饿了。"语音标注为:

(6)Mha,Woo eh le.

阴平"妈"是在浊音声母 m 后加 h 表示;上声"我"以主要元音 o 的双写表示;去声"饿"是在单韵母 e 后加 h 作为调号;轻声"了"用基本形式,不加符号。据盛炎(1987),许多学过国语罗马字的美国学生,对这种声调包括在拼法之中的注音方式特别偏爱,认为这有助于掌握汉语每一个音节的声调。

绪论所列教材有两部采用了国语罗马字注音,一部是《华语讲话》,一部是《华语课本》。

《华语讲话》生词表中有两处给词语标注了拼音。一是第 1 课的"落(lwo)",这里似乎采用的是国语罗马字拼音法式,lwo 是声调为阳平,u 为介音时的拼写方式,即 luó。然而 luó 与"落"的几种读音(luò、lào、là、luō)和释义并不吻合。从课文中的句子"(飞机)不得已就落在山里头了"来看,其中的"落"表示降落、坠落义,按汪怡主编的《国语辞典》(商务印书馆1945 年版),这一用法的"落"的国语罗马字拼法是 law,即声调为去声,o 为韵尾的 lào。也就是说,生词表中所标 lwo 应是 law 之误写。

二是第 8 课的"过磅(bàng)、过磅(bèng)",这里的声韵母依国语罗马字拼音法式,声调标注则采用调号。这两个音节的注音方式与《华语课本》(1946—1948)第 33 课生词表中的处理一致。

注音符号是国语注音的第一方式,国语罗马字是国语注音的第二方式,它们分别在《华语讲话》课文、生词表中的零星使用,既反映了国语运动对这一时期国际中文教材建设的影响,同时也表明这部教材应非一时所辑。

《华语讲话》手写体版本只有 40 页,无生词表,练习部分无第一项翻译练习,其他各处均一致。这一版本封面上虽然也标明是 1948 年 6 月出版,不过第 2 页底部写着"1948.3.17 印"。由此可以推断,生词表和翻译练习是在 1948 年 3 月至 6 月间补入的,这一方面可以解释课文和生词表为何采用了不同的注音方式,另一方面也为考察生词表中的标注符号提供了线索。

《华语课本》生词表中所有单音节词和部分双音节词语标出了拼音,注音时声母和韵母基本上采用的是国语罗马字拼音法式的声韵母,声调则与《华语讲话》一致,以韵腹上加调号的方式,未采用以拼法变化表示声调的方法,声母均大写,如:

(7) 蝙:Biān;旁:Páng;猫:Māu;蝠:Fú;逮:Dǎi,Dài;弹:Tán,Dàn;您:Nín;类:Lèi;鸹:Guā;夸:Kuā;骇:Hài;劲:Jìn,Jìng;橘:Jiú;欺:Chī;形:Shíng;躁:Tzàu;仓:Tsāng;蒜:Suàn;蘸:Jàn;喘:Chuǎn;尚:Shàng;入:Rù;于:Yú。

这部教材的注音方式与国语罗马字拼音法式的区别,除了声调标示方法不同之外,主要在于记写舌面前高元音时,既有 iu(橘:Jiú),也有 ü(于:Yú),ü 用于零声母音节而 iu 用于非零声母音节。这表明编写者应是吸收了威妥玛拼音方案中的 ü,对国语罗马字拼音法式做了细微调整。这是截至目前我们见到的最接近《汉语拼音方案》(1958)的注音体系。

值得特别提出的是,编写者把词语的文体属性和语音特征结合了起来,

84

区分了口头的白话词（俗）、现代书面语的语体词（语）、文言词（文），如："劲"读 Jìng 时，标为"语"；"皖"读 Wǎn 为"俗"，读 Huǎn 为"语"；"隔壁儿"（Jiè bier），"露"（lòu），"谋"（Mú），"磅"（Bèng），"掠"（Liuě）均为"俗"，"惩"读 Chěng 时为"俗"；"赟"读 Bīn 为"文"。编写者也注意到了词语读音上的南北差异，如"颈"读 Gěng 标为"北"，读 Jǐng 标为"南"。

注音符号和国语罗马字比较，由于前者在国内报刊、学校教材上占据主导地位，因此对国际中文教学的影响远大于后者。前述魏建功在朝鲜教授汉语时，字词注音采用的是注音符号（魏建功，1948）。

我们注意到，《华语课本》生词表和课文中部分词语也用注音符号标注了拼音，如第 2 课生词表里的"鸹""夸"和"类推"的"推"，第 3 课的"践""击"，第 4 课的"岂""材""戚""研""库""浇""沏"，第 5 课的"骞""诸"及课文《汉朝联通西域》中"张骞"的"骞"。

需要注意的是，教材里的标注方式并不统一，有的注音符号标在国语罗马字的右侧，如第 2 课的"鸹"（Guā ㄍㄨㄚ）；有的标在汉字的下方，如第 2 课"鸦片"的"片"（ㄆㄧㄢ），第 5 课课文里"张骞"的"骞"（ㄑㄧㄢ）；有的标在汉字的左侧，如第 3 课"仓"的注音字母（ㄘㄤ）在汉字的左侧空白处；有的则在汉字的上方，如第 4 课"仓库"的"仓"。

同时，虽然有的不易辨识，不过多数注音符号显然是手写体，与教材中印刷体的汉字、国语罗马字形成了较鲜明的对比，如第 3 课的"践"（ㄐㄧㄢ）及第 4 课上列各字。

此外，哪些字标哪些字不标，似乎并没有一定的标准。第 3 课"践"下列三个词"践踏、作践、实践"，只有"践踏"的"踏"标出了注音字母，处理方式是"践踏（语）ㄊㄚ"；第 4 课上列各字之外，其他字如"景""毕""佑""首""员"未标。

综合这三个方面来看，我们认为这些注音符号不是本来就有的，而是后期添加的，应是教材使用者（极有可能是教师）因不熟悉或把握不准国语罗马字，而在教学过程中对个别字词所做的语音注释。《华语课本》本以国语罗马字注音，我们所见教材中注音符号的添加从另外一个侧面表明这种标注方式在当时具有更大的影响力。

在邓懿等 1958 年编写出版的《汉语教科书》采用《汉语拼音方案》标音之前，中华人民共和国的国际中文教学材料一直沿用的是注音符号。周祖谟（1953）在总结 1950—1952 年清华大学"东欧交换生中国语文专修班"和"北京大学外国留学生中国语文专修班"的工作时强调，入门阶段的"教材要完全用注音符号来写，而且需要采取词儿连书的办法。目的在于使同学巩固学习拼写注音符号的成果，练习看和说。"①这一点从杜荣、傅惟慈、钟梫和李景蕙（1960），赵淑华、马欣华和佟慧君（1963）对注音符号、威妥玛式字母和汉语拼音方案的比较中也可以看出来。

二、威妥玛拼音和国际音标

1. 威妥玛拼音

民国时期采用威妥玛拼音系统（Wade System）注音的中文教材较多，如芮德义《适用新中华语》（1927）、奥瑞德《华语须知》（1931）、卜朗特《华言拾级》（1940）、裴德士《华文初阶》（1943）、王诏九《初级华语课本》（1947）、吴章《华语易通》（1947）等。

《适用新中华语》英文版生词表的词语注音采用的是威妥玛拼音。生词表共收词语 3 815 个，按音序排列，分三栏，中间是汉语词语，左侧是威妥玛拼音，右侧是意义和用法的英文解释。始于"阿妈""爱国""爱国思想""哎呀"，止于"运来""运动""韵事""晕船"。如"阿妈"一词的处理方式为：

（1）a⁴ ma¹ 阿妈　a maid；a nurse of children（foreign exp.）

专名"张家口"在生词表中注的是 Kalgan（此名目前仍见于《不列颠百科全书》），会话英译时用括号加了拼音（Chang¹ chia¹ K'ou³）。

《华语须知》的词语注音出现在教材第 2 卷前半部分 Topical Dictionary（分类字典）中，编写者以英文解释中文词汇、语法项目和文化交际要素，用威妥玛拼音标注词语音节，基本体例为：英文—拼音—汉字，如：

（2）A Second—i⁴-miao³-chung¹——秒钟
　　Red—hung²(-ti¹)—红（的）

编写者在教材中提及，欲熟练使用分类字典，读者需要掌握威妥玛拼音，且需要辨别汉语声调和重音。由此可知，整部教材的读音规范是基于威妥玛拼音方案建立的，并强调了声调、重音在中文学习中的作用。

---

① 据胡适（1953），李方桂 20 世纪 50 年代初在美国耶鲁大学进行汉语教学时，教授的也是注音符号，并要求学生能够熟练运用。

《华言拾级》的词语注音与《适用新中华语》《华语须知》一致,如"运动":yün⁴-tung⁴;"汽车":ch'i⁴-ch'e¹;"张家口":chang¹-chia¹-k'ou³;"别发洋行":pieh²-fa¹-yang²-hang²。

《华文初阶》的注音采用的也是威妥玛拼音,如"甚么"的拼音是 shen²mo¹。裴德士指出,这个词口语中一般发为 shih²ma¹,通常写作"什么"。①

裴德士把"用于组织安排汉语口语语句结构的方式"分为三种,一是句子中词语的按序排列;二是同一个字发生声韵母或声调变化;三是引入一系列补充成分,如助动词、疑问词、小品词等作为句子必要的结构成分和要素。与语音有关的第二种方式,集中体现为三类语法项目"多音字""多调字""多义字",这些语法项目分布在 11 课中。

第 46、48 课的语法项目是"多音字"(Characters which have double readings)。裴德士说:"有许多字有两个读音,少数有三个读音。读音的变化伴随着意义的变化。"如"和",读 ho²,相当于 harmony、at peace,如"和睦""说和说和"中的"和";口语中还读 han⁴(hai⁴),相当于 and,如"笔和墨"中的"和"。这两课所列多音字共 14 个:"行、长、和、还、大、便、差;省、觉、乐、落、盛、重、朝。""落"(lo⁴,lao⁴,la⁴)的例句有:"他没有下落。总得办个水落石出。行市又落了。落潮了。太阳快落了。他走得快把我落下了。随买随卖别落账。我这就给钱落账。"

第 50、52 课是"多调字"(Characters which have double tones)。裴德士说:"许多汉字有两个声调,有一些有三个声调。绝大部分的声调变化伴随着意义的变化。"如"好"有三声、四声两个声调,三声如"那好办"的"好",四声如"他好喝酒"的"好"。教材共列出 13 个多调字,即"好、少、假、法、中;当、强、会、应、分、指、数、难"。有三个声调的"法"(二、三、四声)的例句分别是:"我没法子。那也是无法的事。他是法国人。"

第 54、56、58、60、62、64、66 课的语法项目是"多义字"(Characters of various meanings)。所谓多义字,指的是"不改变读音和声调,但有多种意义的字"。如第 54 课以下例句中的"接":"你接那儿来?你接到我的信没有?今儿给他接风。谁要接他的事?电线断了还没接上哪。接连不断的直来客。我得到火车站接他去。"第一句话里的"接"是介词,其他几句里的"接"都是动词。这七课所列多义字共 30 个,分别是"弄、发、接、花;吃、生、

---

① 民国时期的国际中文教材一般写的是"甚么",明确指出可写为"什么"的教材不多。类似的是,《华文初阶》第 2 课的注释指出"作"也可写为"做"。

死、活、白；报、照、闻、所；安、带、顶、关、合；包、就、回、提；表、放、光、算；快、口、对、见"。

《初级华语课本》前言部分有一篇专门关于汉语声调的英文说明，王诏九以"千、钱、浅、欠"为例，介绍了汉语四个声调的高低变化特点，并强调教材中生词的拼音之所以未标声调，"因为声调让许多学生感到困惑，而且这本书是师生在课堂上一起使用的，从教师那里学习声调更容易，也更自然"。

第 1 课的生词（语）部分，有"书、钱、纸、信、你、我、他、都、也、有的"等共 45 个词语，课文题目是《东西》，包括 86 个词语和句子，如"书""钱""纸""我的书""他的信""你有没有钱""他也有书有钱有纸有信有笔"。生词表中左侧是汉字，中间是威妥玛拼音（无声调），右侧是英文对译。如第 1 课的生词"书""钱"：

（3）书　shu　book／钱　ch'ien　money

王诏九从教学的角度出发不标声调的做法，不同于国语罗马字拼音法式，更接近瞿秋白 20 世纪 30 年代创制的《拉丁化中国字》方案废除声调的处理方式（倪海曙，1948：118），我们推测这部教材可能受到了《拉丁化中国字》或与之有关的出版物的影响。

《华语易通》正文前有一份语音表（Table of sounds），左侧是威妥玛拼音的 22 个韵母，右侧是对应的英文拼音（English Spelling），中间标以 as in（例如）。在语音表中，威妥玛拼音中的 a 对应于英语的 ah，ao 对应于 how，ieh 对应于 yea，u 对应于英语 choose 中的长元音，uei 对应于 weigh。这个表格显然是为便于美国中学生熟悉教材中的注音方式而设计的。

教材第 1 节各课的生词表自左而右分为三列，左侧是汉字，汉字右上角标声调，中间是拼音，右侧是英文对译，如为虚词，则指明语法意义。例如，第 1 课的"们"："们[2]，men, sign of plural particle"；"的"："的[1], ti, sign of possessive"。第 6 课的"吗"："吗[1], ma（mo）, interrogative particle"。第 7 课的"了"："了[3], liao（la）, final particle; finished"。第 25 课的"那一"："那[3] 一[1], na-i, which?"。再如第 6 节第 19 课的"颜色"："颜[2] 色[4], yen-se"；"最新"："最[4] 新[1], tsui-hsin"。第 7 节附录词汇总表中，声调是标注在音节右上角的，如"茶'ch'a[2]"；"学生：hsüeh[2]-sheng[1]"。

另需说明的是，《中华适用话》（1930—1937）的"生字"无声韵母标注，不过每个字右上角均以数字 1、2、3、4 标出四声，如"行[2]、李[3]、火[3]、车[1]、号[4]、但[4]、而[2]、且[3]、法[4]、接[2]"（第 20 课），这显然也是受到了威妥玛拼音方案的影响。

2. 国际音标

《五十节十分钟中文课》(1931)是目前我们见到的民国时期唯一一部使用国际音标注音的国际中文教材。

这部教材的注音主要是在汉字学习部分（Character study）。夏威尔在第 2 课的教学指南中说，全书所收 250 个字的遴选和排序，是依据统计词汇学（Statistical Lexicography）对汉字的重要性和使用频率进行研究的结果。例如：第 1 课的五个字是：我、你、他、的、笔；第 2 课：这、那、个、一、人；第 3 课：们、有、没、钱、书；第 48 课：边、旁、南、北、京；第 49 课：无、论、数、算、量；第 50 课：城、乡、住、死、活。

每个汉字都从音、形、义三个方面加以说明，并给出英语中的对应词语。汉字的右上角用数字标出声调。如第 1 课的"我""他""的"，第 2 课的"个"，第 3 课的"钱"，第 50 课的"活"。

> （4）我³：发音为 o，o 像 pole 中的 o。他¹：发音为 t'a，声母 t 像 ten 中的 t，韵母 a 像 art 中的 a。的⁵：发音为 ti'。声母 t 像 did 里的 d，韵母 i 像 be 中的 e。当词尾用吸气的方式发音时，像用一把剪刀突然剪短一样。第五声的所有字符都以这种方式缩短。"的"读为另外的声调时，指的是目标或标记（按即第四声和轻声）。个⁴：发音为 ko，k 像 good 中的 g，o 像 pole 中的 o。钱²：发音为 ts'en，声母 ts' 像 rats 中的 ts，或 church 中的 ch，韵母 e 像 pane 中的 a。活⁵：发音为 Ro。

夏威尔的注音方式是他对汉语语音特点认识的反映。在语言学习指南的语音学部分（第 3 至 10 课），夏威尔介绍了汉语的声母、韵母、音节、声调。他认为，"中文学习的第一项工作是尽可能获得准确的发音。许多音与你母语中的相似。科学的学习方法是，特别注意与母语中不同的音。"教材中的注音之所以选用国际音标，是因为"国际音标逐步成为人们学习语言、标注拼音的科学方式"，建议学习者用国际音标把声母和韵母记在白纸上。

教材用 18 个国际音标记录声母，"我们给出的是跟英语最接近、相当的音标"，分别是：p，p'，m，f，t，t'，s，ts'，tz，ʃ，ts，tz，n，l，r，k，k'，R（喉音）。夏威尔提醒学习者应注意送气音，"难点在于第 2、6、8、9、11、12、17 和 18 个音。这几个音可分为两组：一组是第 2、6、17、18，一组是第 8、9、11、12。对于第 8、9、11 和 12 来说，可能需要花费数周或几个月的时间才能发准确。不过不要灰心"。送气与否，可以"利用右上角的送气符号的有无来辨别",也可以"用吹纸的方法测试"。

教材用 40 个国际音标记录韵母,分为两组,每组 20 个:i、y、e、Ë、ɔ、o、u、a、ai、n、ŋ、ie、iɔ、iu、in、iŋ、ēr、en、Ën、ēn;a∀、ËI、Ë∀、An、aŋ、ɔːn、ien、iaI、ia∀、ian、iaŋ、iɔːn、yin、ye、yen、uaI、uËI、uan、uaŋ、uɔː。"第 22、23 和 37 会让学生感到困惑,学习者应多模仿中国教师的发音。"这里教材有一则提示:"对进一步的语音学习感兴趣的学生,建议联系中华函授学校。"

夏威尔认为,声调不是音乐的音符,而是"在谈话中才有的抑扬曲折变化"。他特别强调,"不能说声调是加于声韵母之上的,因为它们是音节的原始组成部分。"

夏威尔对南方官话的五个声调做了如下描述:"第一声是一个单调,无升降变化,开始与结束时一致,易于测定和学习。第二声是升调。第三声先降后升,开始和结束时的音高一致。第四声是降调,就像声音直降于地面。第五声突然升高,切割得很短,可能比其他四个声调都易于学习。"他提出,学习者可以从五个方面提高自己的语音能力,分别是:观察能力、模仿能力、熟悉发音器官、语流准确度、清除易混淆音。

第 24、26 课的学习指南谈发音、韵律的重要性,强调了"先听后看"的原则:"说话时拥有正确的韵律和恰当的重读是非常重要的,这能使他的话语容易理解,让中国人听着也觉得自然。所有语言或多或少都是如此。""除了仔细聆听日常听到的口语并努力模仿之外,获得正确韵律的最好方法就是跟一位经验丰富的教师练习跟读。让教师用轻松自然的语调读一个短句,学生跟着读,如实准确地模仿教师的发音和韵律节奏。"

需要特别注意的是,"教师不应该用朗诵的方式或者用做作的腔调来读。中国教师往往特别喜欢用那种唱歌式的诵读经典的方式来读,当被告知这不是学生想要的效果时,他们就会困扰于学生的要求,去采用一种响亮的浮夸的风格,这会打乱所有正确的韵律,和我们想要的轻松自然的会话风格相差甚远"。"如果教师没有接受过训练,那么学生就应该请一个会说中文的朋友协助,向教师解释他到底需要什么,给他上几堂自然的跟读课。每天半小时的跟读练习可以让人摆脱繁重的背诵任务,并能有效地让学生像中国人那样说汉语。"夏威尔对重读音节和韵律的重视,与《华语须知》的立场和主张相近。

学习指南之外,阅读课文里也谈到了对汉语语音的认识。第 11 篇阅读课文是《教员》,同样强调了"声音"即声调的学习,"学员念书的时候,不但是要知道说法写法用法,还要知道中国字的声音",接下来谈了五种声调及声调学习的重要性,"一个中国字有五个声音,比方书是第一个声音,钱是第二个声音,纸是第三个声音,信是第四个声音,笔是第五个声音","若是说的声音不对,意思也就不对,别的人就不知道甚么意思"。

三、语流音变和语音规范

1. 语流音变

20 世纪 20 至 40 年代,采用威妥玛拼音系统和国语罗马字拼音法式注音的几部教材注意到并记录了词语的语流音变情况。

《适用新中华语》《华语须知》《华文初阶》是以汉字的不同书写形式区隔词语的音变的,如"那"和"哪"的区分。这三部教材中的"那"字同时代表指示代词和疑问代词。如《适用新中华语》第 1 章的"您到那里去呀?",其中的"那"是疑问代词。《华语须知》第 1 卷第 3 课和第 4 课的课文都谈及"那"字有两个声调。第 3 课中说:

> 你也看,"那"字是四声,也是三声。

第 4 课的对话中也谈到:

> "那"字是第几声?是四声,也是三声,这个字有两个声。

这两课所说"那"字有两个声调,是第四声也是第三声,实际上指的是书写形式相同的两个词,第四声的是指示代词"那",第三声的是疑问代词"哪"。

《华文初阶》中的疑问代词"哪"也一律写作"那"。按赵元任(1924)的说法,这几部教材里的"那"都未加分化。赵先生认为,指示代词可写作"那",疑问代词可写作"哪"。

《适用新中华语》写作"哪"的包括两种情况,一是语气词"啊"前面的韵尾为 n 时,连读为 na,写作"哪",如第 3 章"啊"在"晚"之后音变为 na,写作"哪",如"回来那么晚哪!";二是语气词"呢"和"啊"合音写作"哪",如第 3 章的"他在家哪吗?"。

"啊"的连读音变还有"呀"和"哇"两种写法。第 1 章"啊"在"去"之后音变为 ya,写作"呀":"您到那里去呀?"第 20 章"啊"在"好"之后音变为 wa,写

91

作"哇"："大帅这一向好？承问，承问。大哥好哇？"

《华文初阶》课文中的"哪"记的也是与"啊"有关的音变，如"您到那里去了？"与"卖多少钱一本哪？"的区别（第 11 课）。另如，"谁叫门哪？"（第 14 课）。"电线断了还没接上哪"（第 54 课）。这与《适用新中华语》的处理是一致的。赵元任（1924）还指出，"在我经验里，除掉在纸上写语体文的人把'哪'字用的很多，在我耳朵里听过的官话区域里人说话时候似乎只有前字有(n)音收声才有'哪'字。"也就是说，《适用新中华语》《华文初阶》以"哪"为记录音变的专用字，反映了当时社会语言生活的实际情形。

除了"啊"的音变之外，《华文初阶》在生词表的注释中还强调了"不"的变调，三声音节连读，"一、七、八"的变调等语流音变现象。第 1 课注释"不是"时说，当"不"强调或位于第四声的字前面，读作第二声。第 3 课注释"请您给我"时指出，当两个或三个第三声的字相连，最后一个第三声前面的字变为第二声。第 4 课注释"他说的话我一点儿都不懂"时说，当"一"后面无其他字时，读第一声，位于第四声前时，读第二声，如"一样"。第 5 课的注释再次强调了这一点："一"后面是第一、二、三声时，读作第四声，如"一张纸、一人、一本书"。第 6 课的注释认为"七、八"跟"一"一样，在第四声前读第二声，如"七个人、八个月"。[1]

不止于此，《华文初阶》中还有一些关于重音和句法语义关系的说明。第 3 课的注释说，"有几本"中"几"的意义取决于逻辑重音，"几"重读强调的是多少，"有"重读强调的是拥有。第 8 课注释"不知道"时指出，"知道"在肯定形式中，"知"重读，如"我知道，他们知道"，但在否定形式中，"道"重读，如"我不知道，他们不知道，你知道不知道"。这些都是非常精准的观察和分析。

第 11 课的注释还把"了"的使用与韵律联系了起来，口语中"您念了多少课了"这样的句子之所以有两个"了"，是因为小品词"了"表过去时的时候经常为了韵律的需要重复。相似例子还有"我买了好些了，我吃了不少了"。

《华语课本》是以拼音字母记录语流音变现象的。在例句和短文中涉及音变时，编写者通常会标出，如"啊"的五种音变均已注明："你要记住，凡是高抬着头儿夸自己的能干，愿意在别人以上的（爱戴高帽子），都是鹅的一类啊(ya)。""你们每逢主日，应做些有益的事，不可以虚度光阴啊(na)。""野鸡

---

① 胡明扬（1997）指出，20 世纪 80 年代以来北京话里"七、八"的音变已渐趋消失，不宜再推行这两个音节在去声前的变调。

的被捕乃是它苟安(因为求'安逸快乐')的缘故啊(wa)。""我们人在少壮的时候,血气方刚,该用圣经上的教训自箴,不可以自负其勇啊(na)!""我们人在青年的时候,血气正在刚强,应当常常用圣经上的话,自己警戒(警醒)自己,不要仗着自己的勇气来作事啊(ra)。"

编写者还注意到了元音的换位现象,如"言语一声儿(Yuányu Yìshenr)""不言语(Yuányu)了"。同时,也会对儿化现象进行提示,如:"于先生画了一张山水画儿(Huàr)。""小媳妇儿(Fur)因受婆婆的气,就上吊死了(上吊自尽)。"后一个例子既有儿化也有轻声,所以"妇"未标声调。

2. 对语音规范的认识

夏威尔在《五十节十分钟中文课》的教学指南中强调,"在我们的声调学习中,我使用的是南方官话作为标准。南方官话有五个声调。第五个声调已在北方官话中消失,此前所属的汉字已分配于其他四个声调,大多归于第二声。"第23篇阅读课文《地方》指出,南京和北京"这两处地方的话,都叫做官话""官话处处懂得,人人知道,若是初到中国来的外国人,先下手学官话,不但是容易学,还是容易懂"。因此,夏威尔虽然南方官话和北方官话并举,不过实际上以南方官话为准,教材中保留入声的做法,与金陵大学华言科对汉语语音规范的认识是一致的(刘家峰,2008)。

《华语须知》第2卷从第6课开始使用了标于汉字右上角,提示重读音节的着重号(*)。如第8课的对话:①

张*先生、我们现*在*可以念第九*课*不可以。 那是明*天学的. 今天我们念第八*课。

奥瑞德在教材"絮言"中说:"凡课内汉字语句重读之字皆在字旁注有符号"。这种重读符号可能受到了吴启太、郑永邦《官话指南》(1882)的影响,《官话指南》的处理方式是,"凡字之应重念者,在字之右边画一横,如船¯字是也"。

第20课讨论了对南方话和北方话的区别的认识,认为南北地区在文字上没有区别,读音上则差别很大,一定程度上反映了当时社会对读音规范化和标准化的迫切需求:②

---

① 为使行文简洁,以下所引这部教材第6课及之后的课文,不再标注重读符号。
② 课文里的"声"指的是声调,"音"指的是声母和韵母。

南方话跟北方话是一样的吗？字没有分别，声跟音都不十分一样，我的底下人们都是南边的，他们说的慢我能听明白，要是说的快就一句听不出来了。

《华语须知》特别讨论了对儿化字（erh^2-character）的处理。奥瑞德认为，儿化字有两种处理方式，如果将表示儿化的"儿"字作为词语的一部分来看待，则以普通字体的形式表示出来；如果将儿化音看作北京话所特有的现象，就把"儿"字与前面的字的拼音进行结合，"儿"字须置于括号中。

以"pepper：胡椒面（儿）"为例，教材中给出的拼音为 hu^2-chiao^1-mien^4(-mierrh^4)，其中括号部分的"mierrh^4"，即"面"的儿化音形式，"面"的最后一个辅音 n 省略，这种读法流行于整个北方方言区和一部分南方方言区中。奥瑞德强调，儿化音的过度使用会使自然发音变得刺耳，并且会被认为是不文雅的，因此多数情况下，"儿"的使用应保留其单独的发音，比如"道儿"，tao^4-erh^2，road。

正因为儿话音的使用会给学生造成许多麻烦，奥瑞德建议尽量避免"儿"的使用。但是，他同样指出，对于住在北京和北京周边的外国学习者而言，了解北京话中儿化音的存在，在与当地人的交流中也是极为重要的。这种做法再一次印证了教材"编写说明"部分所言，"课文所用的语言是采用新政府规定的国语，现在已经通行于国内各中等以下各级学校""具备鲜明的地方方言色彩的词语可以放进去"，但应"注意控制"。

读音规范化的想法，除了体现在分类字典的词语注音之外，还体现在教材选取的文化内容的处理上。奥瑞德将汉语韵目与威妥玛拼音做了对照，以当时流行的电报日期韵目代号为例：

表 3-1　电报日期韵目代号（Telegram and Newspaper Date Symbols，第 15 页）

1	屋 Wu^1	送 Sung^4	董 Tung^3	先 Hsien^1	东 Tung^1
2	沃 Wo^4	宋 Sung^4	肿 Chung^3	萧 Hsiao^1	冬 Tung^1
3	觉 Chüeh^2	绛 Chiang^4	讲 Chiang^3	肴 Yao^2	江 Chiang^1
4	质 Chih^4	置 Chih^4	纸 Chih^3	豪 Hao^2	支 Chih^1
5	物 Wu^4	未 Wei^4	尾 Wei^3	歌 Ke^1	微 Wei^1
6	月 Yueh^4	御 Yü^4	语 Yü^3	麻 Ma^2	鱼 Yü^2
7	曷 He^2	遇 Yü^4	麌 Yü^3	阳 Yang^2	虞 Yü^2
8	黠 Chieh^2	霁 Chi^4	荠 Chi^3	庚 Keng^1	齐 Ch'i^2

9	屑 Hsüeh⁴	泰 t'ai⁴	蟹 Hsieh³	青 Ch'ing¹	佳 Chia¹
10	药 Yao⁴	卦 Kua⁴	贿 Hui³	蒸 Cheng¹	灰 Hui¹
11	陌 Mo⁴	队 Tui⁴	轸 Chen³	尤 Yu²	真 Chen¹
12	锡 Hsi²	震 Chen⁴	吻 Wen³	侵 Ch'in¹	文 Wen²
13	职 Chih²	问 Wen⁴	阮 Juan³	覃 T'an²	元 Yüan²
14	缉 Chi¹	愿 Yüan⁴	旱 Han³	盐 Yen²	寒 Han²
15	合 He²	翰 Han⁴	潸 Shan³	咸 Heien²	删 Shan¹
16	叶 Yeh⁴	谏 Chien⁴	铣 Hsien³		
17	洽 Ch'ia⁴	霰 Hsien⁴	篠 Hsiao³		
18		啸 Hsiao⁴	巧 Ch'iao³		
19		效 Hsiao⁴	皓 Hao³		
20		号 Hao⁴	哿 Ke³		
21		箇 Ke⁴	马 Ma³		
22		祃 Ma⁴	养 Yang³		
23		漾 Yang⁴	梗 Keng³		
24		敬 Ching⁴	迥 Chiung³		
25		径 Ching⁴	有 Yu³		
26		宥 Yu⁴	寝 Ch'in³		
27		沁 Ch'in⁴	感 Kan³		
28		勘 K'an⁴	俭 Chien³		
29		艳 Yen⁴	豏 Chien³		
30	卅 Sa⁴	陷 Hsien⁴			
31	卅一 Sa⁴-I¹	世 Shih⁴			

韵目代日是当时的一种电报纪日方法,以金代编修的《平水韵》韵目代表日期。从韵目表中挑选出来代替日期的韵目总共 30 个,代表 30 天。前面 15 天用的是韵目上平声的全部,接下来是韵目上声的 10 个,最后是韵目去声的 5 个;后来使用公历,又添上一个"世",代表 31 日。可能是由于排版的缘故,教材中各行的韵目顺序与通行的次序正好相反,如初一应为"东"

日,"东"应排在最左侧,往右依次是"先""董""送""屋"。其他各行同此。尽管如此,将古代韵目与威妥玛拼音——对应起来,表明编写者是在汲取古今、中外两个方向上的资源认识国语的注音规范的。

《华语课本》"前言"部分指明这是"二年级新课本",并列出了"请二年级教员注意"的 10 点事项,其中第 3 项对轻声符号的来源和用法做了说明:"二年级课本,采用《国语词典》及赵元任先生所订的轻声。他如在语调间,有必须轻读较为自然的字,均以轻声符号'·'标出。表示轻声的实心黑点是标在汉字上方的。例如,第 22 课的例句在"蔬菜里和果子里面富有很多的营养成分","里""子""面""的""养"上标实心黑点,表示轻读。

稍有不同的是,在汪怡主编的《国语词典》(商务印书馆 1945 年版)和赵元任先生的论著如《国语语调》(1935a)中,轻声的标注是在轻声音节之前加居中实心黑点,如"甜·瓜"。

《华语须知》中的着重号及对儿化音的认识,《华语课本》的轻声标注,都是从教学角度重视语音规范的体现。

四、标 点 符 号

"标点符号"是"辅助文字记录语言的符号,是书面语的有机组成部分,用来表示语句的停顿、语气以及标示某些成分(主要是词语)的特定性质和作用"(《标点符号用法》,GB/T 15834—2011)。

本节讨论民国时期国际中文教材里标点符号的使用情况,主要考查中文课文里是否使用标点符号、使用了哪些标点符号,不包括教材的英文前言、导论、语法注释中的标点符号。

1. 从空格到标点

民国时期的国际中文教材有相当一部分未用任何标点符号,句与句之间是以空格或数字分开的。这种情况不仅见于 20 世纪 10 年代的教材,甚至也见于 20 世纪 30 年代、40 年代的教材。例如,怀恩光《官话初阶》(1911/1918)、施列民《国语指南》(1915/1919)、夏威尔《五十节十分钟中文课》(1931)、佚名《中华适用话》(1930—1937)、卜朗特《华言拾级》(1940)、王诏九《初级华语课本》(1947)都是以空格或数字断句的,无标点符号,句子在类别上是陈述、疑问、祈使还是感叹,需由读者根据语境自行识别和判断。

《官话初阶》《国语指南》《中华适用话》《华言拾级》《初级华语课本》的课文均为竖排,《五十节十分钟中文课》的课文是横排。《官话初阶》每句话右上角标中文数字"一二三"等,既用以区分问话者和答话者,也便于统计句子数量。《国语指南》课文的对话者分别标以 A、B,或甲、乙,以示区分。这几种符号承担了标点符号的部分功能。《中华适用话》《五十节十分钟中文课》则无类似符号。例如,《中华适用话》第 20 课前几个会话轮次,把繁体竖排转换为简体横排就是:"李先生您来了 您好 好 张先生您好 我也好 您今天没上学校去么 没去。"《五十节十分钟中文课》阅读课文第 1 课《初来的外国人》前几句话是:"你们是外国人 我也是外国人 你们学说中国话 我也要学说中国话。"

《华言拾级》附录的英汉词汇表(English Chinese Vocabulary)中虽然有"点句读"(punctuate)、"标点"(punctuation marks)、"问号儿"(interrogation mark)、"惊讶号儿"(exclamation mark)这样的词,不过课文(short articles)里未用任何标点符号,每句话上方以阿拉伯数字 1、2、3 等标示,这些数字也起到了隔断句子的作用。集句(phrases)部分所列如果不止一句话,句间用实心点(.)隔开,句末通常无标点,如:"先生问话.你得站起来";"是这个菜好.是那个菜好";偶或也有用问号的,如"是我的口音好.是他的口音好?"。

《初级华语课本》课文的句子也是以阿拉伯数字 1、2、3 等标示和隔断的,与《华言拾级》不同的是,句子内部的小句之间标以逗号(,),这是全书唯一使用的标点符号,如第 13 课《五个渔夫》最后几句话是:

> 25 小学生数着说一二三四五,不是五个人么 26 五个渔夫听了就说 27 啊我们太笨了 28 现在我们明白了

1919 年 4 月,由胡适起草并由胡适、钱玄同、周作人、刘复、马裕藻、朱希祖共同签字提议的《请颁行新式标点符号议案》(修正案)(以下简称《新式标点符号》),提请国语统一筹备会第一次大会决议通过。议案分释名、标点符号的名称和用法、理由三部分。1920 年 2 月,北洋政府教育部发布训令,批准这一议案,即《通令采用新式标点符号文》(第 53 号训令)。新式标点符号共 12 种:句号(。或.)、点号(、或,)、分号(;)、冒号(:)、问号(?)、惊叹号(!)、引号(『』、「」)、破折号(——)、删节号(……)、夹注号(()、[])、私名号(——)、书名号(﹏﹏)。

《国语指南》等用空格断句,类似于《新式标点符号》中提到的中国传统

"标点符号很不完备",用"'离经辨志'的方法""大概把每句离开一二字写,如宋版《史记》的《索隐述赞》的写法"的处理方式。而《华言拾级》集句部分实心点和问号的非系统使用,与其说是参照《新式标点符号》的句号和问号,毋宁说是从英文标点符号中借用过来的。

《日日新》的课文竖排,前 30 课是围绕词语用法的集句,每课八句话,每句话前面都以阿拉伯数字标识,后 20 课是阅读短文,不再以数字标识。全书使用了(。)(、)两种标点符号。如集句部分第 1 课的主题是"有没有",前几句话是:

1 我有钱、他有钱、你有钱没有。2 我没有钱、你没有钱、他有钱没有。3 他有笔、我有书、你有钱。4 我没有书、你没有笔、他没有钱。

阅读短文第 1 课的主题是"The new arrival",整篇课文是:

今年三月、有一个少年人从外国到中国来、他姓高、年纪不大、不过有二十六岁、初来不会说一句中国话、写一个中国字。他有一个朋友、在中国多年、给他请一位中国先生、姓李。这位先生有三十几岁、是有本事的人、很有学问、人也很和气。

这两种标点符号就是《新式标点符号》所说的"中国旧有的标点符号""一个句号,一个读号"。

《新式标点符号》颁行以后,实际应用过程中有一些细微的调整,主要聚焦于句号、点号和引号三类。《青年周刊》1920 年第 5 号《本刊所用标点符号的说明》区分了"表顿和读"的逗号(,)与"表形容词间和名词间的隔离"的顿号(、),将《新式标点符号》所列扩展为 13 种(无名称)。

孙俍工《中国语法讲义》(1921:14)指出,"'标点符号'同'语法'有极大的关系;有时语句合法不合法,全看'标点符号'用得得当不得当,得当就通,不得当便不合法"。孙先生也把标点符号分为 13 种,相比《新式标点符号》主要有三处调整,一是称句号为"住点"(·或。),在前的不再是标于汉字右下角的实心黑点,而是居中实心黑点;二是把点号分为隔点(顿号)和逗点(逗号)两类;三是称引号为"引标"("" ' '),所列是用于标注横排文本的弯角引号,而非直角引号。[①]

马国英《新式标点符号用法指南》(1922)(《国语月刊》第 1、2、3、6 期刊

---

① 《中国语法讲义》另 9 种标点符号是:分点(;)、集点(:)、问标(?)、叹标(!)、搭附标(——)、虚缺标(……)、夹注标(( ))、私名标(——)、书名标(〜〜)。

载)的引号列出了直角引号和弯角引号两类，在介绍引号用法的附注中强调，弯角引号（''和""），"教育部颁行的标点符号中，未见列入；因为在直行文字里，应用不便；但是，在横行文字里，现在学者都已通用；因此，特备一格，以便参考"。这些文献为我们分析民国时期国际中文教材里所用标点符号的数量和种类奠定了基础。

2.《适用新中华语》的住号

《适用新中华语》（1927）中文版在署名"芮德义自识"的"凡例"中指出，该书出版于白话文运动已蓬勃开展 8 年之后，是由于"前贤佳作甚夥，惟能见重于当年而不适用于时下"，顺应"时事变迁语言改易""随社会之潮流"编写而成的。编写过程中，"承素有经验之华语教员秀毓生、金叔延二君精研校正，不厌求详，编成是集焉"。中文版的 90 章（课），"章章首尾有如衔接，而程度亦渐提高，若拾级而上者"。教材使用的目标是，"至末卷学终，即可读寻常报纸，欲求普通华语者，颇足用焉"。

编写者在标点符号使用上所持的观念是，"说话之神情句读概用新式标点符号，俾学者易明、教者省力，其标点符号与新书报章学校讲义稍有不同"。

《适用新中华语》中文版所用标点符号共 8 种，分别是①：句号（。）、问号（?）、叹号（!）、分号（;）、逗号（,）、居中实心黑点（·）、省略号（…）、专名号（——）。② 除了居中实心黑点之外，其他七种符号都对应于《新式标点符号》。不在《新式标点符号》系统中的居中实心黑点的使用，及其与句号、逗号等的关系，比较充分地体现了《适用新中华语》"与新书报章学校讲义稍有不同"之处，值得特别关注。

《适用新中华语》的居中实心黑点，即上述孙俍工所列"住点"之一。③ 林穗芳（2000）认为，"住点"又称"住号"，也就是今天所说的句号，这是 1919 年之前我国学者对 full stop（完全停顿）的译名。实际上，《适用新中华语》的住号与句号并不等同，与《中国语法讲义》的住点也不同，这从教

---

① 《适用新中华语》的省略号（…）是《新式标点符号》删节号（……）的一半。
② 列举各部教材中的标点符号时，如未特别指明，所用名称均以《标点符号用法》（GB/T 15834—2011）为准。
③ 《中国语法讲义》的住点有居中实心黑点（·）和空心圆圈（。）两个，二者等值，不过书中举例时所用均为空心圆圈。

材中同时也有句号即可看出。如第 1 章开头的几个话轮①：

（一）贵姓？（二）我姓钱•未领教？

（一）贱姓王•您贵处？（二）<u>上海</u>•贵省？

（一）我是<u>江西</u>人•您贵干？（二）我是<u>重庆美国</u>领事衙门的翻译官•您恭喜？

（一）我在我们本省作买卖。（二）您这是到甚么地方去？

（一）我到<u>上海</u>贩洋货去•您到那里去呀？（二）我是回家，看我父母去•您到上海，要住甚么地方？

（一）我住<u>中西饭店</u>•您府上在城里，在城外？

从课文的应用情况来看，住号是用于话轮内部，标示停顿时间长于逗号和分号、与前句分隔开来的标志。再如第 2 章：

（一）您从那儿来？（二）我从家里来•您没上衙门？

（一）没去•告了一天的假；现在上车站。（二）您到车站有事吗？

（一）是，接一位朋友。（二）从甚么地方来的？

（一）从<u>美国</u>来的。（二）他是作甚么的？

（一）是<u>华美银行</u>的经理。（二）啊，是了，我也认识他•您若是不提，我还真忘了呢•我同您一块儿去接•他甚么时候到？

在这两章的对话里，住号能够在话轮内分隔哪些语句是回应对话方的，哪些是自己发起的，具有一定的话题标志和互动标志作用。又如第 3 章：

（一）他在家哪吗？（二）我想他在家，可挡驾了…您从<u>西山</u>多咱回来的？

（一）昨天下午九点钟回来的…嗐！回来在路上很累赘。（一）汽车的胶皮轮子炸了两个。（二）这可免不了的•怪不得，回来那么晚哪！

着眼于句子之间的关系，以上的住号似乎有的可改为句号，有的可改为逗号。不过，在这几章的用例里，住号与句号、住号与逗号显然是有明确的分工的。

经查证比对，我们发现《适用新中华语》所用住号，可能与以胡适为代表的中国学人对住号和句号的区分有关。胡适 1917 年翻译的莫泊三（莫泊

---

① 原文竖排，以（一）、（二）区分交谈双方，我们也按此排列。专名左侧本以竖线标出，现改为下划线，以下各部教材同此。

桑)的小说《梅里哀》(《新青年》第 2 期)即同时使用了住号和句号,如第 1 段所示:

> 莫泊三生于一八五十年・死于一八九三年。法国十九世纪末叶之大文豪也。著小说甚富・亦以诗鸣。所著短篇小说・尤见称于世・有『短篇小说第一名手』之目。……本篇不足以代表莫氏之自然主义。然其情韵独厚・尤近东方人心理・故首译之。

胡适文中无点号(逗号)。《新青年》1917 年同期其他作者如陈独秀、章士钊、刘半农、陶履恭、李大钊、朱如一等的文章,相当于胡适住号的均为点号(、)。如:

> 自二月九日吾政府对德抗议以来、国人对于政府外交政策、赞成反对、各极其盛。愚亦于前号本志发表赞同意见、贡诸国人。(陈独秀《俄罗斯革命与我国民之觉悟》)

可以看出,在胡适的标点符号系统中,住号实际上相当于表示不完全停顿的点号(逗号),这与《适用新中华语》所用仍有区别。《适用新中华语》的课文中,话轮末尾用句号,话轮之间当用句号之处用住号。也就是说住号与句号性质相同而分布有别,住号用于话轮之中结句,句号则用以结束话轮。

《适用新中华语》并列的词语之间,有时以逗号隔开,如第 19 章:

> 县知事是一县的民政长・官虽不大,职务可最繁杂・他是本县审判官・经管征收地丁,税项,又监督教育,实业・他也是县警察所所长,而且地方乡勇也归他兼辖・得了!

名词"地丁"和"税项","教育"和"实业"之间是以逗号隔开的。再如第 10 章:

> 上月所有开的账,花的太费了・白面用了二十磅,白米十八磅,白糖二十二磅,盐十五磅・我的家,谁吃那么些这样的东西呀?! 买青菜的钱也太多呀。

短语"白米十八磅""白糖二十二磅""盐十五磅"之间也是以逗号隔开的。从这两例也可以看出住号和逗号的不同功能。

从以上分析来看,《适用新中华语》的标点符号系统中,用以结束话轮的是句号、问号、叹号,而话轮内部语句的标识按停顿时间从长到短依次为住号、分号、逗号。换言之,住号是话轮中的句号,而句号是话轮末尾的住号。概言之,这部教材中文版可能参考了胡适等学者的标点符号实践,而同时考虑句际关系及其在话轮中的分布,把孙俍工《中国语法讲义》中的住点分为"住号"和"句号"两种情形,则体现了一定的新意。

3.《华语须知》的删节号

《华语须知》的课文竖排,话轮之间以空格隔开,话轮内部采用了如下7种标点符号:(。)、(.)、(、)、(「」)、(……)、(…)、(──)。按《新式标点符号》,这7种可概括为5类,即句号(。和.)、点号(、)、引号(「」)、删节号(……和…)、私名号(──)。句号分空心圆圈和实心圆点两类,删节号分全删节和半删节两类。

引录课文时,我们把直角单引号转换为弯角双引号(以下各部教材同此)。例如第3课的两组对话:

> 那书是你的不是。　不是、是他的.他的书没有罗马字。
> 第二课的"的"字是第几声。　是一声.第一课的"第"字是四声。

这里使用了句号、点号、引号三种标点符号。私名号的使用如第8课的对话:

> 张先生、我们现在可以念第九课不可以。　那是明天学的.今天我们念第八课。

全删节号和半删节号的使用如第49课《吃饭听戏》所示:这一课先是某赴宴的客人向路人打听华美斋饭馆的位置,宾主一行在饭馆相聚后,即以全删节号与此前的对话隔断,用餐结束转到听戏时,以半删节号隔断:

> ……诸位随便坐.茶房、拿份刀叉来、这位不会使筷子.诸位别拘泥。　董先生、我要跟这位中国客人划拳、可没有酒。　罪过罪过、定了二斤.伙计、快拿酒来。　…梅兰芳的戏要上场了.咱们干杯就走罢.董先生太周到了。

《华语须知》的两类句号并不等值,其间的差异与《适用新中华语》的句号和住号的分别相类。从功能来看,空心句号相当于《适用新中华语》和《新式标点符号》中的句号、惊叹号和问号,用于标示话轮的结束,而实心句号相当于《适用新中华语》的住号,用于标示话轮内一句话的结束,分布于涉及话题转换、句间语义关系较为疏远的位置。如上引第3课从呼应对方的书"是他的"到"他的书没有罗马字"的转换处用了实心句号。再如第17课的对话:

时先生、上礼拜五我没上学校去、所以到这里来打听教员给上甚么生字了.生字的意思我也要写下来。 你来的正好.我刚念完了书。

教材中的点号(、)相当于《新式标点符号》的(、)和(，)，即《中国语法讲义》的隔点(顿号)和逗点(逗号)，用于联系紧密的小句之间、复句的分句之间，如上引第 3 课的"不是"后，第 8 课的"张先生"后，第 17 课的"时先生"之后、"所以"之前，也用于并列的名词性成分之间，如第 49 课列举的多种菜品即以点号隔开：

要炸鸭肝、拔丝山药、芙蓉鸡片、炸丸子、炒冬笋、软炸里脊、烩虾仁、糖包子、辣子鸡、花卷子、烧鸭子、合页饼、锅子、冰糖莲子、燕窝汤。

《华语须知》的句号、点号按停顿时间由长到短，依次为:空心句号、实心句号、点号。

从上引第 49 课来看，全删节号和半删节号主要用于标示场景的转换，区别在于前者侧重于从非主题场景向主题场景的转换，而后者则侧重于主题内部的过渡转换。

《华语须知》的引号、私名号的用法依《新式标点符号》。教材把其中标为"或"的关系的句号(。)、(．)从功能上区分开来，调整为"和"的关系，分别为全删节号和半删节号，这些都可以说是在《新式标点符号》和《适用新中华语》的基础上，立足于国际中文教学的创新实践做法。

4.《华文初阶》的顿号

《华文初阶》的课文竖排，共使用了 9 种标点符号，分别是:句号(。)、问号(?)、逗号(，)、专名号(——)、冒号(:)、引号(「」)、叹号(!)、顿号(、)、分号(;)。

教材中的对话体课文(以前 20 课为主)通常无题名，编写者以阿拉伯数字 1、2、3、4 等轮替标识会话者，如第 15 课的对话：

1 前天您说要到桌椅铺去买东西。您买了么? 2 买了。3 都买了甚么了? 4 买了一张桌子,六把椅子。5 这个铺子在甚么地方? 6 在西四牌楼北,街东。

11 您甚么时候去的? 12 前天下午我到那个铺子去的。我一进门,掌柜的就站起来了说:"先生请坐。您要买甚么? 请您看看罢。"13 您看他的桌椅好不好? 14 不错。我看完了,就买了一张桌子,六把椅子。后来您要是买甚么,就到他的铺子买去罢!

这两段对话里使用了句号、问号、逗号、专名号、冒号、引号、叹号。

独白性的课文(后50课的大部分)均有题名,如第21课《华文学校》中以顿号界隔两个名词性成分"生字"和"生意思":

> 他们教授的法子是:见天上午学生到校,先上总班,听总班的先生上生字、生意思。总班完了,学生都分开。一半儿上分班教室,一半儿上单授教室去温习。每半点钟换一堂。

分号的使用如第24课《吃饭》描述方位时涉及左右的对比:

> 当时我们坐下。我的朋友在我的左边;还有一位中国太太在我的右边。那位太太说:"我是第一回吃外国饭。刀子、叉子都不知道怎么使。"

再如第25课《天气》谈及冷热的对比:

> 您不要这么说。您穿着这么多的衣裳,那儿还能觉着冷!他是穷人,衣裳少。怎么能不冷哪?俗语说:"冷,是一个人冷;热,是大家热。"

《华文初阶》中句号、问号、专名号、冒号、引号、叹号、分号的使用,显然是以《新式标点符号》为准的。教材以阿拉伯数字标识对话者的做法,可以看出是对《官话初阶》《华言拾级》等用数字标识句子的调整,而其中顿号的使用及与逗号的区分,则可能参考了《青年周刊》《中国语法讲义》的处理方式。黎锦熙(1924:351)也指出,点号(、和,)"常有分析的必要",如"光明、空阔、透气"这样的两个或两个以上的"等值而平列的复成分",读时其间"要稍稍停顿",就用"、"作"顿号","这顿号是从'点号'的用法里分析出来的"。从上引第21、24课的课文已可看出,《华文初阶》中顿号的使用已常态化、规范化。

5.《华语易通》标点的规范性

《华语易通》标点符号的使用集中在第4、5、6节,这几节对话和独白性课文均为横排,涉及6种标点符号,分别是:逗号(,)、句号(。)、问号(?)、叹号(!)、分号(;)、引号("")。例如第4节第3课和第8课的例句:

> 你这个聪明人,不知道谁是好人?谁是坏人?我不信。
> 他的话一点儿不错呀!

这里使用了逗号、问号、句号、叹号。再如第5节第10课的对话:

104

A.不错,这几天各样东西涨的真是奇怪,到底是甚么原因?

B.原因很多一时也很难说,据我想主要的原因还是战事。

A.要是当局不早点想法平一平物价,老百姓怎样生活呢?

B.是呀! 不然真受不了。

分号、引号的使用如第 6 节第 4 课《你还我,我还你》:

有一天下午,一个小学生从学校里回家,经过一个地方,看见一个卖糖的,糖盒子撒在地上,小孩子看见了,就放下书包捡糖,卖糖的看见小孩子捡他的糖,他也捡起小孩子书包,放在身后;等到小孩子捡好了糖,找他的书包,小孩子说,"我的书包呢?"卖糖的说,"我的糖呢?"小孩子说,"在这里;"卖糖的也说,"你的书包也在这里。"

《华语易通》中无冒号,言说动词"说"和引语之间是以逗号隔开的。第 6 节第 4 课的短文有两个分号,小孩子和卖糖者的对话如无引号,第 2 个分号的使用是合理的,然而在用引号标出引语的情况下,第 2 个分号用在引语的结句处,这种点法是不规范的。

第 6 节其他短文的断句和标点符号的使用也有若干可商榷之处。第 5 课《聪明的老鼠》中"他们没有办法,把这个鸡蛋搬到洞里去。",其实是一句话,"没有办法"和"把这个鸡蛋"都是"搬到洞里去"的状语,在它们之间点断就把联系紧密的状语切割开了,其间的逗号应去掉。第 6 课《谁喝那杯酒(画蛇添足)》的"因为拜神的那杯好酒,不知道谁喝那杯酒?",前一句的"好酒"应改为"酒好",后一句的问号应改为句号。"我们各人在地上画一条蛇,谁先画好啦? 谁喝那杯酒。"里的问号应去掉,或改为逗号,因为这里疑问代词连用,表示的是任指义,应改为"谁先画好啦谁喝那杯酒",或"谁先画好啦,谁喝那杯酒"。第 9 课《孟母》中"孟子看见他的母亲,用刀切断了布",感知动词"看见"可以带小句做宾语,这句话里小句宾语是"他的母亲用刀切断了布",原文的逗号将小句宾语的主语部分和谓语部分断开了,应予去除。

6.《华语课本》的连接号

《华语课本》全书横排,共使用了 13 种标点符号,分别是:逗号(,)、句号(。)、分号(;)、冒号(:)、连接号(-)、问号(?)、叹号(!)、省略号(……)、破折号(——)、引号(「」)、括号(())、专名号(——)、书名号(〰〰)。

逗号、句号、分号、冒号、连接号、问号、叹号、括号八种符号的使用如第 7 课语体文《善守主日》所示:

瓷君 看见了 就 说:体操 可以 活动 血脉,弹琴 可以 修养 性情(陶冶 性情)。这 都是 女人的 雅事;至于-酒,那 岂是 童子 所相宜的? 你们 每逢-主日,应 做些-有益的-事,不可以 虚度-光阴-啊(na)!

教材中的连接号(-)是短横线,占半个字符位置。连接号的使用与分词连写有关。赵元任(1935b)讨论的"连书词读法"和"-"的用法,实际上就是连接号和分词连写的关系。《华语课本》的句子采用分词连写的处理方式,词和词以空格分开,如词语之间联系紧密,则以连接号(-)相连。

由上引语段可以推知,在编写者看来,体标记"了"、助词"的"、不定量词"些"具有后附的性质,应与所附成分看作一个单位,如"看见了""女人的""做些"。"都"和"是"、"岂"和"是"、"不"和"可以",也都不必分开处理。而"至于"和"酒","做些"和"有益的""事","虚度"和"光阴"联系紧密,因此其间不用空格,而用短横线连接。这是截至目前我们见到的民国时期唯一一部采用分词连写和连接号的国际中文教材。再如第 30 课白话文《自强》:

要想 叫 国家的 力量 强盛起来,全国的「士,农,工,商」,必定要把各人的 本事 拿出来,奉献给 国家;同时文-武 大-小 官员,都要尽 他们的 职务,假使 有侮辱 本国的,就 拼命 去抵抗,发誓 决定 不「贪生怕死」。像这样 国家的 根基 坚固,就不会 灭亡 了。

可以看出,编写者把趋向补充成分"起来""出来"与所附谓词看作一个单位,介词"把"跟后面的名词性成分的修饰语"各人的"也划在一起了。

《华语课本》的分词连写方式,比吴天敏(1941)所论及当前《汉语拼音正词法基本规则》(GB/T 16159—2012)的规定宽松得多。吴天敏(1941)主要讨论的问题是,"国语读本里一句话里每个词跟每个词的中间向来是不分开写的",如:"下了雨天气就凉快了"。对于学习国语的儿童和成人,因不能确定什么是词,都可能造成困扰,而"尤其感觉困难的就是外国人,中国人不论儿童成人,多少对于国语里的词是有点熟悉的。外国人初学华语的时候,一切的词,除非是他学会了的,在他面前都是陌生的。所以根本在一句串写下来的话里,他没法子分辨哪个字跟哪个字是一家,哪个字跟哪个字不是一家。而且他学会了的词他也不能因地位或用法之不同而作变通的看法"。"比如外国人先学了'凉'跟'快',我们有什么理由可以希望他知道'凉''快'在一块儿形容天气的时候又不是'不热'跟'不慢'的意思呢?这种情形给华语增加了不少难学的成份。"

为了便于学习,吴天敏提议词和词中间以空白隔开,以便学习者一看就可以知道哪个方块儿字是独立的,哪两个或三个、四个是一块儿的。据此,她将上例重写为:"下 了 雨 天气 就 凉快 了"。

严格来说,《华语课本》实际上不是分词连写,而是分词语或分语块连写,或者说是一种宽式的分词连写。在对词语做分隔处理时,编写者根据其间句法和语义联系的疏密不同,区分出了空格和连接号两个层次,这是《汉语拼音正词法基本规则》所没有的,反映了编写者对句内韵律和句法语义单位切分的认识,这对于当前的教材编写和教学实践都有一定的参考价值。

引号的使用如上引第 30 课。省略号、破折号的使用如第四课的《交际会话》:

> 孙——先生 贵姓? 于——姓于;您-贵姓? 孙——岂敢,孙;您-台甫-是······

专名号的使用如第 13 课白话文《运河的大工程》:①

> <u>运河</u>的 大工程,是-在<u>吴王 夫差</u> 那时 起的头儿,在 <u>隋朝</u>,<u>唐朝</u>,<u>北宋</u> 都 接续 修造,赶到了 <u>元朝</u> 才 完全-成功。

书名号的使用如第 74 课:

> 歌谣:「扇子 有风,拿在 手中,有人 来借,等到立冬」。

这 13 种标点符号,除了连接号之外,其他 12 种严格照应于前述《新式标点符号》拟定的 12 种新式标点符号。

值得注意的是,我们认为《华语课本》以《新式标点符号》为标准,另外一个方面的佐证是新式标点符号系统中点号有(、)和(,)两种写法,两者等值,无单列的顿号(、),这部教材中也没有顿号。②《华语课本》里按《青年周刊》《中国语法讲义》的做法,可用顿号隔开之处使用的都是逗号,如前引第 30 课的"士,农,工,商",第 13 课"隋朝,唐朝,北宋"中间的逗号所示。再如第 52 课的"演说词"《农人的生活》中引号括出的部分:

> 诸位-同学:农人的「衣,食,住,行」,没有 一件 不是 很苦-很苦的,可是 他们 的 工作 对于 社会,对于 人类 是 有 很大 的 贡献的,我们 应当 同情 他们,应当 尊敬 他们

---

① 这里的"运河"专指"京杭大运河",故用加下划线的专名号。

② 《新式标点符号议案》的点号虽有"、"和","两种,不过在举例说明点号的用法时,所用均为",",无"、"用例。

又如第 23 课语体文《人种》中的"黄，白，红，黑，棕""汉，满，蒙，回，藏"：

　　世界人类 有：黄，白，红，黑，棕 五种。可是 红，棕 两种 渐渐的 衰微。如今 在 全球 竞争的，只有 黄，白，黑 三种人 就是了。

　　我国人 是 黄种，总数 号称 五百兆，包含 五个-民族，就是：汉，满，蒙，回，藏。自从 政体 改行 共和，于是 五族 成为一家，不分-畛域了。

不难看出，在分词连写时，"衣""食""住""行"等词之间本可以用空格分离开来的，不过教材未用空格，仍用逗号，这可能表明编写者认为这些词中间的停顿时长应大于空格，而且空格也不足以显示词的列举性质。由此，我们可以结合对标点符号的考察，把《华语课本》的宽式分词连写按停顿时间由长到短概括为三个层级，依次为：逗号、空格、连接号。

从教材中无顿号（、）、横排而用直角引号这两点来看，编写者应未参考《中国语法讲义》《新式标点符号用法指南》和《新著国语文法》。黎锦熙（1924：381）在列明《请颁行新式标点符号议案》（修正案）中的标点符号时，谈及引号给出的是直角引号，不过黎先生加了一个注："横行以作""' '为便"。黎先生这部著作就是横排的，里面凡引用都是以弯角引号（""' '）标记的。

7.《华语讲话》的引号

《华语讲话》全书繁体横排，标明出版于 1948 年 6 月的印刷体版本使用了 9 种标点符号，分别是：逗号（，）、冒号（：）、问号（？）、句号（。）、括号（（））、感叹号（！）、省略号（……）、引号（""）、破折号（——）。例如第 10 课《万里长城》：

　　高：张先生，您看，那边儿山顶上似乎是有一道城墙，山上不能有大城吧？

　　张：呕！那就是万里长城，您听说过吧？

　　高：听说过，可是从前没见过，没想到有那么大，真是"百闻不如一见"，工程真不小呵！

　　张：是不小，西头在甘肃省，东头在河北的东北角，您有机会到山海关去逛一次真有意思，长城从山顶上下到海里，这是世界最长的城墙，有的地方不只有一道城，——有四五道。

这几个轮次的对话里,使用了冒号、逗号、问号、感叹号、引号、破折号。省略号、句号的使用如第 6 课《跟赶驴的谈话》:

> 高:我先问您,他出过外么?
>
> 田三:出外!您别看他这么大,就没离开过家,在家怎么都好,出外……叫他试试吧。

括号的使用如第 2 课《打听朋友》:

> 局长:(一看高先生)哎呀!您受伤了,请您坐下吧!先生贵姓?

除了引号用弯角引号(""),同于《中国语法讲义》《新式标点符号用法指南》的标点方式,而与《新式标点符号》有所不同之外,《华语讲话》其他 8 种标点符号都对应于《新式标点符号》,尤其是其中亦无顿号,凡可用顿号处皆用逗号标示。例如,第 6 课《跟赶驴的谈话》中"白菜""白薯""黄瓜""葱"之间的逗号:

> 高:这带地都种什么庄稼?
>
> 田三:没多少庄稼,我那儿种一点高粱老玉米小米,豆子什么的,山地不肥,满地是石头,什么都长的不好。下边平地有大米。还有菜园子种着白菜,白薯,黄瓜,葱,什么菜都有。

因此可以推知,这一版本的《华语讲话》使用的标点符号也是以新式标点符号系统为准,同时可能参考了孙俍工、马国英先生的论著。

值得注意的是,手写体版本所用标点符号的数量、种类与印刷体版本基本一致,主要区别有两点:一是使用了顿号(、),二是使用了叠字符号(々)。

上引第 6 课的对话,手写体版本是:

> 高:这带地都种什么庄稼
>
> 田三:没多少庄稼,我那儿种一点高粱老玉米小米豆子什么的山地不肥,满地是石头,什么都长的不好,下边平地有大米,还有菜园子种着白菜、白薯、黄瓜、葱,什么菜都有

文中罗列的"白菜""白薯"等之间是以顿号隔开的。顿号的使用也表明这一版本可能参考了孙俍工《中国语法讲义》将"点号"(、和,)明确分为"隔点"(、)和"逗点"(,)的处理方式。①

然而对比上述第 6 课印刷体和手写体课文可知,手写体的标点符号使

---

① 国民政府教育部 1930 年颁布的《划一教育机关公文格式办法》也是如此区分的。

用显然不够完整、规范，如"高"所说句末未加问号，"田三"说的话则一"逗"到底，"不好""大米"之后无句号，"小米""什么的"之后未加逗号。

叠字符号的使用如第 2 课《打听朋友》：

> 高：谢々，谢々，我还得赶紧想法子到北平去，这儿没有公共汽车吧？

印刷体版本用的是"谢谢，谢谢"，未用叠字符号。叠字符号的使用由来已久，这是非正式、手写体的表征（吴直雄，1996：472）。吴邦驹（1999：214）认为，叠字符号等"既不表示停顿、语气，也不表示词语的性质和作用，使用的局限性很大，它们算不算标点符号，还需要进一步研究"。沈澍农（2007：145）指出，中国古籍在抄写过程中出现了许多符号变异，重文号（叠字符号）便是其中一种，重文号是"代替重复出现的文字之用的符号"。"在严谨的书写材料中"，重文号"为两道平行的短横线，但通常在手写抄本中见到的是两点'〢'，又若加上连划则成了'々'，至今中国人手写时还使用这一符号"。

曾晓洁（2013：74）认为，叠字符号（々）是 1935 年 3 月由陈望道等200 位社会知名人士、15 个文化团体发起的"手头字运动"提倡的简写字之一。手头字就是百姓日常生活中的简写字。推行手头字的缘起是，"我们日常有许多便当的字，手头上大家都这么写，可是书本上并不这么印"，宗旨是"把手头字用到印刷上去，省掉读书人记忆几种字体的麻烦，使得文字比较容易识，容易写，更能够普及到大众"（《推行手头字缘起》，《太白》1935 年第12 期），以此呼应 1934 年陈望道、陈子展等倡导的"大众语运动"对文字的书面形式进行改革的倡议。

从这个角度来说，《华语讲话》使用叠字符号，可能还受到了大众语运动和手头字运动的影响。不过，正如聂绀弩（1936：66）所指出的，《推行手头字缘起》发表之后，"《太白》和别的几种刊物都实行用手头字排印文章，一时引起了相当的注意。由于它本身所包含的改良色彩，容易为当局采纳，使教育部接着也来了一个推行简笔字的命令。虽说这命令后来又收回了"。也就是说，包含叠字符号在内的手头字，后来仍被视为不规范的字体。

《华语讲话》两个版本在标点符号上的差别，反映的应是先有手写体，后有印刷体的变化过程：印刷体是在手写体的基础上进行规范化调整的结果。[①] 手

---

① 这部教材的印刷体版本出版于 1948 年 6 月，手写体版本封面上虽然也标明 1948 年 6 月出版，不过第 2 页底部写着"1948.3.17 印"。

110

写体中顿号和叠字符号的使用都应在规范化层面定位。规范化的措施,就是把顿号改为逗号,去掉叠字符号。也就是说,在《华语讲话》的编写者看来,手写体中出现的(、)实质上仍是旧式标点符号中的尖点,跟叠字符号一样,不是宜用于印刷体的规范符号。

暂不考虑《华语讲话》的手写体版本,单就印刷体版本而言,对比《华语课本》和《华语讲话》所用标点符号,我们可以推测前者的出版晚于后者,即不早于1948年6月。

标点符号是用来标明语句的性质、种类、关系和作用的符号。本节考察了民国时期13部国际中文教材的标点符号使用情况,分析显示,这一时期的教材从以空格或数字代标点到采用旧式标点,再到系统使用新式标点符号,经历了一个从无到有、由少到多、逐步规范化的变迁过程,这一过程的推动因素主要是以《请颁行新式标点符号议案》(修正案)为代表的国语运动的研究成果。

从《适用新中华语》以《新式标点符号》为基础,《华语须知》受《适用新中华语》的影响,《华文初阶》《华语易通》《华语课本》《华语讲话》受《青年周刊》《新式标点符号用法指南》及胡适、孙俍工、黎锦熙、赵元任等学者的研究的影响,可以看出民国时期国际中文教材里标点符号的使用汲取了古今中外的资源,并且在沿用和承继上由于与国语运动发生关联而形成了一种谱系关系。

当然,这些教材里标点符号的使用并非直线性的沿袭和承继,而是一个参差错落的过程。比较而言,《华语课本》的标点符号最为齐备和规范,而同时期的《初级华语课本》和《华语易通》所用标点符号在数量和规范性上反不如在此之前的教材,如《适用新中华语》《华语须知》《华文初阶》。

本研究还表明,总体来说,中国教师参编或主编的教材如《适用新中华语》《华语课本》《华语讲话》比之外国传教士、汉学家编写的教材如《五十节十分钟中文课》《华言拾级》,受中国社会语言生活变革的影响更深,对语言政策更为敏感,这些教材通过标点符号的选用既反映了国语运动推行的状况,也体现了其立足于国际中文教学的创新性思考和实践。

第四章　国际中文教材中的词汇语法项目

民国时期国语运动的持续开展，加深了教材编写者对汉语及中国社会语言生活状况的认识。本章首先描写国际中文教材里的"中国话""官话""国语""白话"，展示国语运动对教材收词的影响，然后讨论《华语须知》《华言拾级》《华语易通》《华语课本》的词类观，并以设置专门教学语法项目、有详细注解的 4 部教材《华语须知》《英华合璧》《华言拾级》《华文初阶》为例，分析其中共同列出的语法点 Auxiliary Verbs（助动词），追溯其源流，最后考察《华语易通》《华语讲话》中的词类标注问题。

一、从"官话"到"国语"

民国时期国际中文教材里使用、注解的"中国话""官话""国语""白话"等词语，是编写者语言观、汉语观的直接反映，其间存在从"官话"到"国语"的渐变过程。

1. "官话"和"中国话"

怀恩光《官话初阶》（1911/1918）第 3 课的对话谈及"官话"和"土话"，认为其间的区别在于是否能在"各处通行"，即适用范围的宽窄："这是各处通行的官话吗。各处通行。不通行。这是官话那是土话。"第 6 课有"我的官话不够"这样的句子。

施列民《国语指南》（1915/1919）谈及中文学习时，所用词语是"中国话"，既未用"官话"，也未用"国语"。武春野（2014：173）认为，《国语指南》的编纂出版，体现了最早研究北京官话的传教士对国语运动的自然反应。实际上，细读全书可知，除书名之外，这部教材中并未出现"国语"二字，也没有与国语有关的表述。

鲍康宁《日日新》（1920）有"官话"（第 30 课生词—The Mandarin

dialect)无"国语"。课文中有多个谈及官话的句子,如"我跟李先生学官话""那几句好官话、不是他说的、就是你说的"。《日日新》的"官话"之说,显然是作者《英华合璧》(1887)中的说法的延续。

20世纪20年代之后,"国语""白话"等虽然已成为不少教材在编写说明或前言部分着重解释的关键词,然而仍有教材或具有官话色彩,或使用"中国话""官话"这样的说法。

《适用新中华语》包括4卷,"第一为世俗应酬语""第二为家庭琐事语""第三为商贾须知语""第四为官场普通语"。芮德义在"凡例"中指出,该书出版于白话文运动已蓬勃开展8年之后,是由于"前贤佳作甚夥,惟能见重于当年而不适用于时下",顺应"时事变迁语言改易","随社会之潮流"编写而成的。他在前言中,特别感谢了中国教师秀毓生和金叔延为使教材中的课文达到真正的口语化所提的宝贵建议。

课文中有"他说的国语也还罢了""各大学的学生,也发刊日报,期报,等类的,是为给学生们读的,都是白话体"这样的句子。不过郭修静(2004:32—33)指出,《适用新中华语》和日本出版的一些以《官话急就篇》为主的官话教材一样,均有承袭前作之处,体裁和内容上有许多与威妥玛《语言自迩集》类同,主要表现在两点:一是应酬、聊天儿的对象围绕在中国既富裕又有闲暇的人士身上;二是教材中责备下人的会话内容颇多。

从教材中对话的内容来看,确有郭文所说的特点。如第1卷第10章对厨子开的账花费过高的警告:"我都算了,那些话,你不用说。所有的时价,我都晓得。你要作我的事,以后总得小心。"第13章对女佣的批评:"这衣裳就算平好了吗?! 这样儿怎么穿哪? ……怎么,我没再三的告诉你,脱下来的衣裳,当时就烙;不平的别往柜子里挂。"第4卷第90章谈论官场的闲聊:"还有一说,咱们弟兄都是科甲出身,受恩深重,已经官居极品,何必作共和国的官? 回忆,咱们临民的时候,您听说过,有侵吞公款,携印,潜逃的职官没有? 大概都得顾惜体面罢!"

夏威尔《五十节十分钟中文课》(1931)第38课的"语言学习指南"从语言政策的角度谈到了中文学习的必要性:"在过去的几年里,中国政府已经确定了法定语言,这对居住在中国境内的所有人都有约束力。多个政府部门宣布,从现在起,所有官方文件和公告都将以中文发布或起草,在所有法律纠纷中,与外国人打交道时,英语将不再被认可。"这里的"法定语言"(legal language)指的就是国语。不过课文中并未提及"国语",用的是"中国话"和"官话"。第5篇短文《学说中国话》强调:"外国人在中国,学说中国话,是第一件事"。第23篇《地方》谈南京和北京"这两处地方的话,都叫做官话","官话处处懂得,人人知道,若是初到中国来的外国人,先下手学官话,不但是容易学,还是容易懂"。

卜朗特在《华言拾级》的前言部分谈到了"官话""国语""文理":"中华民国1912年成立后,在受过教育的阶层中掀起了一场语言运动,要求言文一致,逐渐废除'文理'(书面体),以口语体代之,'官话'的说法也随之消逝。"教材后附英汉词汇表收录有"白话"(spoken language)、"文言"(written language)、"国语"(national language)、"土话"(vernacular)等词。不过课文中所用均为"中国话",如"你会说中国话不会?""中国话你学的好不好?"。

2. "国语"和"白话"

金醒吾《京华事略》(1922—1928)涉及国语运动较详。《华语教授法新旧的比较》一文提及注音字母:"倘或学生有不能说的声音,必得用注音字母的拼音法念给他听,然后再叫他跟着说。"《新学旧学》一文中,还有这样的说明:"我先说学校的国文罢,现在都用的是白话,为是叫人一看就懂,句法也显明,话语也简单,就是地理、历史等等,也都用语体讲解。"《国文与国语》一文更细致地梳理了从官话、国文到国语的变迁历程,谈到了读音统一会、注音字母与国语统一的前景:"从前虽然有官话,不过是官商各界的一种应酬话,还是不能普及的。有学问的人,又好说文话。同在一国,同是一省一县的人,彼此谁不懂谁的话。既然连话都不懂,那里能生出感情来哪。这不是因为国家没给出一定的国语来么。现在人人都知道这个毛病,所以立了一个读音统一会。请各省有名望的人来到会里,研究国语,研究了多少回,费了好几年的工夫,才定了注音字母,后来各省的读音或者一样了。这字母就是声母、韵母、介母三样,彼此拼用,叫各省的人,皆容易念,日子一多,就成了国语了。所以现在各学校的课本上,有的注上字母,将来各地方土语,就变成了国语了。……。我很盼望这种国语早早的实行,那时中国必然另有一种新生活发现出来了。"

老舍1926年在英国伦敦大学从事汉语教学期间参编了本土中文教材《言语声片》[①],教材第21课《看小说》的课文中有"新小说""旧小说""白话"等词语。这应与老舍在赴英任教之前曾接受过国语训练、积极参与国语运

---

① 爱德华·丹尼森·罗斯爵士(Sir Edward Denison Ross)主编,英国灵格风出版公司(Linguaphone Institute)出版。

动有关。^①

（1）甲：我近来看小说的瘾非常的大。说真的，近来出版的小说实在比从前好得多。因为新小说是用全力描写一段事，有情有景，又有主义。旧小说是又长又沉闷，一点活气没有。况且现在用白话写，写得生动有趣，你说是不是。

乙：是，我也觉得新小说有意思，因为有一些文学上的价值。

《中华适用话》第 36 课的独白课文，谈到了对文体分野的认识，涉及俗话、白话和文理话：

昨天闲着没事，我拿着手杖，将要出门，忽然来了一位外国朋友，他拿着一封中国信，交给我看。他说是一位中国朋友给我来的信，因为我看不明白，知道您是一位有学问的人，所以我来求您看一看，我说不要紧。我就接过来一看，信上说的不是俗话，也不是白话，都是文理话。

"俗话""白话"和"文理话"的不同，反映的是古和今、口头和书面两个维度上的差异。俗话和白话是今，文理话是古；俗话是口头语体，白话和文理话是书面文体。也就是说，俗话指的是口头语体的通俗形式，白话指的是以现代口头表达为基础的书面文体，而文理话则是书面文体的古代文言文。编写者认为，能说、会写文理话即意味着"有学问"。

《华语须知》第 1 卷在用英文所做的"汉语"简介中，对"文话/文理、官话、白话、国语、土话和俗话"等术语的含义做了说明，认为国语是政府推行的现代官话，经历了以南方官话为基础到以北平官话为基础的转变。国语运动为教材编写者认识、规范课文中词语的用法提供了参照。第 1 卷后半部分的"絮言"以奥瑞德的口吻，总结了他中文学习过程中的一些体会，并列出八条"心得"，对学习体会做了具体阐述。其中，第 3 条谈的是教材中国语与方言之间的关系，指出教学时应顺应国语运动的潮流，以国语为主，适当兼及以北平话为代表的方言：

课内所用之语，系采用新政府规定普通之国语，现已通行于国内中等以下之各级学校作一门功课，不惟适用且极趋时。至方言亦非不可学，然不宜过多。类如北平一隅，对人尊称率多用"您"，他处无论尊卑长幼皆呼为"你"。故此读本只仆之于主从俗多用"您"也。又凡物之小

---

① 老舍 1920 年参加了教育部"国语讲习所"举办的国语讲习会，1921 年组织了"京师私立小学教员夏期国语补习会"。详参甘海岚《老舍年谱》（书目文献出版社 1989 年版）。

者,名词常在语尾加一"子"或"儿"字者,如"小猫儿、小狗儿,一点儿、一下子"为各地之土音,余知未能免俗,故亦间或有之。

也就是说,书中对北京话里用得比较多的尊称"您"和儿化形式做了大幅度压缩。不过教材的课文谈及中文用的都是"中国话",未提及"国语"。

胡适1918年在《新青年》杂志发表了《建设的文学革命论》,提出文学革命的唯一宗旨是"国语的文学,文学的国语",强调"有了国语的文学,我们的国语才可算得真正国语"。这篇文章的发表,标志着文学革命与国语运动的合流,国语运动进入了新的阶段。新文学的创作实践对于高级中文教材的编写产生了积极影响。

德国伯恩大学的汉学家石密德(Erich Schmitt)和在德攻读博士学位的中国教师陆懿1939年编撰了汉语自学教材《标准国语教本》,由德国璧恒图书公司(上海)出版。这本教材明确以介绍"现代中国的语言,即国语",展示"现代的、生机勃勃的中国社会全貌"为目标,是专门针对德国汉学专业大学生的国语教科书。作者在引论中描述了中国"国语统一""言文一致"的时代背景和语言发展趋势,指出:"(国语运动)已经在最后二十年达成目标,起初还未确定的和不稳定的新的概念在这个期间内被固定以及标准化,终于到写一本现代高等中文教科书的时候了","因为中国的汉文化研究者同样也用国语工作","这些语言知识不仅将现代中国精神展示给外国人,也是通往过去的桥梁"。

国语运动对词汇的影响在《标准国语教本》中也有充分体现。教材第6课注明"两口子"是国语"两夫妇"的大众化表达,同时对"国语运动""新生活运动"等词语做了细致说明。

《华文初阶》编写者的语言观,体现在课文的句子中,如第46课有"国语到处通行"这样的说法,更集中的体现是第70课的课文《国语》:"中国文分为文言白话两种。文言比较白话难的多。白话又分国语土话。……赶到了民国以后,教育部才立了一个国语统一会,该会费了许多的光阴,才作成一种适用的语言,是用北京的话为基础,再加上一点儿南方常用语的话造成的。这么一来,实在是统一国语的一个新途径。后来胡适博士因为国文太难,平民读书的时候少,识字不多,所以他提倡白话文。甚么是白话文呢?就是用白话作成的文,用他代替文言。这个法子虽然好,可是用他述说深奥的问题,实在费事,不如文言方便。况且中国的礼教道德和历史政治法律以及哲学等等的书籍,都是用文言写成的,所以白话跟文言是应当并重,缺一不可的。"由此可以看出,编写者所持的是白话与文言各有分工和适用场域,且文言便于"述说深奥的问题"的语言观念。

《初级华语课本》与国语运动的关联,主要体现在词汇和课文上。第3课谈的是《说话》,有"国语"(Mandarin Chinese)、"土话"(dialect, common language)这样的词,课文中有如下相关句子:"说国语。有的人可以说国语。有的人不可以说国语。一些人可以说土话也可以说国语。国语人人都懂。有些人懂土话也懂国语。要是你不可以说国语。可以到学校里去学国语。"在逐句展示的基础上,增加了对话问答:"我说话你懂不懂? 你说话我都懂因为你的话是国语。你能不能说国语? 我不能说国语。你为甚么不能说国语? 因为我没有学。你要不要学国语? 我要学国语。你为甚么要学国语? 因为人人都用国语。"

第7课的题目是"人人应当学国语",谈到了国语和土话的关系,进一步强调了学习国语的重要性:

> 男学生们女学生们 今天我要对你们说,人人应当学国语 我们要知道,国语是人人都能懂的话 要是每一个地方人都学国语 人人能说国语 那么我们说话别人能懂 别人说话我们也能懂 要是我们说国语别人不能说国语 那么我们说话他们能懂 他们说话我们不能懂 这是很可惜的 所以人人应当学国语 可是,我们的意思,不是不许说土话 比方不许广东人说广东话 不许上海人说上海话 这是很难的,也是没有意思 只要人人都可以说国语 广东人同广东人说广东土话 上海人同上海人说上海土话 要是一个广东人同一个上海人说话 广东人说广东土话,上海人不懂 上海人说上海土话,广东人不懂 这个时候 一定要说国语 若是广东人同广东人也说国语 那是顶好

《华语易通》的课文多处涉及"国语"。如第2节第36课:"那位美国牧师的国语很好,你懂吗?"第3节第1课:"我买这本书为的是我要学国语。"第4节第6课:"在中国我们要学国语。"第7课:"你要学国语那么我教你。"第5节第2课有如下对话:

> A:先生贵国? B:敝国美国,你贵省? A:敝省山东,你到敝省来有甚么公干? B:到贵处来有一点公事,顺便拜望几位老朋友。A:您的国语说的不错。B:说的不好还要请您指教。

第6节第14课展示的是《约听国语演讲》的便条:

> 子山仁兄:昨天接到来信附旁听证一张,知道贵校本月十五号星期三

下午三时开国语演讲会,我一定到贵校去旁听,特先谢谢,此复并请台祺

弟子明拜三月四日

国语运动对教材建设的影响,也体现在《华语讲话》词语的选用上。例如,第 8 课的生词表中列出了"国语",课文中的句子是"他一句中国话都不会说,不像您这样一口好国语"。

《华语课本》中编写者对国语运动的认识,主要体现在例句中。第 5 课为生词"统一"所举例子是"国语统一联合会",第 47 课为"泰斗"所配例句是"胡适陈独秀等是我国白话文的泰斗",第 77 课"擅长"的例句是"顾神父擅长国语"。其他与国语运动有关的例句还有:"教育部规定以北平音(系)为标准口音。"(第 41 课)"注音符号可以代替罗马字母注音。"(第 55 课)"'京剧'是唱的剧,也叫'旧剧',其中角色分:生旦净末丑五种,在演剧时也有时说话,称为'道白',其语调与现在国语不同,是戏剧化的特殊声调。"(第 78 课)"《国音常用字汇》经教育部审查认为适当""国音字母分声母韵母两种"(第 79 课)。

国语运动影响下的文学、教育情况在这部教材中多有体现。如第 36、43、49 课的语体文,收录的是三封陶行知的书信,其中涉及陶行知和朱经农合编的《平民千字课》。第 44 课为生词"杰作"配的句子是"《寄小读者》是谢冰心女士最得意的杰作"。①

《华语课本》区分白话文和语体文,第 20 课为"注重"配的例句是"二三年级的功课注重语体,一年级注重说话"。这里的"语体"指有一定书面色彩的现代文,"说话"指口头表达,即口头语体。

需要说明的是,实用性和针对性是外语教材编写的基本原则。民国时期国际中文教学的主要目标是满足外国学习者的日常交际需求,提升其汉语交际技能,尤其是口语表达和理解能力,因此教材中的话题以处理日常事务,谈论衣食住行、民俗风情、社会时局和汉语学习为主,会话中的语句主要是紧贴社会生活的口语化句子。例如以上所引《言语声片》的对话。再如:

(2) 我要是给你八块钱,你给我甚么? 我要给你七枝笔,九张纸,十本书,好不好?(《华语须知》)

民国时期国际中文教材对汉语的称名虽有不同,不过这些教材记录的都是通俗易懂的"白话"。以"国语""白话"为规范的语言观念,也借由赵元

---

① 详见第 1 章第 4 节有关《华语课本》课文来源的分析。

任先生的教学和研究实践传播到了海外。周质平（2015）强调，中文教学在美国也经历过一次"白话文运动"，赵元任是这一运动的奠基者，从他的多部对外中文教材来看，美国汉语教学界的白话文运动比胡适 20 世纪早期在国内提倡的文学领域的白话文更"白话"，更接近"口语体"。

二、国际中文教材的词类观

民国时期，国际中文教材中语法点的编排和解释，受到了中外学者语法研究的影响；这些影响既有显性的，也有隐性的。

美国驻华使馆武官麦克猷（James Marshall Mchugh）与其中文教师周克允 1931 年合著的《华语新捷径》（*Introductory Mandarin Lessons or Hua Yü Hsin CHieh CHing*）模仿词典释义的模式，对生词的义项和词性做了详尽罗列。张鹏云 1920 年编写出版的《汉英大辞典》因简洁实用、收词广泛，成为《华语新捷径》的主要释义来源之一。《华语须知》第 8 课的语法点是"你、您、先生及其他词语的用法"，奥瑞德指出，"通常认为'您'是国语的说法，不过近来有一种很强的倾向（decided tendency）是用'你'"。在阐释这一问题时，他专门咨询了"中央研究院历史语言研究所语言组主任赵元任博士"，赵先生详细解答了"您""你""先生"在用法上的区别。卜朗特在《华言拾级》的前言中提到这部教材的语法方面参考了马伯乐（Maspero）、闵宣化（Mullie）、高本汉（Karlgren）等的研究。

我们注意到，《华语须知》《华言拾级》《华语易通》《华语课本》这四部教材中的词类观，既与英语教学语法框架有关，也与中国学者的语法研究存在着隐性而紧密的关系。

1.《华语须知》《华言拾级》的词类八分

《华语须知》的词类观在第 1 卷和第 2 卷均有体现。第 1 卷体现于前 25 课英文版的语法点设置和注解中。语法点虽然也涉及 Noun（名词）、Pronoun（代词）、Verb（动词）、Adverb（副词）、Adjective（形容词）等术语，但这些概念都是在说明词语的意义和用法时提及的，作为专设语法点讨论的词类是 Classifiers（量词）如"个、本"，Numbers（数词）如"十、百、千"，Enclitics（附属词）如"子、儿""哪、呢"，Auxiliary verbs（助动词）如"上、下、见、起、了"，Particles（小品词）如"就、才"。

第 2 卷有两处体现,一处是前半部分分类字典第 71 项"parts of speech (词类)",另一处是后半部分中文课文第 40 课《文法》。分类字典"词类"所列术语有"形容词、副词、接续字、叹惜词、名物词、前置词、代名词、疑问代名词、人称代名词、关系代名词、动字、助动字(Auxiliary)、他动的动字、自动的动字"。由此来看,编写者的词类划分是分两步完成的,先把词分为八大类:名物词(名词)、代名词(代词)、形容词、动字(动词)、副词、前置词(介词)、接续字(连词)、叹惜词(叹词)。然后再对动字、代名词做下位细分,从动字中分出助动字(助动词)、他动的动字(及物动词)、自动的动字(不及物动词),从代名词中分出疑问代名词(疑问代词)、人称代名词(人称代词)、关系代名词(关系代词)。①

　　《华语须知》第 2 卷的词类八分,可能受到了英国学者纳斯菲尔德(J. C. Nesfield)所撰《纳氏文法》(*Nesfield's English Grammar Series*,1895)的词类观的影响。陈承泽(1922:15)指出:"《马氏文通》以来之文法家,大抵仿外国文,设名、代、象(马氏谓之'静字',普通称'形容字')、动、副(马氏谓之'状字')、介(亦称'前置字')、连(亦称'接续字')、感(马氏谓之"叹字",亦称'感叹字')八字类,外增助字一类,凡为九类"。这里的"大抵仿外国文",可能指的就是《纳氏文法》。《纳氏文法》20 世纪初传入中国,赵灼 1909 年翻译出版、后多次订正再版的《纳氏英文法讲义》(上海群益书社)民国时期广泛用作教会和新式中小学堂的教材,对汉语语法体系的创立产生了很大的影响。赵灼把《纳氏英文法讲义·第三上》的 Parts of Speech 译为"词类","凡字只用于不同目的者,因以分之为不同类,不同类之字谓之词类"。其中"词类之数有八种",即 Noun、Verb、Pronoun、Adjective、Adverb、Preposition、Conjunction、Interjection,赵灼分别译为名词、动词、代名词、形容词、副词、前置词、接续词、感叹词。这八类词与陈先生谈的"外增助字"以外的前"八字类"、《华语须知》的八类词是一一对应的。

　　除了助字之外,《华语须知》第 2 卷把动字细分为他的动字、自动的动字,可溯源至马建忠《马氏文通》的外动字、内动字之分,与章士钊在《马氏文通》基础上编写的《中等国文典》(商务印书馆 1907 年版)从动词中分出他动、自动、不完全他动、不完全自动、被动几种情况的关联当然更为紧密。

　　第 40 课《文法》中,教师向学习者介绍了"中国话""文法的要点":

---

① 编写者对"名词""名物词""名字"三个术语做了区分:"名词"是由两个或两个以上的汉字组成的各类术语的名称,可译为"短语"(phrase)或"词句"(expression);"名物词"是词类上的概念,与英文"noun"对应;"名字"则指人或物之名。

没想到除了学文法,这话对学生的进步也有连带关系。中国人说中国话不学文法,就凭习惯说。

　　请说说文法的要点都是甚么。每句话有主语字跟动字,主语字是名物词或代名词,比方"人走""你念"。名物词有无形的,有具体的,比方"人情""书"。副词说时候、地方、法子、怎么样,比方"明天""这里""快""怎么"。副词改变动字、形容词跟别的副词,比方"怎么作""很深""不好看"。前置词跟名物词或代名词一起用,算是副词,比方"在家""同他"。形容词说谁的、甚么样的,或多少,比方"你的笔""好人""几个狗"。形容词改变名物词,比方"凉水"。动字说动作。动字有原动的,有被动的。主语字要是自作动作,动字就是原动的,比方"我打他"。主语字要是得动作,动字就是被动的,比方"他被我打了"。"了"是助动字,帮助"打"。动字也有他动的,有自动的。动字要有个被动字,就是他动的,比方"你喝水"。动字要没有被动字,就是自动的,比方"鸟飞"。

教师的解答中涉及了句子成分和多个词类如名词、动词、代词、副词、介词、形容词及其在句法结构中的关系。也就是说,课文中的词类划分是结合对句子成分、句子结构的分析讨论的,涉及以下六类:名词如"人情""书",动词如"走""念",形容词如"深""好""凉""你的""几",代词如"他",副词如"明天""这里""快""怎么""很""不",介词如"在""同"。未提及连词和叹词。这一部分仅与"动"有关的类别用的是"字",如"动字""被动字",跟分类字典的说法一致,而与《马氏文通》各类皆称"字"的说法不同。

　　教师对词类的说明综合考虑了意义和功能,以功能为主。功能指做句子成分的功能和搭配功能两个方面。名词和代词的句法功能是做主语(主语字)。名词从意义上又分普通名词(具体的)和抽象名词(无形的),前者如"书",后者如"人情"。副词在意义上表示"时候、地方、法子、怎么样",功能上修饰动词、形容词和其他副词。[①] 形容词意义上表示"谁的、甚么样的,或多少",功能上修饰名词。由介词跟名词或代词组成的介宾短语,"算是副词",这一归类突出的是在句子中做状语的功能。

　　原动和被动、他动和自动,反映的不是动词的下位类别属性,而是从用法中区分出来的。同一个动词,有时是原动,有时是被动。原动和被动的区别,取决于主语是"自作动作"还是"得动作",如对于"我打他"中的主语"我"

---

① 这就是王力(1944:21、129)所说的词类划分的标准"相当杂乱"的一类情况,即在副词的定义中竟然出现了"副词"字样。

121

来说，"打"是原动的，对于"他被我打了"中的主语"他"来说，"打"是被动的。他动和自动的区别，取决于动词是否"有被动字"，如对于"你喝水"中的"水"来说，"喝"要有个被动字，就是他动的，对于"鸟飞"中的"鸟"来说，"飞"无需被动字，就是自动的。

助动字不同于《中等国文典》所说的谓语动词前表示能愿、情态的"能、会、可能、一定"等助动词，而是动词后"帮助"动词的，如"他被我打了"中的"了"，这与第 1 卷的 Auxiliary verbs（助动词）的内涵和外延相同。[①]

与分类字典所列不同的是，由于课文里没有疑问代词、关系代词，同时也没有指示代词，所以"怎么""这里"归入副词，"你的"归入形容词。因没有数词之类，所以"几"归入形容词。归为副词的"快"，指的应是类似"快走"中的"快"。"明天"归入副词，体现的也是副词的判定主要以功能为准。

《华言拾级》全书设置了 20 个语法点（第 11 课—30 课），其中与词类有关的是 Classifiers（量词）如"个、位、本、件、张"，Auxiliary verbs（助动词）如"来、去、上、下、到"，Particles（小品词）如"就、的、罢、所、么"。而附录英汉词汇表中以加括号的方式标为语法（gramm.）的词类术语有 8 个：Adjective—形容字、Adverb—副词、Conjunction—联合字、Interjection—叹息词、Noun—名词/名物字、Preposition—前置词、Pronoun—代名词、Verb—动字。其中，动字下列助动字（Auxiliary verb）、他动的动字（Transitive verb）、自动的动字（Intransitive verb）。除了"联合字"和"叹息词"这两个术语在用字上与《华语须知》稍有不同之外，这八类是一一对应于《华语须知》词类八分的。《华言拾级》英汉词汇表是按英语单词的首字母排序的，体例是左侧英文，中间汉字，右侧拼音。从所收词语来看，词汇表显然是以汉语词语为中心组织编排起来的。

我们认为，《华言拾级》各课语法点中的词类体现的是卜朗特对汉语词类中重要类别的认识，附录部分所收术语反映的则是与《华语须知》一致的词类观。

《华语须知》和《华言拾级》的词类八分，可能同时借鉴参考了《纳氏文法》《马氏文通》和《中等国文典》的词类处理方式，我们可以把这两部教材的词类观沿革整理为如下谱系图式：

（1）纳斯菲尔德《纳氏文法》（1895）—马建忠《马氏文通》（1898）—章士钊《中等国文典》（1907）—奥瑞德《华语须知》（1931）—卜朗特《华

---

① 有关 Auxiliary verbs 的分析详下文第 3 节。

言拾级》(1940)

2.《华语易通》《华语课本》的词类九分

《华语易通》的词类观主要体现在教材第 4 节"文法举例"。这一节共 10 课。吴章把词分为 9 类,分别是名词、代词、形容词、副词、动词、介词、连词、语气词、叹词。每课一类词,前 9 课的内容包括词语例示和句子。第 10 课是对"的"用法的总结。

第 1 课所收名词有"上海、学校、黄河、政府、飞机、亲戚、轮船、面包、里路"等,"乘"也放在名词中,句子如"从上海到南京,有多少里路?""你要知道那是那一国的轮船,你可以看他的旗子。"第 2 课代词有"我、你、他、我的、你的"等。第 3 课形容词有"深、浅、好、坏、新鲜、陈的"等。第 4 课副词有"先前、这样、后来、一向、原来、忽然、正在、刚巧、究竟"等。第 5 课动词有"挑、抬、算账、吃饭、打球、看报、骑马"等。第 6 课介词有"在、对、把、为、用、替、对于、上",例句如"把我的帽子拿来,把门关上""你上南京去,我上北平去,我们一块儿走"。第 7 课连词有"等到、反而、那么、不如、不然、可是、因为、所以",例句如"等到他来了你再告诉他"。第 8 课语气词(Exclamations)有"呀、吧、啦、呢、喽、的、了、吗",例句如"你说甚么呀?""他死了,你还不知道呢!""快来! 吃饭喽!""你昨天甚么时候来的?"。第 9 课叹词(Interjections)有"哦、喝、唉、啊、哈哈、嗳呀",例句如"哦! 我明白了!""喝! 这大的鱼!""嗳呀! 我的钱呢?""哈哈! 这个法子真好!"。

第 10 课把"的"的使用概括为 7 种情况,每种情况各给出了 3 个例句,现择其一展示如下:A:这个人是我的朋友。B:他说的快,你写的慢。C:这封信是昨天写的。D:这个人是看门的,看门的看门。E:我不要这个长的,我要那个短的。F:这是喝的水,那是用的水。G:那个教中文的是王先生。吴章在脚注里给出了这七种用法与英文的对应关系,A = '(即领属性),B = ly(即副词性),C = ed(表过去),D = er(即施事),E = one(表一个),F = ing(表进行),G = who,which,that(引导主语从句的代词)。

不难看出,吴章的词类系统是完备的,不过在词语类属的判断上存在可商榷之处,如把"乘"归入名词,把"上"归入介词,都无法与例句中的用法匹配起来。

《华语课本》并未对词语进行分类和标注,不过第 4 课给生词"词类"提供的例句,透露了编写者的词类观:"文法的词类有九样,就是:名词,代名词,动词,形容词,副词,介词,连词,助词,叹词。"《华语课本》的"助词"应即《华语易通》的"语气词"。按此，这两部教材的编写者对词类的认识是一致的。

汉语词类九分说源于马建忠《马氏文通》建立的字类系统。章士钊《中等国文典》将词分为九类，即名词、代名词、动词、形容词、副词、介词、接续词、助词、感叹词。20世纪二三十年代以白话文为研究对象的语法著作大都延续了词类九分模式，所用术语和排序也大体相同，如孙俍工《中国语法讲义》(1921)、黎锦熙《新著国语文法》(1924)等。

《华语易通》《华语课本》的词语分类，显然都受马建忠、章士钊等词类九分的影响。我们可以把这两部中国教师主编的教材的词类观沿革整理为如下谱系图式：

(2) 马建忠《马氏文通》(1898)—章士钊《中等国文典》(1907)—孙俍工《中国语法讲义》(1921)—黎锦熙《新著国语文法》(1924)—吴章《华语易通》(1947)—佚名《华语课本》(1946—1948)

无论是《华语须知》《华言拾级》的词类八分，还是《华语易通》《华语课本》的词类九分，都没有单列量词。同时，《华语须知》和《华言拾级》中还存在一种显明的不对称，即语法项目设置中有量词，而且相当重视量词，而列明的词类中则无量词。《华文初阶》的处理与此相似。

《华文初阶》自第11课至第70课共设置了40个语法点，其中与词类有关的是Classifiers(量词)如"个、张、阵"，Particles(小品词)如"子、儿、头、处、的、罢、就、所、么、把"，Demonstrative pronouns(指示代词)"这、那"，Auxiliary verbs(助动词)如"来、去、上、下、得、到、完"，Instrumental verbs(工具动词)如"拿、用、使"，Verbs used to form passive constructions(被动式动词)如"叫、让、被、挨、受"。

可以看出，奥瑞德、卜朗特、裴德士等西方学人在设置语法点时所重不在于词类的系统性和完备性，而在于通过突显汉语语法(相对于英语)的特点，向学习者强调词类设置的教学实用价值，这体现了中西研究者在对汉语语法的观察上存在视角的互补。

三、国际中文教材中的"助动词"及其源流

1. 四部教材里的"助动词"

奥瑞德《华语须知》的教学语法项目分布在第1卷第1至25课、第

46 和 47 课,其中对助动词的说明和解释集中在第 11、12、13、15、16、17、22 课。奥瑞德认为,助动词指动词后表示动作的方向、行为的完成和结果的成分。这七课所列常见的助动词包括两种情况:

一是单独用在动词后的"来、去、了、上、开、着、完、见、下、起、明白、清楚、住、过",例如"关上、盖上、塞上""开开、分开、打开""看见、听见","没看明白""我看见他,我还没听见""他做完桌子了"。编写者特别强调,"见"常用作感知类动词如"听、看、闻、遇"的助动词。

二是复合性的助动词,既包括"回来、下来、出来、起来",如"找回来、换回来、还回来""写下来、看起来、看见过",也包括插入"得"和"不"的形式,如"关不上、开得开、分不开、买得着、买不了、找不着、找得着""看不见、看不了、看不出来、看不清楚、看不明白""靠不住、靠得住、坐不住、骑不住、关不住",甚至包括"不得、了不得",如"作不得、热的了不得"。

奥瑞德指出,教材之所以重视对助动词的注解,是因为"学习者随着词汇量的增加,会发现很多表达中都用'了、上、开、来、着'等作为助动词"。第40 课《文法》生词表之前还有这样一段话:"这一课不仅仅是为了教学生一些词类,也是为了给中国教师提供一些语法结构分析知识,这有助于教师更好地解释课文中句子的结构。"

马守真《英华合璧》中的助动词安排在相邻章节,编排上前后呼应。常晓敏(2011)对《英华合璧》中的补语语法点作了细致分析,列出简单趋向补语"来""去"、可能补语"得""不"等,但是这种考察是现代汉语语法视角下的审视,不能准确反映编写者的语法观。实际上,这些成分都是在"助动词"这一概念下阐释的。

《英华合璧》收了 14 个单音节助动词:"来、去、了(liao³)、到、住、见、上、下、开、着、动、起、掉、透。"马守真对这一类词的性质做了简要说明,认为"来、去"可作"方向助动词"(Auxiliary Verbs of Direction),也可作"可能语气助动词"(Auxiliary of the Potential Mood);"了、到、住"等均为可能语气助动词,统摄于"主要动词(Principal Verbs)+ 得/不 + 助动词"的框架中。

书中对多音节助动词,即"回、出、上、下、过、起"与方向助动词"来、去"的组合形式如"回来""出去""上来""起来"等做了专章论述,把这一类词语称为"复合助动词"(Compound Auxiliary)。

卜朗特《华言拾级》一共列出 12 个助动词:"来、去、上、下、到、开、起、着、住、出、得、了",每个助动词都按条目逐一讲解其使用规则和语法意义。书中的语法注释部分共设置了 20 个语法点,助动词在 10 课中做了介绍,占语法点的一半,可见编写者对这一类词的重视程度。

卜朗特指出,助动词具备构建句子(building sentence)和赋予主要动词意义两个基本功能。这 12 个助动词可按表示方向与否,分成方向助动词和非方向助动词两大类,前者包括"来、去、上、下、起、出"6 个词,后者包括"到、开、着、住、得、了"6 个词。

裴德士《华文初阶》强调助动词在中文教学中的重要性,认为掌握助动词对汉语的口语表达、书面阅读都是不可或缺的。裴德士列举了汉语中常见、具有代表性的 19 个助动词"来、去、上、下、得、起、着、开、出、过、到、住、见、完、成、定、了、可、打",并通过大量的例句做了解释说明。全书共设置 40 个语法点,其中助动词 20 个,占一半。

根据助动词的词义是否表示方向,这 19 个词也可分成方向助动词与非方向助动词两大类,前者包括"来、去、上、下、起、出"6 个,后者根据与动词的相对位置继续细分,位于动词后的有"得、着、开、过、到、住、见、完、成、定、了"11 个,位于动词前的有"可、打"2 个。"可"经常用于表示感觉的动词前,表达"值得""应受"的意思,如"可爱、可气、可笑"。"打"做助动词相对少见,主要附于动词前,如"打开、打算、打听"。

整体来看,从《华语须知》到《华文初阶》,教材对助动词的观察和解释说明越来越细致、准确。以"起""着""了"为例,《英华合璧》《华言拾级》《华文初阶》三部教材的注解分别是:

1.1 《英华合璧》

(1)"起"做助动词与"得"或"不"搭配,表示承受的可能性。若主要动词是"看",表示是否尊重的意思。"起"做助动词,否定形式更为常见。如:大菜几块钱一顿,我吃不起。/她说我什么? 她说你看不起她。

(2)"着"作助动词,表示主要动词的动作行为实施的可能性。如:那种吃饭不管事的人,我们这里用不着。/我的课本在哪里? 我找了半天,也找不着。

(3)"了"在"动词＋得/不＋了"的结构中,通常表示主要动词的动作完成的可能性,读音为 liao³,多数情况下搭配"不"构成否定形式。如:菜多,吃不了。/买那样的东西,要不了多少钱。/那个房子,三千块钱也买不了。

1.2 《华言拾级》

(1)"起"做助动词,通常与"来"搭配,主要表示以下意义:1)表示向上的动作,如:站起来。/把这个画儿挂起来。2)表示某种动作或状态的开始,如:大声儿笑起来。/下起雨来了。3)表示动作的完成,如:把这些账给我算起来。/想起来。4)"起"与主要动词之间有否定词"不"时,表示动作因行动者无力承担而无法完成:这个画儿我买不起。/这样的衣裳我穿不起。

（2）"着"是最常用的助动词之一,有 cho² 和 chao² 两种读音:1)读作 cho² 时,附于主要动词后表示动作或状态正在进行,如:说着。/他们在门口儿坐着。"着"与形容词或副词搭配,多数情况下是出于协调音节的需要,如:天还早着哪。/快着点儿去吧。2)读作 chao² 时,与"了"连用一般表示动作的完成,如:那本书我买着了。/孩子睡着了。前带否定词"不",表示动作的不可能或行动的失败,如:那个东西我找不着。/他睡不着。

（3）"了"做助动词时表示动作的完成,因此"了"可以作为过去时的标志,读作 la¹,如:先生来了。/客人走了。"了"同样能够用于将来时和祈使语气中,分别表示某事肯定会发生和务必/不要采取某种动作,如:他快来了。/要下雨了。/别丢了。/拿住了。"了"与主要动词之前加入否定词"不",表示对未来动作的否定,如:他不来了。/不吃了。"了"与动词或形容词组合,表示对目前状况或状态的强调,如:行了、是了、好了。"了"与主要动词间插入"得/不",表示动词动作的可行性或不可能,如:吃得了、吃不了、作得了、作不了。

1.3 《华文初阶》

（1）作为助动词,"起"经常与"来"搭配,用于主要动词后,表达以下意义:1)表示动作的方向,如:站起来。/拿起来。2)表示动作或某一状态的开始、开端,如:天凉起来了。/下起雨来了。3)表示动作的进展,若加入否定词"没"和"不",则构成对未完成动作的陈述,如:想起来。/作起来。4)否定形式中"起"与"来"搭配,表示因能力不足所导致的动作不可完成,如:拿不起来。/想不起来。5)否定形式中"起"与"来"搭配,表示由于当事人自身财力不足,致使动作不可完成,如:买不起。/穿不起。裴德士指出,"瞧不起""看不起""对不起"为特例,不符合上述用法。

（2）"着"是极为重要且广泛使用的助动词,有 cho² 和 chao² 两种读法。"着"做助动词的用法如下:1)读作 cho² 时,附于动词后作现在分词,表示某种状态或持续的动作,如:坐着、站着、等着、走着。"着"与动词连用,常起状语的作用,如:锁着门睡觉。/走着道儿说话。"着"经常附于形容词后起协调音节的作用,例如:天还黑着哪。"着"跟在动词后面,句尾有助词"吧（罢）",当动作持续一段时间时,就形成了一种特殊的祈使语气,如:你想着点儿吧。/你小心着吧。"着"与"来"搭配并附于动词后,表示过去时或过去进行时,如:他说来着。/我写字来着。2)读作 chao² 时,表示动作的完成,如:我买着了。/他睡着了。在否定形式中,表示不能使主要动词的动作生效,如:睡不着、找不着、买不着。

（3）"了"经常附于动词后表示不同的意义,主要有以下四点:1)"了"用于动词后表过去时,如:他来了。/客走了。有时也表示将来时和祈使语气,如:他快来了。/你可别丢了。2)动词前加否定词"不",并以"了"(la¹)结尾,表示对未来的绝对否定,如:他不来了。/我不去了。3)"了"(la¹)跟在动词或其他词后,表示对目前状况和状态的绝对肯定,如:是了、行了、成了。4)做助动词读作 liao³,跟在动词和"得/不"后,表示动作完成的可能性,如:办得了、办不了、拿不了。

对比这三部教材对三个助动词的注解,可以明显看出后两部教材之间的联系更为紧密。《华文初阶》显然是参考了《华言拾级》的处理方式并有进一步调整,这是同一所教学机构即华北协和华语学校(北平华文学校)在教材建设上继承和发展的表征。

2."助动词"溯源

以上四部教材在助动词的注解上虽有详略之别,如《华语须知》的注释最简略,后面三部教材都较为详细,不过在助动词的选择和功能描写上是大体一致的。例如,方向助动词的选取范围相同,且都强调"来、去"的重要性;对于助动词语法功能的说明,即能够进入什么句式,与什么句子成分搭配,发挥怎样的作用,这些教材也给出了相似的解释,如都考虑到了动作的方向、动词的时态、句子语气、完句等方面。也就是说,这三部教材里的助动词都是与主要动词相对,既是词法概念也是句法概念。

值得注意的是,《华语须知》第 1 卷参考文献部分列出 17 部教材和词典,其中之一是美国长老会传教士狄考文(C. W. Mateer)编写的《官话类编》(*A Course of Mandarin Lessons Based on Idiom*,1892)1922 年版,奥瑞德主要参考了《官话类编》第 10、12、16 课的注释,其中第 10 课的注释谈的正是助动词"来、去"。前面已谈到,马守真《英华合璧》是对鲍康宁同名教材的扩充修订。因此,上述四部教材里设置的助动词,其渊源应在于鲍康宁的《英华合璧》和狄考文的《官话类编》。

鲍康宁编写的《英华合璧》较早将 Auxiliary Verbs(助动词)作为与 Principal Verbs(主要动词)相对的教学语法术语,[①]所列单音节助动词有

---

① 宋桔(2015)指出,英国驻华外交官威妥玛编写的《语言自迩集》中的 auxiliary(助动词)还只是一个"准术语",这一术语指涉的是一个隐形词类,包括"了、过、着、来着、的、得、叫、来、去、起来、下来、成"等。

11个:"得、来、去、回、起、出、着、上、下、过、掉",其中"起、回、出、上、下、过"与"来、去"组合形成双音节助动词,如"起来、回去、上来、下去"等。鲍康宁还明确指出,"得"是表示可能语气(Potential Mood)的助动词。

狄考文《官话类编》中的助动词比鲍康宁《英华合璧》的范围更广、数量更多。《官话类编》各课语法点部分介绍的单音节助动词达34个"来、去、着、之、起、上、下、出、进、过、回、得、相、开、住、到、了、动、倒、犯、及、迭、掉、处、尽、定、完、成、见、透、破、坏、死、煞",高频使用的多音节助动词有"明白、清楚、完全、妥当、停当、干净、真切、亲确、透彻、齐全、将起来"等。此外,注释中提及的还有"就"和"断、绝"。《官话类编》的助动词可能是在鲍康宁基础上的扩展。

按此,我们可以围绕助动词将教材中隐含的术语谱系刻画出来,表示为:

(1)鲍康宁《英华合璧》(1887)—狄考文《官话类编》(1892)—奥瑞德《华语须知》(1931)—马守真《英华合璧》—卜朗特《华言拾级》(1940)—裴德士《华文初阶》(1943)

这一溯源可以解释《华语须知》等四部教材中助动词语法点的来源,不过还无法说明《华文初阶》为何将动词前的"可""打"纳入助动词范围,这是它与《华语须知》《英华合璧》《华言拾级》最大的不同。《华文初阶》并未将助动词的位置限于主要动词后,只要词语具有辅助功能即可,因此所列既有主要动词后的"得、着、开、过",也有主要动词前的"可、打"。显然,裴德士对助动词的认识应别有渊源。

文献检索发现,最早在汉语语法中单列助动词的应是英国布道会传教士艾约瑟(Joseph Edkins)1857年出版的《汉语官话口语语法》(*A Grammar of the Chinese Colloquial Language Commonly Called the Mandarin Dialect*)。艾约瑟在序言里说,"在词源学方面,本书对辅助性名词(Auxiliary substantives)以及动词的显著发展给予了特别关注。"在第2章《词语》中,艾约瑟指出,"单个的字可以不借助连接虚字连接起来,构成与自身词性相同或者相异的复合词,而这些复合词又被视作单个的词语。""因为有了这样的句子构造模式,所以对词源学和句法学的研究经常会交织在一起。一个字会支配(govern)另一个字,但是这两个字却可以构成一个字组。这些就要在词类中去讨论了。""例如,在'改正你们的心'中,形容词'正'和动词'改'紧密连接在一起,必须视作一个动词。……'正'修饰动词'改'。"

在第 8 章《动词》中,艾约瑟专门讨论了助词(Auxiliary words)。他把助词分为二字字组、三字及四字字组两大类。在二字字组中,第 10 条说:"助词是这样一些词,它们失去了自身的独立性和支配力,用于限定其他词所表示的行为或者意义。""当两个动词并立,一个是主词(且通常是及物动词),而另一个是辅助词(且为不及物动词)时,主词置于前。"这里的助词即助动词。艾约瑟在第 63 条把助动词分为前置和后置两类:助动词可以放在它们修饰的动词之前,也可以放在其后。前置助动词如"可、可以、休、别、不要,能、会、肯、爱、要"。后置助动词类似于派生动词,按功能可分为八类,分别用于表示开始(点起火来)、集合(收拢来)、分离(拆开)、完成和中止(念毕)、抵抗和破坏(闲住)、自反(自杀自身)、运动方向(拿过来)、过去时间(过,对过)。

可以看出,将助动词追溯至艾约瑟《汉语官话口语语法》,不仅可以解释《华文初阶》中的前置助动词,还可以说明鲍康宁、狄考文等编写的教材中的助动词的来源。

就民国时期的语法研究而言,《华文初阶》的处理可能还与孙俍工《中国语法讲义》(1921)的前后两类助动词、黎锦熙《新著国语文法》(1924)将助动词分为前附与后附两类有关。

孙俍工(1921:49)在对动词进行细分时谈的助动词是"有帮助动词表时间或程度的作用;但彼底自身不能独立,常附属于别种动词的上面;如:可,足,能,(能够)会,应该,要,肯,(愿意),敢,得,……"。不过这一节的"附则"部分又指出(第 68 页),"'来''去'二字,有时用在旁的动词(连副词)的后面,构成可分合的复式的动词"。如"他把那个千斤石举起来,又放下去了"。第 74—77 页在讨论"动词底构造"时,提出"动词除单音的外,还有复音动词,是由动词和动词或他种词组合拢合所构成的"。孙先生把复音动词分为五类,其中第 5 类是"单音或复音动词的后面,加助动或副词","可细分为以下几种":加"得"字(表可能或程度),如"他说得话,又办得事";加"着"字(表未完的意思),如"他坐着写字";加"过"字或"了"字(表完成的意思),如"如今自己须把卷子都要细细看过","周学道………因取过笔来,在卷子尾上,点了一点";加副词或介词兼用"来"或"去",如"走过来,走过去,带进来,赶将去"。①

---

① 其他四类分别是同义字相合,如"安排、收拾";意义相反的字相合,如"往返、上下";双义字相合,如"怀疑、抱怨";叠字,如"看看、听听"。

黎锦熙(1924:136—146)的前附助动词包括七种,分别是表可能的"可以、可、不妨、能、会"等,表意志的"要、想、打算、愿意、肯、敢"等,表当然的"应该、应当、须要、务必"等,表必然的"一定、必定、不得不、不能不"等,表或然的"或许、或者、容或、恐怕"等,表被动的"被、见、挨",表趋势的"来、去"。后附助动词包括三种,分别是表可能的"得",如"我已经走不得了"(助内动词),"胃病好了,吃得东西了"(助外动词),"生冷的东西吃不得"(助外动词的被动式);表完成的"了",如"吓得把衣袖蒙了脸"(恰完成),"那时候我多喝了几杯酒"(已完成),"到了明天,甚么事都忘记了"(将完成);表持续的"着、来着、来/去",其中"着"表正进行的持续,如"武松敲着桌子","来着"表已完成的持续,如"我上天津去来着","来/去"表示方开始的持续,如"你且听我道来","信口说去,总免不了错误"。

黎先生认为,后附的助动词在性质上与助词类似,称之为"助动词"是因为这一词类只与动词或动词性成分搭配。后附与前附助动词相比有较大不同:前附助动词都有"较深厚"的意义,都可以再加副词,有时可以独立,而后附的助动词一旦离开与动词的搭配,意思便捉摸不定。除了表可能的"得"外,没有否定形式;造句时附于动词后,不能分立。

从美国汉学家金守拙(Kennedy,1942)引用《新著国语文法》中的观点批评卜朗特《华言拾级》的个别语法注释如"给"的处理不当,可以进一步推测《华文初阶》将"可"列为助动词也可能是受了黎先生的影响。而"打"的纳入则可能是一种同质成分的类推。

从当代的语法研究来看,把"打"看作助动词,可能与其虚化特点有关。蒋绍愚、曹广顺(2005)认为,唐代后"打"的词义迅速泛化,成为一个泛指人的各种动作行为的"万能动词"。词义泛化的"打"进一步虚化,用在某些动词之前,仅表示一种程度低微的动作行动义,而实际语义主要由后边的动词承载,此时"打"发展成为动词前缀。这与具有前缀性质的"可"是相通的。

行文至此,我们可以根据教材和著作的出版时间先后,将晚清民国时期助动词的流变过程梳理为如下承继关系,把(1)重写为(1'):

(1')艾约瑟《汉语官话口语语法》(1857)—鲍康宁《英华合璧》(1887)—狄考文《官话类编》(1892)—孙俍工《中国语法讲义》(1921)—黎锦熙《新著国语文法》(1924)—奥瑞德《华语须知》(1931)—马守真《英华合璧》(1938)—卜朗特《华言拾级》(1940)—裴德士《华文初阶》(1943)

《华语须知》等教材单列助动词而未用"补语"概念,从词和词之间的关系、词的层面而非句子成分、句子层面设计教学语法项目,反映了西方学人从教学出发对汉语语法特点的总体认识。德国汉学家柯彼德(1991)指出,以《汉语教科书》(邓懿等主编,1958)为代表的教学语法体系存在一些比较突出的问题,如未体现外国人学习汉语的特点和难点,"补语"的范围广、不科学、在教学中不好运用,他提出的修订建议之一是重视构词法,把结果、趋向补语等能够归入动词之内的成分都纳入词法和动词结构讨论,从词法的角度出发解释"补语"概念。由此来看,西方学人主编汉语教材与中国学人所编教材的教学语法体系一定程度上的确形成了中西视角的互补。

四、国际中文教材中词语的编排和标注

民国时期有两部教材的词语编排比较有特点,一部是《华语易通》,一部是《华语讲话》;有两部教材采用了字母简缩符号标注词类,一部是《华言拾级》,一部是《华语讲话》。

《华言拾级》附录英汉词汇表使用了六种符号标注词性,分别是 n(Noun)如"水、院子、核桃、算盘",adv(Adverb)如"还、不料、一块儿、必定、以后",pron(Pronoun)如"你、我、他、我们",conj(Conjunction)如"因为、然而",a(Adjective)如"白、黄、暖和、猛烈",prep(Preposition)如"同、跟、和、拿、用、自、打、从、起、离"。这些是前述该教材词类八分观念的体现,按词汇表中的术语,这些符号的中文名称分别是名词/名物字、副词、代名词、联合字、形容字、前置词。动词、叹词无词类简缩符号。

本节以下先讨论《华语易通》中生词编排的特点,然后分析《华语讲话》的生词编排和词类标注。

1.《华语易通》的生词编排

《华语易通》的生词编排和处理集中体现在第 2 节和第 3 节。第 2 节"生字及短句例句"一共 40 课,每课由生字(词)和例句两部分构成。生词部分共收词语和固定格式 324 个,平均每课 8 个。例句都是由这些生词组成的,是对词语和固定格式用法的展示,除了第 27 课是 8 句话之外,其他39 课均为每课 10 个句子。如第 1 至 5 课:

手、脚、头、身体、男人、女人、孩子、大人、没……不……;衣服、帽子、鞋子、袜子、穿、戴、脱、摘；钟、表、家、房子、屋子、楼、楼上、楼下、非……不行；上头、下头、里头、外头、前头、后头、左边、右边；等（一等、一会儿）、就、车子、火车、汽车、电车、洋车、马车。

平均每课 8 个生词、若干例句的呈现方式，让我们联想到这一节的编排可能受到了鲍康宁《日日新》(1920)的影响。①

吴章通过两种符号对生词的用法做了特别提示。一是在生词后面注明搭配情况，如第 5 课"等"后面有"一等、一会儿"，以区分表示等待的"等"和等第的"等"；第 7 课"多"后给出了常用形容词"远/长/重/大"；第 13 课"电报"后面有"一封"，提示量词的使用；第 15 课"东、南、西、北"后面的"边"则提醒与方位词的组合。或借由这种方式提示汉字的不同写法，如第 11 课"用人"后面的"佣"，第 16 课"遛打"后面的"跶"；或列出同义的说法，如第 12 课"小心"后面的"当心"，第 20 课"法子"后面的"办法"，第 23 课"得"前面的"必"，第 31 课"借"后面的"借给"。

二是用省略号标明结构空位，提醒学习者应在何处添加语言成分。有的属于框式结构，如第 1 课的"没……不……"（没有人不是我的朋友）；第 3 课的"非……不行"（买东西非钱不行）；第 23 课的"……来……去"（我看来看去我还是看不见）；第 25 课的"不但是……也"（他不但是会说也会写）、"一点不……"（哦，是这个原因，我一点不知道）。有的是提示该词的使用具有定位的特点，需要与前加或后加成分组合，如第 7 课的"多少……""……多"；第 13 课的"……局"提示除了已给出的生词"邮政局"之外，起码还可跟该课生词"电报"组成"电报局"，这一课另有"打……""听（……电话）"；第 14 课的"……块钱""……毛钱""……分钱"；第 21 课的"……好啦"；第 34 课的"……文"（对于法文跟德文我一点儿也不知道）；第 37 课的"……看"中可填入单音节重叠动词，如该课例句"这件衣服你可以穿穿看，那顶帽子可以戴戴看"。

这一节的例句紧扣生词表中的词语和固定格式。例如，第 1 课的"一个人有两支手跟两支脚"，针对的是"手"和"脚"这两个词。第 7 课的例句"请你告诉我，从上海到美国是多远"，针对的是"多远"；"我想上海有三千多美国人跟一千多英国人"，针对的是"……多"的用法。第 9 课的例句"我今天早上……起来"中的省略号，提醒学习者可以添加具体的时刻。第 23 课的例句"我写了半天，我还是写的不好"，针对的是"……半天"的用法；"今天是

---

① 《日日新》第 1 部分一共 30 课，每课由 8 个生词和 8 个例句构成。

礼拜自然他不来"，针对的是"自然"的用法。第30课的例句"昨天来了一个卖古玩的给我看一对花瓶我看不错所以我买了"，针对的是"古玩"。第36课的例句"学生跟先生说话要站起来，这是规矩不是风俗"，针对的是"风俗"和"规矩"这两个词。

个别例句以加括号的方式对句义做了注解，如第1课的"没有人不是我的朋友（人人是我的朋友）"，第3课的"买东西非钱不行（买东西一定要钱）"。

值得注意的是，各课虽未标注话题，实际上这一节的生词和例句都是围绕某个话题汇集起来的。例如，第1课跟人体、人物有关，第2课跟衣服的穿戴有关。第26课展示的是饮食，例句如"我不喝红茶换一杯绿茶来"。第27课跟看病吃药有关，例句如"小孩子不肯吃药有甚么法子呢""医生告诉看护小心照应病人"。第28课展示的是被动的表达，例句如"小孩子挨打自然是不好""昨天夜里来了一个贼可是东西没被他偷去"。第31课谈的是借还物品，例句如"丢了东西你要找要是不找也许找不着""要是他不说我真不知道"。第33课谈的是景点和旅游，例句如"杭州西湖跟天目山是很著名的地方"。

正由于此，例句之间往往联系紧密，例句的编排体现了循序渐进的原则。例如，第18课的词语和例句都与比较的表达有关，第1句是"昨天热"，第2句是"今天比昨天热一点儿"，第10句是"你比他说的好一点儿可是那个人说的顶好"，从形容词谓语句到比较句的安排顺序，与这两种句式之间的内在关联吻合。[①] 紧邻的句子有的可理解为一问一答，如第40课的例句"今天是甚么好日子家家挂旗子"，与"今天是十月十号，双十节"。

当然，有些词语的析取不够合理，如从第31课的例句来看，列为生词的应是"要是"，而非"要是不"。

第3节"注重成语以便练习语法"一共30课，每课由词语如连词"因为"、副词"先"、固定格式如"一……就……"等和例句构成。每课的词语分两组（个别为三组），每组一个或两个词语，以此构成10个例句。各课的词语共67个，现汇集如下，课与课之间以分号隔开：

> 因为，为的是；可是/但是，或/或者；以前，以后；要是/若是，要是不；一……就……，先；那么，因此；除了/除……外，无论如何；等到，倒/倒说；所以，不然；既然，虽然；跟……一样……，没有……（不如）；一

---

① 吕文华（2008）等指出，"比"字句的结构基础是形容词谓语句。

来……二来，一边……一边……/一面……一面……；……不但是……
也……，又……又……；虽然……可是……，越……越……；不是……
不……，不是……就是……；比……点（儿），可不是吗；不……不……，不
得不……；好是好……可是，只好；难道，反而；幸而（幸亏），怪不得；
所…（都）…，……的是……；总而言之，免不了；来不及，来得及；据我
想，不见得；……惯啦，不在乎；……不着，……得着，……着了；……不
动，……得动；……不了，……得了；……得住，……不住；我不管，随
便你。

其中，斜杠"/"标出的有六处，这是教材列出的意义、用法相近的词的格
式，如"可是"和"但是""一边……一边……"和"一面……一面……"。加括
号的四处，有的是编写者给出的同义词，如"不如""幸亏"，有的则是可选成
分，如"儿""都"。

编写者注意到了这些词语具有小句连接功能，如"因为"（他不会说中国
话因为他是美国人）；"倒说"（他要倒说不要）；"随便你"（你去不去随便你）。
有的功能成分具有开启句子或对话的功能，如"据我想"（据我想他是一个很
老实的人）；"可不是吗"（你说的那个人是他么可不是吗），后一括号中的例
子实际上是一问一答的对话。

在列出的词语中，有 29 个标出了省略号，占总量的五分之二，表明编写
者充分注意到了框式结构的作用，如"不但是……也……"（他不但是会说中
国话也会写）；"不是……不……"（我不是不去因为我没有工夫）；"不是……
就是……"（那个不是你的就是他的）；"好是好……可是"（这个人好是好可
是他的脾气不大好）；"所……（都）……"（我们学校所来的学生都是美国
人）；"……的是……"（有钱的人坐的是汽车吃的是大菜）。

跟第 2 节的处理相似，这一节有的词语的切分也不够合理，例如把
"要是不"单列为功能成分，实际上，"要是你不明白你可以问我""要是你
不用心学你一定不会说"，这两个例句的构造方式一致，不过一个是"要
是"的例子，一个则是"要是不"的例子，显然统一为"要是"更为合适。类
似"新的旧的我不管"这样的句子中，应列出的是连词"不管"，而非"我不
管"。在可能性的表达上，如"这么多我吃不了""这一点儿菜我自然吃得
了"，由于没有把"得"和"不"单独析取出来，因此不得不罗列"……不
着，……得着""……不动，……得动""……不了，……得了""……得
住，……不住"等多个形式。

135

2.《华语讲话》的生词编排和词类标注

2.1 词语分类和编排

《华语讲话》的生词表共收词语 492 个，平均每课 45 个，第 1 课的最多（64 个），第 4 课的最少（20 个）。

生词表中的词语只标注缩写符号，除了前文第 2 章第 1 节讨论的"磅"之外，其他均未注拼音，亦无英文释译。生词表使用的标注符号共 13 种，即：N、V、Adj、NU、M、A、VO、AV、CV、SV、EV、SP、Ph。例如：

（1）农人—N，烧—V，所有的—Adj，俩—NU，张—M，实在—A，寄信—VO，应当—AV，管（如把）—CV，便宜—SV，成（一个学者）—EV，各—SP，跟他打听—Ph。

使用两个或两个以上的符号，标为兼类的有：

（2）计划（N、V），代表（V、N），不得已（V、A），怪（SV、V、A），直（SV、A），讲究（SV、V）。

从（1）、（2）所列及生词表中其他实例来看，N、V、NU、M、A、VO、AV、Ph 应分别是 Noun（名词）、Verb（动词）、Number（数词）、Measure（量词）、Adverb（副词）、Verb-Object（动宾结构）、Auxiliary Verb（助动词）、Phrase（短语）的缩写；Adj 应为 Adjective（形容词）的缩写，不过教材中所举实为非谓形容词。按此统计且不计兼类情形，全书生词表共列出名词 221 个，动词 120 个，非谓形容词 4 个，数词 2 个，量词 14 个，副词 33 个，动宾结构 50 个，助动词 6 个，短语 7 个。

另外四种符号 CV、EV、SP、SV，分别指介词、表示语义实体或话语之间关系的动词、指示代词、表性质和状态的形容词，不过其原形不详。

我们先结合生词表讨论词语分类和编排的特点，然后再尝试考证这 13 种标注符号尤其是 CV、EV、SP、SV 的来源，讨论其中蕴含的词类观。在明确 CV、EV、SP、SV 的原形和所指之前，先以"介词""关系动词""指示代词""性状形容词"称代这四类词语。

概括而言，《华语讲话》的词语分类和生词编排具有以下几个特点：

第一，词语类别的划分总体上是细致、准确的。教材所收量词不仅包括名量词如"斤、种、张、道"，也包括动量词如"趟"。短语既有组合性的"跟他打听、管他叫"，也有整合性的常用固定格式或说法"有的是、就是吧、言无二价、改日见、可不是（么）"。这一点在编写者按义项确定词性上体现得尤为明显，如"准"表"一定"义，归入副词，表"准确"义，归入性状形容词；"成"表"好了"义，归入性状形容词，用作"成为一个学者"，则归入关系动词。介词"打"指的是"打哪儿过或走"的"打"。另外，虽然课文中用的是"可不是么"，不过编写者在生词表中仍然给"么"加了括号，这样的处理方式有助于学习者理解其使用时的可选性质。

同时，从生词表里的几处编者注来看，编写者有较为明晰的词语教学意识。第2课的生词"不送"下面用括号加了一个说明："和送东西的送报送人的送意不同"。第7课生词表下面有一则"注意"："本课新词内有几个只为练习之用，课文内不载。"比较生词表和课文内用词可知，"只为练习之用"的词语应是"战后、各人、糙（糯）子、快信、无论、信差"等。实际上，每课生词表中均有多个并非课文对话所用的词语，如第1课由"闹"组成的动宾结构有三个，"闹肚子"是课文用词——"可是我们这个井是好水，喝惯了就不怕闹肚子"，而另外两个"闹鬼""闹牙"则是类推备用词。

第二，教材对语言片段的切分和性质判定有一定的学理依据。例如，把"歇一歇"跟"骑驴、打听朋友、歇一会儿、借光、放心、收庄稼、寄信、逛庙、排队"一样都看作动宾结构，似可追溯到赵元任（Yuen Ren Chao，1925：174)提出的"同源宾语"（Cognate Objects）说，如"看看""试一试"中的重复部分。教材之所以在动词中列出"不见了"，将"不但……也"格式归入副词类，可能均与《国语辞典》的处理有关。《国语辞典》第181页收录有动词"不见了"，第175页指出"不但"是"表示推进一层之副词"，"每与'而且'，'也'等词相应"。赵元任（Yuen Ren Chao，1925：173)指出："许多研究汉语的西方学者把'来、去'等称为助动词，这从字面意思上看当然不错，不过这样一来就跟其他严格限定的助动词如'能''可以'等的界限模糊了。"[1]《华语讲话》把"该、当、应当"等划入助动词，是对长期以来在华西方学人主编的中文教材，如上一节分析的鲍康宁的《英华合璧》、狄考文的《官话类编》、卜朗特的《华言拾级》等将动词后的补充成分如"来、去、住、开"等归为助动词的重大调整。

第三，编写者对词性的判定，主要是根据词语的分布，即词语在句子中的语法功能，充任的句子成分进行类型划分和性质判别的。例如，将"分别""危险"都归入名词，显然跟它们在课文的句子中都处于宾语位置，且前面有"什么"修饰有关——"挂号不挂号有什么分别""我还不知道跟我一同坐飞

---

[1] 从赵先生书末所列参考资料来看，这里的"研究汉语的西方学者"主要指的是鲍康宁和狄考文。

机来的那位朋友,遇见什么危险没有"。

这种操作方式造成一些词语类别实际上是不同层次的语言片段的"杂集"(mixed bag),其中包括了吴勇毅(2009)讨论的固定短语语块、框架语块、习语块和即时语块。例如,全书所收名词不仅包括普通名词如"茶叶、商人、邮局、耳朵、司机",复合式方位词"之中、之内"(张斌,2010:93),人称代词"咱们",疑问代词"多咱",还包括数量名短语"一道墙、一堆石头",偏正短语"飞机场、警察局、蓄水池","的"字短语"掌柜的""卖票的",专名"平绥铁路"。收录的动词既包括表示动作行为的如"骑、烤、送、解决、修理",表示结果、趋向、可能的动补式复合词和短语"骑上、摔死、掉下来、包起来、穿得下去、买不起",也包括框式结构"非……不可""于……有关系"。标为副词的是所有可分析为句中和句首状语的词语,既包括今天所说表示时间、程度、范围、语气的副词如"早晚、非常、全、到底",形容词、数量短语重叠加"的"的"慢慢的、慌慌张张的、一串儿一串儿的",也包括名词"当时、一早",连词"并且",疑问代词"怎么着",指示代词"这么着",关联性格式"就是……也""不但……也"。

当然,一些词语的切分和判定值得商榷。例如,"现在这边的人很少,所有的壮丁都当兵去了"中,可归入非谓形容词的应是"所有",而非"所有的"。"(车票)要一去,要来回"中的"一去"标为名词,而"来回"则归入了动词。"不过有一样儿,从这儿到北平准什么时候到可不一定"里的"不过",也不应标为动词。标为数词的"俩、两个",实际上是"数量词"(《现代汉语词典》2012年第6版)。按课文中的句子"现在车都是挤得不得了","不得了"不应标为动宾结构,应标为性状形容词。同时,词类内部不够协调,例如将"敝姓、贱姓、名叫"和"成(一个学者)"同时标为关系动词,"利害"和"慢的利害"都归入性状形容词。此外,收词上前后偶有重复,如第6课的"收庄稼"在同一生词表中两次列出,第8课的"遇见危险、遇险"在第9课再次列出。

2.2 标注符号及其来源

教材生词表中以CV、EV、SP、SV为代表的标注符号是哪些术语的缩写形式,它们的来源是怎样的,这些是教材中未予提示而实际上非常值得关注的问题。现将这四种符号涉及的词语及各类的数量列表如下:

表4-1 《华语讲话》里的CV、EV、SP、SV

标注符号	实例	数量
CV	管(如把)、按着、顺(着)、打(那儿过或走)	4

标注符号	实例	数量
EV	敝姓、不然、贱姓、成（一个学者）、名叫	5
SP	各	1
SV	惯、渴、便宜、亮、讲究、单、满意、宽、极、着急、肥、慌张、利害、慢的利害、准（准确）、成（好了）、强盛、碎、马虎、迷糊	20

这四种符号既不见于在华西方学人编著的教材，如鲍康宁的《英华合璧》、狄考文的《官话类编》，甚至也不见于卜朗特的《华言拾级》、裴德士的《华文初阶》。显然，《华语讲话》中的词类标记体系另有渊源。

我们注意到，美国汉学家金守拙（G. A. Kennedy，1942）在评论卜朗特的《华言拾级》时，是用 Coverb 称代介词的，如"给"。美国语言学家霍凯特和中国学者房兆楹 1944 在亨利·霍尔特出版公司出版的《汉语口语》（Charles F. Hockett & ChaoYing Fang, *Spoken Chinese*）所用的术语既有Coverb，也有 Verb-plus-Goal（Object），不过均未给出缩写形式。

经进一步挖掘比对，我们发现 CV、EV、SP、SV 这几种标注符号在国际中文教材里的系统使用，始于美国汉学家德·范克（John De Francis）编写、芳亨利和金守拙编辑，耶鲁大学出版社 1946 年出版的《初级汉语课本》（*Beginning Chinese*）。[①] 这部教材运用 20 种符号标注词类，并给出了术语原形：AD（Adverb），AV（Auxiliary Verb），CV（Coverb），EV（Equational Verb），GP（Grammatical Particle），INT（Interjection），IV（Intransitive Verb），M（Measure），N（Noun），NU（Number），PH（Phrase），PR（Pronoun），PW（Place Word），RV（Resultative Verb），SM（Sentence Modifier），SP（Specifier），SV（Stative Verb），TE（Time Expression），TV（Transitive Verb），V（Verb）。其中生词表使用了 18 种符号，未涉及 RV 和 V。《初级汉语课本》中的 CV、EV、SP、SV 及各类词语实例如表 4-2 所示。

表 4-2　《初级汉语课本》里的 CV、EV、SP、SV

标注符号	术语原形	实例
CV	Coverb	到、坐、从、给、跟、离、比、往、把、让
EV	Equational verb	是、姓

① 《初级汉语课本》共 34 课，每课由课文（对话）、生词表、练习、注释四部分构成。

（续表）

标注符号	术语原形	实例
SP	Specifier	这、那、哪、每
SV	Stative verb	高、忙、好、大、累、便宜、平常、奇怪等

不难看出，从《初级汉语课本》既能够确证《华语讲话》的 N、V、NU、M、A、AV、Ph 分别是 Noun、Verb、Number、Measure、Adverb、Auxiliary Verb、Phrase 的缩写，也明确了 CV、EV、SP、SV 的原形，它们代指的术语，现可对译为"同动词""关系动词""特指词""静态动词"。

比较表一和表二可知，这四种类型在两部教材中的实例相当。《华语讲话》的名词、量词、副词、助动词、短语，与《初级汉语课本》对应类别的实例也基本一致。例如，《华语讲话》所收 6 个助动词是"该、当、应当、许、似乎是、必要"，《初级汉语课本》所收 11 个助动词是"要、能、会、别、得、必得、一定、该、应该、应当、敢"。Adj 和 VO 这两种符号不见于《初级汉语课本》。《华语讲话》标为 Adj 的"所有的"，《初级汉语课本》是归入短语的。

德·范克在《初级汉语课本》的导言中说，这部教材所用的语法术语主要遵循的是金守拙构想和设计的系统，另一位编辑者芳亨利仔细审阅了语法注释和中文材料，并提出了许多改进建议。

事实上，深受金守拙语法术语系统影响的另一部中文教材，即美国耶鲁大学东方语学院都礼华（M. Gardner Tewksbury）[1]编写、耶鲁大学出版社出版的《说中文》（*Speak Chinese*，1948），与《华语讲话》所用符号更为接近。《说中文》使用了 14 种词类标注符号：A（Adverb），AV（Auxiliary Verb），CV（Co-Verb），EV（Equational Verb），IE（Idiom Expression），M（Measure），MA（Movable Adverb），N（Noun），NU（Number），P（Particles），SP（Specifier），SV（Stative Verb），V（Verb），VO（Verb-Object Compound）。《说中文》将副词缩写为 A，代词归入名词，单列出 VO 类，这些与《华语讲话》是一致的。

由此可知，CV、EV、SP、SV、VO 等标注符号在教材中的使用，在学理上主要源于金守拙、霍凯特、房兆楹等学者的教学词类观。《华语讲话》的生词表，应是《初级汉语课本》的编辑者之一、时任华文学校校长芳亨利借鉴这

---

[1] 据李孝迁（2014），金守拙、都礼华 20 世纪 30 年代均曾在华文学校短期执教，这为中美中文教材之间的关联性提供了另一个维度的佐证。

部教材的词语分类和标注方式并加以调整,再由该校中国教师参考国内的辞书、教材等,对课文中的语言片段进行识别、切分和类属判别而形成的。《华语讲话》在词类划分和所用符号上与《说中文》的相通性,也根源于此。

通过梳理《华语讲话》的词类标注符号的来源,我们可以初步勾勒出教材之间由于术语的承继而衍生的如下谱系:

(3)《汉语口语》(1944)—《初级汉语课本》(1946)—《说中文》(1948)/《华语讲话》(1948)

芳亨利和都礼华 1967 年对《说中文》做了修订扩充,易名为《说汉语》(*Speak Mandarin*),术语上的修订主要表现在,把 Verb-Object Compounds 改为 Verb-Object,Equational Verb 改为 Equative Verb。

邓守信(2012:422)在分析《说汉语》时指出,"这部教材在美国和其他地区有很大的影响力"。当代几部英美学者编纂或参编的中文教材对动词次类的认识和标注,所用的 CV、EV、SV 等符号及术语原形与《说汉语》一致。例如,英国伦敦大学佟秉正和卜立德(D. E. Pollard)1982 年在罗德里奇出版社出版的《汉语口语》(*Colloquial Chinese*),(英)石明理(Martin Symonds)、(美)David Parshall、(英)David Seiboth 编著的《生活汉语初步》(陕西师范大学出版社 2004 年版),田皓皓、(英)石明理(Martin Symonds)编写的《实用速成汉语》(陕西师范大学出版社 2007 年版)。按此,(3)构拟的谱系可扩展重写为(3'):

(3')《汉语口语》(1944)—《初级汉语课本》(1946)—《说中文》(1948)/《华语讲话》(1948)—《说汉语》(1967)—《汉语口语》(1982)—《生活汉语初步》(2004)—《实用速成汉语》(2007)

不言而喻,这一整理明确了《华语讲话》在国际中文教材发展史中的位置,本已在历史长河中湮没无闻的教材,其形象由此而从模糊转为了清晰。

毋庸讳言,《初级汉语课本》《说中文》的词类之间的边界比之《华语讲话》更为明晰,各个类型内部更为协调。例如,从这两部教材列入关系动词的"是、姓、叫"来看,《华语讲话》里的"敝姓、贱姓、名叫"应去掉前面的"敝、贱、名"。不过,《华语讲话》把"不然"也归入关系动词,使关系的指涉范围由词语提升到了话语,这种处理是有可取之处的。课文中的用例是:"局长:就是您一个人么? 高先生:不然,还有我一个朋友,我们是一块儿摔下来的。"

通过梳理标注符号的来源,我们可以对这部教材的术语建设及其中蕴含的词类观做出如下总结:

第一,《华语讲话》的词类标记系统,主要体现了美国 20 世纪 40 年代汉语教学研究工作的进展和影响,反映了以金守拙为代表的美国耶鲁学派汉学家从教学出发探索汉语语法特点的努力。其中对(3')所列教材如《初级汉语课本》《说中文》等的评论,为我们认识《华语讲话》的价值提供了参考。

拉西格(R. Laessig, 1947)、邓守信(2012)是总体层面的分析。拉西格认为,《初级汉语课本》的独特之处在于并未试图将汉语语法强行纳入希腊—拉丁语语法模式,教材采用的语法术语能够使学生清楚地认识到汉语是一种句法语言,不能用适合欧洲语言的形态学术语来定义。邓守信(2012:425)指出,《说汉语》仅为少数几个动词立一个"关系动词"类别,"此种创新做法不甚明智",不过邓先生还强调,"我们认为至少就教学的层次上,不同层级术语的混合使用,对语言学习是有帮助的"。

具体术语方面的讨论主要围绕关系动词和同动词展开,如西蒙(W. Simon,1949)对《初级汉语课本》的分析,比奇(C. Birch, 1950)对《说中文》的评价,刘颂浩(2000)、高万丽(2004)对佟秉正和卜立德主编的《汉语口语》的讨论,张利民(2012)对《实用速成汉语》的评述。这些评论主要是基于汉英对比强调用这两种术语便于母语为英语的学习者掌握词语的分布和用法。这里比奇的评论比较有代表性。他认为,"静态动词"比"形容词"更能准确地描述词语如"红"的性质和用法,有助于消除初级阶段学习者对"是"的滥用,"同动词"则比"介词"能更有效地区分词语如"在""用"的不同用法。

第二,《华语讲话》区分 Adj 和 SV,即非谓形容词和性状形容词/静态动词的做法具有一定的创新性。Adj 这一符号不见于《汉语口语》《初级汉语课本》《说中文》。上一小节已述及,《华语讲话》标为 Adj 的 4 个词例"所有的、无数的、全家、全国",实即非谓形容词或区别词。吕叔湘、饶长溶(1981)讨论非谓形容词时,在"杂类"中列出了"无数""所有"。张旭(2015:260)分析的量度区别词列有"全家、全国"。《华语讲话》在词的切分上虽然不够准确,不过却是第一次在汉语教学词类系统中,以 Adj 之名确定非谓形容词或区别词的尝试。①

第三,《华语讲话》的词类观实际上是如下操作程序的表征:首先把词语分为词和短语两大类,然后把词分为名词、动词、非谓形容词、数词、量词、副词、特指词七类,最后从动词中分析出来助动词、同动词、关系动词、静态动词、动宾结构五个次类。这一单列量词的处理方式,是对此前西方

①　吕叔湘、饶长溶(1981)的后记中说,这篇文章写成于 1965 年,原题《试论属性词》,本已编入《中国语文》1966 年第 3 期,后因故未能刊出。目前通常认为吕叔湘(1979)是最早在理论上从形容词里分出非谓形容词的。

学人主编中文教材重视量词的呼应,这同时也意味着把量词从专门的语法项目转化成了普通、常规的词类术语,体现了中外互动对语法术语建设的深入影响。

第五章　国际中文教材中的练习和测试

　　语言习得主要是靠练习实现的（佟秉正，1991）。在第二语言习得过程中，练习起着重要作用，是第二语言教材的必要组成部分（鲁健骥，1992；吕必松，1993）。杨寄洲（2003）强调，练习设计是国际中文教材编写的重要环节，"教材必须要有层次分明、合理足量的练习题"。

　　截至目前，学界对国际中文教学领域练习问题的研究，主要是围绕新中国成立以来的教材展开的，已经取得丰硕的成果，上引文献之外，另如周健和唐玲（2004）、刘颂浩（2009）、聂丹（2017）等，而鲜少涉及新中国成立之前如晚清民国时期的国际中文教材。

　　程相文（2004）把宋代以来的国际中文教材分为三种形态：以词汇教学为中心的教材、以课文教学为中心的教材、以语言结构教学为中心的教材。按此划分，民国时期的教材属于以课文教学为中心的教材。程文认为，这种形态的教材的突出特点是，以课文作为教材的基本形式，分话题营造模拟语境，虽已具备现代语言教材的雏形，但每课一般只有课文，有的配有语音练习、生字生词表、常用词组或单句，但"没有语法注释，没有语言结构练习"。

　　经检索比对，我们注意到民国时期的国际中文教材有以下七部设置了专门的练习或测试：鲍康宁《日日新》（1920）、夏威尔《五十节十分钟中文课》（1931）、吴索福《华语入门》（1937）、马守真《英华合璧》（1938）、卜朗特《华言拾级》（1940）、吴章《华语易通》（1947）、北平华文学校《华语讲话》（1948）。

　　本章考查的主旨是逐一梳理、描写这几部教材中的练习、测试的题型、内容、分布和编排特点，[①]在此基础上，讨论这些教材增设专项练习的做法和练习方式对我们进一步认识国际中文教材的现代进程，探索国际中文教育史的意义。

---

① 　本章讨论的练习，主要指课后练习和单元复习，不包括教材导论部分谈及的语音练习。

一、《日日新》《五十节十分钟中文课》的练习

除了鲍康宁的《日日新》(1920)之外,20 世纪第二个十年和 20 年代其他三部国际中文教材无课后练习和单元复习。事实上,这些教材缺少的是显性的练习设计,教材中的练习理念是包孕在课文之中的,或者说是一种隐性练习形式。

例如,怀恩光《官话初阶》(1918)课文中的句子不管是问还是答,展示的都是表达的多种可能性,具有明显的练习特征。如第 4 课:"有火油没有?有。没有。"第 5 课:"你记得不记得? 记得。不记得。我记不清。"编写者有时给出多个结构方式一致、仅某一关键词有别的句子,学习者可以通过对规则的归纳和类推进行练习。例如,第 9 课"家常话":"你扫扫这去屋里。……叫厨子来。叫摆台的来。叫看门的来。叫马夫来。"第 11 课:"把这些东西放在窗台上。放在这里。放在那里。搁在里边。搁在外边。挂在墙上。钉在墙上。贴在墙上。"第 11 课第一句话中的介词"把"及其宾语"这些东西",可以按刘月华(1989:240),分析为"超越分句的语言成分",即后面各句的完整结构都应包括第一句的介宾短语,因此第二句应是"把这些放在这里",第八句应是"把这些东西贴在墙上"。第 18 课展示了多个"越 A 越B"结构:"这些东西一个一个的都拿了去。越多越好。越少越好。越大越好。越小越好。越快越好。越慢越好。"

由此可以看出,《官话初阶》虽没有设置专门的练习,不过课文已经融合了替换练习,也就是说这些展示的中文教学材料是有意识融练习于课文之中的。

1.《日日新》的课后练习和单元复习

《日日新》前 30 课设置了两类练习,一是课后练习,二是单元复习,这显然是鲍康宁《英华合璧》(1887)练习设计的延续。

课后练习是英译汉,每课翻译 3—5 个句子。第 1 课有 3 道题:He has no pencils, no books, no money. Have you any money? You have money. 翻译练习下面还有一则编者提示:"如果时间允许,建议学生书写各课的汉字。可参看笔者所著《笔画入门》。"[1]

---

[1] 《笔画入门》(*A. B. C. of Chinese Writing*)是一部专门用于汉字书写的教材,1913 年初版于上海内地会出版社。

第 2 课的翻译练习有四句话。练习下面有一则提示："注意在重复动词中间插入'不',构成问句。动词前加'不要'表示禁止。"前者指的是"你要钱不要"这样的句子,后者指的是"不要吃我的饭"这样的句子。

第 13 课的翻译练习有四句话。练习下面有一则提示："有关中文里时间划分的更完整解释,可参看笔者的《英华合璧》第 25—28 页,34—37 页。"

《日日新》与《英华合璧》1911 年第 8 版的处理一致,设计的翻译题目有的括出了英文单词,有的提供了汉语词语,如第 10 课翻译练习的两句话:He can trade,（but）he cannot write. Chi-tao 知道 usually takes the place of 晓得 in the North.

《日日新》每六课设置 1 个单元复习,共 5 个单元复习。单元复习主要是前几课课文语句的汇集。例如,第 5 个单元复习谈到了中文学习情况:

> 我们初来不会说半句官话、不会念中国书、不能写一个中国字。有一个先生姓封、给我们各人买纸、买一枝笔、一块墨、一本日日新。今年三月二十几、我请李先生来教我的书、我就跟他学。我天天早晨洗手、洗脸、穿衣服、穿鞋、就下来吃饭、吃完了饭、李先生来、我们两个就念一课、说些话、我问他中国事、他问我外国事。

我们目前还不清楚这些单元复习里的句子是用来做汉译英操练,还是要求学习者熟读背诵的。

2.《五十节十分钟中文课》的测试

夏威尔编写的《五十节十分钟中文课》第 50 课设计了一套汉语测试题,编者加了这样一则说明："如果你有兴趣检验一下自己对这一系列课程中 250 个汉字的掌握情况,请完成下面的试题,然后寄送至上海市宁国路 525 号中华函授学校,试卷会在批改评分后退还。"

测试包括 5 道题,题面用英语表达。第 1 题是把 10 个汉语词译为英语："先生、朋友、甚么、现在、吃饭、学堂、可以、时候、写字、东西。"

第 2 题是把 5 个汉语句子译为英语："中国饭好吃。中国话好听。念书的时候要到学堂里去。我们住在上海。外国人为甚么不可以说中国话呢。"

第 3 题是把 10 个英语词译为汉语："Today，Please，Thanks，To eat，Mother，Here，A letter，To write，Good-bye，China."

第 4 题是给 20 个汉字注音："要、来、天、人、去、事、笔、我、法、他、书、的、中、好、不、两、多、朋、钱、信。"

第 5 题是把 5 个英语句子译为汉语："Do you speak Chinese? No，I speak French. Why not study Chinese? I think Chinese is too hard. Not if you study a little every day."

这五道题可概括为翻译（第 1、2、3、5 题的英汉互译）和注音（第 4 题）两种题型。由于教材各课的词语和例句都是由该课及前面课程中涉及的汉字（语素或词）构成的，因此这套试题正如编者说明所言，是围绕汉字设计的。

第 22 课的学习指南强调，"语言实质上是口头的，正由于此，耳朵而非眼睛是习得新语言的真正中介"，因此"强烈建议学生使用直接法"。直接法的教学理念在阅读课文中亦有说明，如第 42 课的阅读课文中说"本学堂的教员教法是第一。教的时候，都是用比方，不用一句英文，先要学生听，后要学生说，然后再叫学生看书写字。所以学生们学了一年，就可以会朋友、买东西，还可以在各处地方做事"。

由此可知，这部教材以汉字为切入点编排教学材料，并不表示编写者秉持字本位立场，而是以汉字代表的语素或词为直接法的基本教学单位的体现。这种理念的教学程序，在华北协和华语学校教师程锡之 1922—1925 年间总结该校初级班的教授法时有详细的描述，如"的"的教学：

> 按着次序应该发什么字，就发什么字，发完了"我、你、他、们、书、笔、纸、钱"这几个字，跟着就发"的"字。发这个字的时候，先拿起一本书来，对学生说"书"，然后一手拿着书，要靠近前胸，一手指着书对学生说"我的书"，要连说几次。再把书离开前胸，说"书"，跟着再把书靠近前胸，连说"我的书"。若是学生有在衣裳兜带着笔的，就可以指着那枝笔，对那个带笔的学生说"你的笔"，连说几回。再返回来，说"我的书"。
>
> （程锡之《初级总班教授法》，《华语学校刍刊》1922 年第 10 期）

不难看出，《五十节十分钟中文课》第 1 课的前两个生词由"的"到"我的笔"的组合，正是直接法的教学步骤在语言层面的映射。换个角度来说，整部教材的编排思路，是在直接法的背景下贯彻逐级组合原则的体现，从字（语素/词）开始，逐步过渡到词语、句子和课文。因此，这一套测试题围绕汉字的掌握情况所做的设计，实际上是以教学基本单位为出发点的考查，兼顾了语法翻译法和直接法。可能正是由于这个缘故，第 4 题仅要求学习者给汉字注音，而不要求书写和说明意义，这与鲍康宁《英华合璧》1911 年第 8 版单元复习中的汉字练习题要求写出每个字的声韵调和意义，形似而实非。

当然，以翻译为主的出题方式也从一个侧面表明，虽然夏威尔非常重视直接法，不过这种方法如何在书面练习中落实，如何实现独立命题，应该还是一个难题。第 5 题的五个英语句子明显是口头的一问一答，其间联系紧密。因而，提倡直接法与采用翻译练习，在夏威尔这里因着眼于汉字是教学基本单位，同时它代表的语素或词是语言单位而使矛盾得以消解。

值得注意的是，第 1、3 题的词语均对应于相关课程词语表所收词语，如第 1 题的"先生"是第 7 课的词，第 3 题的 Today 对应于第 16 课的"今天"。而第 2、5 题的句子并非各课原句，如"学堂"是第 40 课的词，不过"念书的时候要到学堂里去"这句话不是第 40 课及其他课程中的句子，看来编写者是做了词语的重新组合，有意识避开了课本中的例句。这样处理一定程度上提高了试题的难度，也为学习者提供了练习素材。

二、《华语入门》《英华合璧》的练习

1.《华语入门》的练习

俄罗斯汉学家吴索福（S. N. Usoff）1937 年编写出版的《华语入门》是适用于初级阶段学习者的口语教材。从教材中"作者的话"可知，这部教材改编自俄文版的《汉语口语》（*Kitaiskii Razgavornii Yazik*），有中文和英文两个版本。中文版全书 250 页，包括"教学说明"、25 课课文、"温故知新"（复习）、"生字名词表"、插图五部分。中文版由迪瑞德（C. Tyrwhitt）和何化黔翻译。英文版（*A Course of Colloquial Chinese*）共 365 页，全书包括：目录、前言、作者的话、学生使用注意事项、正文 25 课、课后复习、注释索引、拼音索引、英文索引、练习四声表。

《华语入门》英文版 282—318 页，集中安排了 16 个复习，这些练习包括两种形式：

一是以"家""卖东西""人穿的戴的""人吃的喝的""住的""我们的学堂""厨子、木匠、裁缝、鞋匠"为主题的问答，二是以"学堂/学校""家""铺子""邮政局""电报局""电影院""医院""饭馆子""旅馆"为主题的短文。

这两种形式都是对课文内容的重新组织和编排，用威妥玛拼音书写的句子在前，英文对译在后。如第一个练习以"家"为主题的前几个对话，写为汉字是："您贵姓？贱姓张。您在那里做事？我在火车站做事。您家里有几

口儿人？我家里有七口儿人。"

第一种形式的练习看来是要求学习者利用这些句子开展对话,第二种形式的练习是要求学习者熟记短文。

2.《英华合璧》的练习

马守真《英华合璧》共 40 课,各课由以下几部分构成:字语集(生词表)—注释(生词、语言点)—杂句—练习—阅读课文(自第 2 课起)。

2.1 课后练习

各课课后练习只有英译汉一种形式,总计 730 个句子,最少的 10 句(第 1、2、38 课),最多的 30 句(第 18 课),平均每课 18.25 句,多于鲍康宁《英华合璧》的课后翻译试题量。如第一课第 1 句:I do not want to study, I want to talk.(我不要念书,我要说话)。

第 1 课习题上面有一则说明,一共三句话,前两句引用的是鲍康宁《英华合璧》1911 年第 8 版第 1 课练习前的提示,最后一句对加括号处理做了特别说明:"括号中的单词在汉语句子里没有对等词,尽管它们在英文中是必需的,标出意在显示汉语句子的特点。"这表明马守真更为重视通过英语句中所有、汉语句中所无的对比,向学习者展示英汉句子结构的不同特征。

马守真将鲍康宁《英华合璧》两个版本中偶一为之的加括号处理,转变为常规、系统的做法。整部教材除第 25 课外,其他各课的翻译练习均有括号提示,总计 217 句,占总句数的 29.7%,比重最高的是第 4 课,20 个句子中加括号的即有 12 句,占比达 60%。

括出英语词语的共 181 句,其中绝大多数是提示汉语不必译出的。如,第 1 课第 3 句:My friend says (that) this is Mr. Ch'ien's pencil.(我的朋友说,这是钱先生的笔。)第 10 句:He says (that) he wants to be our friend.(他说他要作我们的朋友。)第 3 课第 8 句:Go and ask Mr. Tung (if he is) going or not.(去问东先生去不去。)第 6 课第 4 句:I have told him, (but) he did not believe (it, or me).(我对(给)他说过,他就不信。)第 10 课第 21 句:(When) I have eaten (my) food, I will come (and) do (it).(吃了饭,我就来做。)

一少部分括号中的内容则起限定或解释作用,共 20 句。限定性的如第 10 课第 3 句:Today is the 5th, tomorrow is the 6th. (Lunar dates)(今天初五,明天初六。)解释性的如第 31 课第 2 句,提醒句中的第二人称代词应采用复数:I constantly mention you (plural) in my prayers.(祷告的时候,我

常常提到你们。）另如第 15 课第 7 句：He understands it，（he is clear in his mind），but he cannot express himself，（cannot speak it out）.（他心里明白，就是说不出来。）

同时，马守真保留了鲍康宁给出汉语提示词的做法，一共 36 句，其中 35 句是汉字形式，一句是拼音形式。如第 13 课第 2 句：He could not be parted from his mother，even for a moment.（刻）（他一刻也离不了他的母亲。）第 15 课第 22 句：Is this road open?（通）（这条路通不通。）第 24 句：Bring the menu，I want to select（点）a few dishes.（样）（把菜单子给我拿来看看，我要点几样。）第 30 课第 2 句：If it is not he，who（何人）else could it be?（若不是他，还是何人。）第 31 课第 1 句：I truly never thought（料不到）that I should meet friends from my native place.（家乡）（我真料不到在这里遇见家乡的朋友。）

这样自然就出现了兼顾英语和汉语的提示方式。如第 18 课第 10 句：Jesus said unto them，'come follow Me，（and）I will make（叫）you to get men as（you）get fish.'（耶稣对他们说，来跟从我，我要叫你们得人如得鱼一样。）第 40 课第 13 句：These are freshly（才）roasted（炒）peanuts，（they）are nice and crisp，try（them）.（这是才炒的花生，脆生生的，吃吃看。）这种英汉兼及的处理方式也是鲍康宁《英华合璧》所没有的。

2.2 单元复习

《英华合璧》前 25 课每五课一个单元复习，第 26—35 课一个单元复习，第 40 课后无单元复习，共 6 个单元复习。单元复习的数量由此而与鲍康宁《英华合璧》第 8 版一致。

6 个单元复习的第一题共设置语言点问答 117 题，其中只有一道翻译题："引用这一单元的四个汉语谚语，翻译为英语。"（单元复习三）无涉及文化元素的题目。其他 116 道均为语法问答题，与鲍康宁《英华合璧》的数量相近。

单元复习一的第 3 题，单元复习二、五的第 4 题，单元复习三、四、六的第 5 题均为翻译题，要求翻译阅读课文，共涉及 7 篇课文，课文翻译量比之鲍康宁《英华合璧》缩减了将近一半。

单元复习一的第 4 题，单元复习二、五的第 5 题，单元复习三、四的第 6 题均为"写出以下汉字的声韵母、声调和意义"，这是鲍康宁单元复习题练习方式的延续。前四个单元各 25 字，第五单元 30 字，一共 130 个字。各单元复习所涉汉字如表 5-1 所示。

表 5-1　马守真《英华合璧》单元复习所涉汉字

单元复习	写出以下汉字的声韵母、声调和意义
复习一	写、懂、些、外、对、零、晓、教、桌、把、管、气、识、卖、座、坐、问、少、封、道、调、查、谢、错、叶
复习二	为、章、关、开、家、讲、完、眼、晌、成、亮、杂、假、课、边、高、楼、铺、脚、紧、穿、圆、脸、亲、校
复习三	礼、星、架、分、数、停、处、省、领、体、美、靠、扁、担、摆、实、最、盆、盏、坏、造、习、通、铅、单
复习四	远、经、京、进、辨、逢、货、泡、蛋、全、线、碎、徒、丈、乡、碰、闹、肚、掌、取、及、厚、报、政、亏
复习五	挨、常、雇、骤、办、修、偏、此、赎、代、烧、变、却、应、兽、庄、详、载、登、恐、汽、广、器、师、版、排、幅、揉、舒、梦

与鲍康宁处理的不同之处在于，马守真标出了多音字和同形字，并明确要求给出该字的两种意义和声韵调，即单元复习二的"为、假、校"，单元复习三的"分、数、处、省、担"，单元复习五的"载"。

前五个单元复习的最后一题，与上述汉字题有关，要求"给出以上汉字的部首的笔画数、部首的英文含义"。这一题是鲍康宁《英华合璧》所没有的，也可以认为这一题是对鲍康宁设置的纠偏练习的替换。

单元复习一第 2 题在要求学习者举例时，提示"不要用课文中已有的相同例子"。复习二的提示放在了第 1 题之前，进一步明确"学生应用自己的话回答以下问题，不用课文中的说法"。复习三至六重复了这一提示。

在编排方式上，与鲍康宁在一题里列出所有问题不同，马守真各单元复习的语法问答分为两题或三题，每题包括六个左右的问题，这样的按模块处理既便于学习者操练，也便于教师布置作业、检查学习效果。

马守真沿用了鲍康宁的主要动词—助动词这一对术语，[1]有 3 道题与此有关，复习三 2 道题（用助动词"来、去、上、到、开"构成可能语气，每项两个句子。给出三个复合助动词，每一个用于①主要动词，②助动词，③可能语气的助动词，④可能语气助动词的分离用法），[2]复习六 1 道题（用三个句

①　有关助动词（Auxiliary Verbs）的更详细讨论，参见第 4 章第 3 节。
②　如以下四个句子中的"上来"："他已经上来了。他已经跑上来了。他跑得上来。他跑得上五楼来。"

子描述"掉"作为主要动词和助动词的用法）。

其中，复习六的题目与鲍康宁《英华合璧》第 8 版考课第 5 的第 2 题基本一致（鲍康宁的要求是写出两个句子），复习三的两道题分别与鲍氏考课第一（举例展示"来""去"用作主要动词和助动词）和第三（用四个句子说明"上来、上去、过来、过去"作为主要动词和助动词的用法）的题目相近，主要区别在于马守真的助动词概念不仅与主要动词相对，而且与可能语气有关，即同时关联了当前所说的结果补语和可能补语，因此在习题内容上马守真的复习三第 2 题实质上包含了鲍康宁考课第 3 的问题。

语法点的试题设置同中有异的格局，基本上代表了两部《英华合璧》之间的承继和发展关系（常晓敏，2016），由此可以窥知其间的联系和区别。

经统计，马守真《英华合璧》所列 116 个语法问题中，有 52 个与鲍康宁《英华合璧》1911 年第 8 版有直接关联，占全部语法问答的 44.8%，其中包括完全相同、基本一致、基于鲍氏调整的三种情况，由此可以看出马守真《英华合璧》在鲍氏教材基础上做了哪些扩充和调整。

完全相同的，如复习一的"给出相当于 who、whose 的不同形式"，复习四的"写出三个双重否定句"，复习五的"用三个句子描述'隔'的用法"。基本一致的，如复习二的"用三个句子展示'把'的用法"，鲍康宁考课第 1 是"举两例说明'把'的用法"；复习五的"给出三个句子展示'尽'的用法"和"多举一些句子，给出'将'的三种用法"，实际上是鲍康宁考课第 5"给出包含'尽'和'将'的两个句子"的分化和微调。基于鲍氏而做调整的，如复习一的"说出'不'和'没'的四种不同用法"，鲍康宁考课第 1 是"'不'的作用是什么，试举两例"；复习六的"'何'的作用是什么，列出六个组合，每种组合一个句子"，鲍康宁考课第 6 是"给出三个句子，说明'何'的用法"。

其他题目都是马氏所有而鲍氏所无的，如复习一的"举例说明'是'和'有'的不同"；复习三的"解释'有'和'是'用于表达以下句子的差别：There are twelve months in a year."；复习二涉及的时范畴"如何表示过去时和将来时，各举三个例子"。

马守真《英华合璧》里的练习设计是在继承鲍康宁基础上的调整和发展，显示了国际中文教材之间薪火相传的密切关联，这些习题对于当前的国际中文教学来说也有一定的参考价值。

三、《华言拾级》《华语易通》的练习

1.《华言拾级》的练习

《华言拾级》每五课之后有一个总结练习（recapitulation exercise）。卜朗特在第 5 课之后第一个总结练习开始处有以下说明："总结练习是将前面已学过的生词、短语按新的形式和顺序重新编排，以帮助学生温习。"总结练习横排，采用英汉语句对应的方式，左侧是英语语句，右侧是汉语语句，汉语拼音（威妥玛拼音）标于英语语句之下。

教材中共设置了五个总结练习，合计 465 组对应语句，其中练习一 103 组，练习二 104 组，练习三 97 组，练习四 89 组，练习五 72 组。如：

（1）I have a little. 有一点儿。

Yu^3-i^4-tie^3-rh

What holiday will it be tomorrow? 明天甚么好日子？

$Ming^2$-$t'ien^1$ $shih^2$-ma^1-hao^3-jih^4-tzu^1　　（练习一）

（2）It will soon be the time，but（可）the teacher has not yet come. 快到时候了，先生可还没来。

Shift this table a little to the west. 把这个桌子往西挪一挪。

（练习三）

从英汉语句自左至右的排列格局，及部分英语句子中特别标出汉语词来看，总结练习的性质是翻译，即提示学生将英语译为汉语。而标出汉语词如上例的"可"的做法，可能参考了鲍康宁和马守真的处理方式。

2.《华语易通》的组合练习和书写练习

《华语易通》重视句子结构的教学和练习，这是不见于此前及同时期在华西方学人或中国教师集体编撰教材的突出特点。

吴章在用英文写的第 1 节"四十课活用练习"的导言中强调，教师只给出一些会话性的句子，如"您好？您早！您忙吗？您吃了早饭吗？"，这是远远不够的，这样一年下来学生也不会说中文，主要原因就在于学习者缺少充分的操练。经常、持续性的反复练习是学好中文的秘诀。他认为有效的练

习就在于熟练运用下面的表格：①

表 5-2　《华语易通》的"会话练习模式"

Ⅰ	Ⅱ	Ⅲ	Ⅳ
不错 哦,是的 自然 恐怕 为的是	我 你 我们 他们	时常 有时 一定 从不 很少 差不多 真的 天天	做这个事 拿那个 看他 知道他 明白他 到这里来 到那里去 告诉他 问他 等他

　　表格中的四部分,每部分都有多个可选项,按项逐一组合的话可构成数量庞大的句子,例如：不错,我时常做这个事。哦,是的,你一定告诉他。自然,我们从不到这里来。恐怕他们有时到这里来。为的是我们真的告诉他。

　　教师要做的就是举例说明如何进行组合、替换练习,然后指导学生进行操作。第 1 节的 40 课就是围绕这样的表格从简单到复杂、由易到难编排的,教材中称之为"会话练习模式"(Formulas for Practice of Conversation)。不难看出,这是以聚合和组合为基础,对句子结构的拆分呈现。

　　第 1 节除了第 37 课外,其他 39 课的生词表共收 207 个生词,第 31 课的生词最多(11 个),第 35 课的最少(2 个),平均每课 5.3 个。第 1 课的生词是"我、你、他、们、的、要"。第 2 课的生词是"不、书、纸、笔、钱"。第 3 课的生词是"这、那、个、来、去"。第 39 课的生词是"为的是、时常、从不、差不多、真的、明白、等"。第 40 课的生词是"各人、希望、问题、原因、办法、提议、回答、顶好、不大好、十分"。

　　这些生词均利用表格进行组合。第 1 课第 1 个表格、第 2 课第 4 个表格、第 3 课第 3 个表格分别是：

表 5-3　《华语易通》第 1 课表格 1

1	2
我 你 他	的

154

表 5-4 《华语易通》第 1 课表格 2

1	2	3
我们 你们 他们	要 不要	书 纸 笔 钱

表 5-5 《华语易通》第 1 课表格 3

1	2	3	4
我 你 他 我们 你们 他们	要 不要	这个 那个	书 笔 纸 钱

越到后面,表格中的可选项越多,组合越复杂。例如,前述第 1 节导言中的表格,实际上就是第 39 课的练习。

值得注意的是,这些由汉字组成的表格在教材中相当于课文,之后的对应罗马拼音表格则标明是练习(Exercises)。练习除了这种形式之外,还有一项是书写练习(Character Writing)。

书写练习中汉字的编排遵循的是"多认少写、先语后文"的原则,即先认读、在口头会话中使用,后书写,同时体现了适当复现的教学理念。前 30 课在组合性句子练习之后,各课都限定展示了 5 个汉字。每个汉字都放在方格里,按笔顺逐一展示从第一笔到最后一笔的书写过程。[①] 前 30 课共展示书写 150 个字,各课之间以分号隔开,可分为如下 30 组:

我、你、他、们、的;要、不、书、纸、笔;钱、这、那、个、来;去、人、中、国、外;是、好、看、听、说;话、写、字、拿、放;给、甚、么、吗、天;昨、今、明、了、东;西、名、子、懂、现;在、一、十、百、千;万、零、礼、拜、星;期、日、有、没、地;方、时、候、到、从;知、道、再、朋、友;可、以、点、钟、分;刻、头、半、月、年;号、第、谢、客、气;对、住、起、谁、早;晚、饭、吃、水、茶;酒、喝、烟、抽、桌、椅、把、张、若、跟;也、叫、快、慢、前;后、告、诉、想、先;生、太、小、

① 书中有一部分汉字跟当今的一样,如"我、你、他",有一些繁体的笔画数则与当今差别相当大,如"書—书""聽—听"。

姐、王；吴、回、上、下、本；门、开、关、户、窗；为、因、热、冷、但；别、念、学、很、教；些、所、请、坐、站；进、出、会、问、买。

书写的字和生词表中的词严密照应，学什么词，用什么词，写什么字，同时在字量上有所控制。例如，第 1 课展示书写的"我、你、他、们、的"，是该课生词表中的前四个词。第 2 课书写的"要、不、书、纸、笔"，是第 1 课最后一个词和第 2 课前四个词。第 3 课书写的"钱、这、那、个、来"，是第 2 课最后一个词和第 3 课前四个词。再如，第 18 课的生词是"桌子、椅子、张、把、跟、要是（若是）"，这些字分别在第 20 课和第 21 课书写。

从第 31 课起，笔顺展示改为汉字结构（The Structure of Chinese Characters）。如第 31 课展示的是独体字"人"、左右结构的合体字"明"、上下结构的合体字"念"，这三个分别是第 4 课、第 8 课、第 28 课书写的字。第 32 课是包围结构的"回"、左右结构的"谢"、上中下结构的"草"，它们分别是第 25 课、第 17 课、第 18 课书写的字。除第 36 课无汉字结构展示之外，其他各课分别是：第 33 课"想、品"，第 34 课"钱"，第 35 课"影、伞、乐"，第 37 课"啰、徽"，第 38 课"慢、僵、箩"，第 39 课"桑、溅、赞"，第 40 课"赢、罂（器）、湾、德"。这七课之中，"想""钱"分别是第 23 课、第 3 课书写的字，其他字则与本节各课的生词、汉字没有照应关系，似均为彰显结构特征另选之字。

赛兆祥（Sydenstricker，1912）认为，"语言结构对于语言学习者来说至关重要，但普遍来看，中国教师对语言结构知之甚少。中国人从来都没有像外国人一样学习过汉语，自然也不具备向外国人教授汉语结构的能力。"从《华语易通》的句子结构练习，编辑大意里的"单句""复句"等术语的使用来看，吴章显然比较熟悉当时的汉语语法研究情况，具有较扎实的现代语言学知识，可能接受过较为系统的语言学训练，受到结构主义语言学影响，熟悉句子的构成和运转规则，能够有效处理第 1 节以句子结构为基础的大量会话练习。① 当然，由此也可以看出中国教师在民国时期的专业发展历程，吴章是民国时期语言教学技术型教师的代表，知识结构合理，专业化程度高。

---

① 教材中的语法项目有的解释不够详细，有的注解也有套用英文语法框架之处。

四、《华语讲话》的练习

1. 练习方式

《华语讲话》每课的课后练习有三项。第一项是"译成华语",即翻译练习。这一题题面上应为英语,不过我们看到的这部教材只有汉语句子,也就是已"译成华语",因此这应是教师用书。第8课第三项练习下面的提示语进一步证明了这一点:"你回到店里,把公共汽车站去的经过告诉掌柜的,把下面的英文译成中文,经改正以后,记住,再用它实习会话。"实际上,下面所给的也是汉语对话(掌柜的:先生,您回来啦! 高先生:啊! 车站也不远,事情都很快的办完了。……)。①

从练习的答案来看,第2课和第5课每课翻译12个句子,其他各课每课10个句子,总计114句话。例如:

(1) 我不想躺下,我就想在炕上坐一坐。我坐过火车跟汽车,可是我没坐过飞机。(第1课)我一看他站在售票处前头买票哪。昨天在火车上跟我说话的那位先生就是计划这条铁路的工程师。(第11课)

这114个句子均非课文中的原句,有的是对话的调整,如上引第1课第一个句子是课文中商人所说的微调(农人:嘿,到了家了,请进来躺在炕上吧,我给烧水喝。商人:谢谢,我不躺下,我就这儿坐着吧!),有的是对话的补充,如第1课第二个句子及第11课的两句话。

第二项是"学习正确的回答",即问答练习。第7课13道题,第8课12道题,其他各课每课10道题,总计115道题。问题和答案均已列出。例如:

(2) 你是那国人? 我是美国人。(第1课)您的中国话是那儿学的? 是在华文学校学的。(第2课)店里都是炕吗,没有床吗? 中国北边是炕多;南边都是床。(第3课)工业化是什么意思? 工业化的意思就是叫人民少用手多用机器作工。(第9课)万里长城是谁造的? 万里长城是秦始皇造的。(第10课)

---

① 由此看来,《华语讲话》应是包括教师用书和学习者用书的一套教材。不过我们尚未检索到学习者用书。

这 115 个问题,是对课文对话的梳理、复习、补充和延展,这些问题可以理解为记忆的提示,其作用在于将课文分解成易于记忆消化的单位(Howatt & Widdowson,2004)。例如,第 1 课情景提示语中虽然明确了"你是一个美国商人",不过课文对话里农人并未询问商人的国籍。第 9 课的问题,针对的是课文中张先生提及的"工业化"(张:中国非工业化不可。只有农业的国家在我们现在的世界上是不能强盛的。),这一问答是对信息的精致化处理。

手写体版本的第 1 课问答练习前有一则"附注",是针对教师的提示:"先生是问话的,让一个学生或每人一句回答。问与答都用下面的句子。先生是农人,学生是受伤的。"其他各课的附注与此大同小异,如第 2 课是"先生问,指定一生答,或每人答一句"。由此可知,此项练习是师生问答,练习程序是教师说出或读出问题,学习者说出或读出答案,以此学习"正确"的回答,不要求学习者自行组织答句,因而这一类题目没有自由发挥的空间。

第三项是"在某种环境下的会话",即情景会话练习。每课 5 道题左右,总计 48 道题。编写者设定的情景均与课文主题紧密关联,是对课文对话情景的细化和延伸。手写体版本的第 1 课会话练习前的附注,是对全书此项练习的总说明,"下面的五种情形,是令学生实习的,请他们会话"。具体来说,是要求学生根据题面上对情景的设定,或单独叙述事件的经过、描述场景、解答问题,或分饰角色谈话表演、开展辩论。如:

> (3) 你到了北平又见着了你的朋友,尽可能的告诉他你一切的经过。(第 1 课)局长问你自降落地点到警察局所经过的路径,你既不知地名就用沿途景物述说出来。(第 2 课)店掌柜的把你所打听的关于中国邮局的事情都回答了以后,就跟你打听美国邮局服务情形,他想知道服务情形,送信的快慢,邮费的多少,和收信发信的手续。(第 7 课)辩论这个题目:"中国是否可以利用航空路代替铁路"。(第 9 课)

第 11 课的练习是针对整部教材的:"为了要温习全部华语讲话,请你把每一章的故事都用自己的话说给你的朋友,这么一来,你可以把直接的会话变成间接的述说。"

会话练习强调语言在情景中的运用,而不是对词项、语法点的聚焦,具有开放性。正由于此,为确保会话能够顺利展开,编写者除了情景限定之外,还对说什么、怎么说做了辅助说明。第 1 课上引题目前加括号注明"指定一个学生,使其说话";第二题(有一个农人看了你一眼就跑了,嘴里说"鬼子",你把他叫回来安慰他,叫他别害怕)前注明"指定一个学生是农人,一个学生是外国人";第五题(让两个学生辩论"坐飞机比坐火车好")的提示语是"一个是正面的,一个是反面的"。第二课上引题目的前面先注明"指定一生是警察局长,一生是受伤者",并在问题后提示"如从那儿来,往那儿走,往那儿拐,看见什么特别标志等";第二题(你遇见一个过路的从山上另外一条道路走来。你叫住过路的向他打听你的朋友)的提示则在问题之中,"回答时不得说:'没看见'。必须追问他到那里去的可能线索"。第7课第二题后面注明"两个人谈话表演"。

编写者注重结合学习者的文化背景和认知框架设计问题,让学习者用汉语谈自己国家或其他国家的情况,以充分激发其表达意愿。除了上引第7课的习题之外,再如:让学生告诉中国朋友"美国第一条横断大陆的铁路是怎么造成的";"世界上还有什么别的河流可以利用它的水力和实行灌溉计划"(第9课);向中国人"描述你们国中最奇之事迹";谈一谈"你在本国所参加的汽车游览"(第10课)。

这一取向的问题自然会涉及中外的比较。例如:给店掌柜的解释"做中国饭和做外国饭不同的地方";告诉饭馆里的旁观者"外国旅馆的情形",并且"说一说欧美旅馆不同的地方"(第3课)。一个学生扮作"中国乡间的一个好奇的小孩子""述说些中国人看外国人奇怪的地方",向另一个学生"打听他们穿衣以及习惯上的事情"(第4课)。"跟田三打听一路上庄稼的名字,跟用处。再与老家的庄稼相比。"(第6课)

以上三项练习之外,第7课另附一则绕口令:"有的人说:四条胡同住着个司老爷,司老爷门外头有四十四个死涩柿子树,四十四个死涩柿子树上落着四十四个死喜鹊。"

2. 练习设计溯源

《华语讲话》的课文、生词和练习之间的关联非常紧密,三项练习都是紧扣课文设计的,既有机械性的翻译、针对课文内容的问答,也有交际性的情景会话,这些都是对课文的复习、补充和扩展。练习设计总体上注重培养学习者综合运用语言的能力,从问答和会话练习所占比重、会话练习的难度来看,教材显然更为强调话语能力的培养。

编写者在第1课第一题下面提示了"当注意"的两点,通过对比扼要介绍了对话语衔接、连贯和汉语语法特点的认识:1)在说一个故事,中国人所用的第一身的代名词比美国人的少,第二及第三身代名词凡无关重要者常常略去之;2)叙述已过之事件中国人只用"了"来指明一种完成的动作,而无别种过去式的标识,大部分的过去式的动词在英文中是不需用任何助词的。这两点说明自然也指向翻译练习,不过更为适用于问答和会话练习。这既为教师评判练习成效提供了参考,也为学习者的语言组织提供了帮助。

《华语讲话》的翻译和问答练习的设计可能也源于第 4 章第 4 节提及的美国汉学家德·范克编写的《初级汉语课本》(1946)。《初级汉语课本》的练习有替换、句型、问答、翻译四种形式。翻译练习是汉译英,如翻译"你要书吗? 我们看报,好不好? 要是他今天到这儿来,你就给他这本书"。问答练习如"你要不要书? 我不要书。你懂不懂中国话? 我懂中国话。他不是要买东西吗? 要买,可是现在他没有钱了"。

而会话练习则可能源于受直接法(Direct Method)影响的国内小学国语教学法。张士一(1922)讨论的国语教学法,实际上是在评判语法翻译法、自然法、演进法等外语教学法的优缺点的基础上,以直接法为主体而提出的,强调口语学习的关键在于"感境"(situation)和"动应"(response),即情景和反应的结合。[①] 在张先生概括的"要引起儿童学习口语的动机"等九条国语教学法基本原理中,有两条与情景有关,即第 5 条"要教得有情景",第 7 条"要多在各种情景里头去做延长的复习"。吴研因(1923)、黎锦熙(1924)基于这些原理总结的练习方式有问答、谈话、讲演、表演、辩论、复述等,例如,让学生分为正反两组,各持理由辩论"语言与文字哪一种功用大"。[②]

同时,《华语讲话》注重为会话练习设定情景的做法,与课文中的对话均在情景提示下展开的安排是一致的。这部教材非常重视对会话环境的说明,每课课文前面均有情景提示语。例如,第 1 课的情景提示语是:"你是一个美国商人,有一天你从重庆坐飞机往北平飞,夜里机器出了毛病,飞机落在北平西边的高山里,天一亮你看见一个农人就大声叫他,他过来问你。"

　　(4) 农人:你怎么到这儿来的?

　　　　商人:昨天我在重庆上了飞机要到北平去,不知道机器出了什么毛病,那时候又正在夜里,不得已就落在山里头了,飞机也摔坏了,我

---

① 张士一(1922:52)指出,直接法是"取以前各种方法的长处而去他们的短处"的方法,可称为"集成法",并认为这是"科学的语言教学法"。

② 教材的翻译练习可以说是语法翻译法练习方式的延续。问答和会话练习中也蕴含着听说法(Audio-Lingual Method)、情景法(Situational Language Teaching)、交际法(Communicative Approach)的因子。

的腿也伤了。当时我连一步也走不动了,所以我就在这儿坐着,一直等到天亮,跟我来的一个朋友也不见了。

......

第11课的情景提示语是:"公共汽车到了怀来,你在火车站下车就赶紧到售票处买火车票,一看售票处排着队的人之中有从重庆跟你飞来的那位朋友——梅先生。"

除了在课文开头设置情景提示以外,会话过程中发生场景转换、对话者变化、说话人有伴随动作时,编写者通常也会进行情景说明。例如,第2课课文开头的情景提示语是:"刘大带你到附近的村子,碰见一个过路的人,就打听道路。"刘大向过路的人打听了警察局的位置之后,继之以附加情景说明的如下对话:

(5) <u>高先生跟刘大一块儿走到警察局的大门口儿</u>,高先生就问<u>警察</u>。

高:我想要见你们局长。

警察:我带您见去吧。

(<u>他们就走到局长办公室</u>)

局长,这儿有一位外国人要见您。

这里加下划线的两句话就是标志场景切换、人物位置移动的提示语。

《华语讲话》的练习与美国中文教材、国内小学国语教学法的关联,进一步表明这部教材的编写深受海外汉语教学发展和国语运动的影响。

第六章　国际中文教材中的
教学法和要素教学

　　民国时期多部教材的前言、导论和课文中谈及中文教学的情况，显示编写者对语言知识教学和语言技能训练有明确的要求和规划。

　　本章首先讨论教材记录的教学组织、教学原则和方法，然后考察编写者对语音、字词、语法教学的认识。

一、教学组织、原则和方法

1. 教学组织和安排

　　《国语指南》《五十节十分钟中文课》《中华适用话》《华文初阶》的课文都谈到了中文教学的组织和安排情况。

1.1 《国语指南》

　　《国语指南》有好几章谈论了对中文和中文教学的认识。第 11 章《论天气》包括三部分，其中第三部分"论吃饭的钟点"，主要谈的是一天里学习中文的时间安排：

> 　　吃饭是不可少的事情，但是不可吃多了。若是吃多了，就不能好好的学中国话。好法子就是五点半钟起来，自己读书到六点半钟。先生六点半钟来教一点钟。到七点四十五分就吃早饭。八点四十五分上课，到午后十二点半钟吃午饭。后半天二点钟又上课，到二点四十五分回家同先生读一点钟的书。

　　一天的学习安排是，早晨自学一个小时，先生教课五个半小时，个别辅导一个小时，一天总计学习中文七个半小时，这与第 10 章所谈"各人天天当读书七八点钟的工夫"一致。

　　从这一章来看，施列民记录的中文学习是有一定的组织的，"先生六点半来教一点钟","到二点四十五分回家同先生读一点钟的书",先生来教之处,似乎是一所专门的教学机构,很遗憾我们还不了解机构的名称和具体情况。从这一章另可看出,前后的"先生"即便指的是同一人,其身份也有所区分,"来教"时为学校教师,"回家"后为家庭教师。

1.2 《五十节十分钟中文课》

《五十节十分钟中文课》第 10 篇阅读课文《教员》谈到从前以个别辅导为主的中文教学与此时学校教学的区别:"从前的外国人,一个人请一位先生在家里念书。现在几十个人在一个地方念书。有的时候,一位教员教一位学员,也有的时候,一位教员教很多的学员。若是先生们有好法子,那么学生们就有好本事"。

第 17 篇《学堂》(中),谈的就是中华函授学校华言科的情况:"我们的学堂,叫上海华言学堂。在我们的学堂里,处处地方的先生都有,有的教员可以教处处地方的话,还可以教本地话。在我们的学堂里,各国的学生都有,有美国人英国人德国人法国人,还有一些别国的人。"[①]

第 18 篇《学堂》(下)谈到了课堂里的"规矩":"教员站着,学员坐着。教员来的时候,学员要站起来。教员教的时候,若是学生不懂,就用比方讲给学生听,也可问先生字的说法用法写法,但是学生们应当天天来上课,若是常常不来,就没有甚么本事,所以别人懂的很多,自己还是不知道。"

1.3 《中华适用话》

《中华适用话》有九篇课文谈到了中文学习和教学情况。第 6 课的课文谈到"学堂"即华语学校里学习者、教师的国籍、性别,以及零起点学习者来华学习一年中文的经历:

> 礼拜一您到那里去了。我到学堂去了。你们的学堂里都是中国人么。不都是中国人。先生是中国人,学生是外国人。都是男学生么。我们学堂里都是男学生没有女学生。有女先生没有。没有女先生都是男先生。您在学堂学几年国中话(按:应为中国话)了。我学了一年。您是甚么时候到中国来的。我去年十一月到中国来的。您在外国能说一点儿中国话么。我在外国的时候不能说。

第 8 课课文谈的是每周的中文学习安排,周一至周五全天在学校学习,教学内容一是念书,二是写字:

---

① "华言学堂"的说法,似与"南京华言学堂"(金陵大学华言科)之名有关。钦嘉乐和贾福堂 1915 年编写的教材就叫《南京华言学堂课本》,参徐菁菁(2018)。

你们到中国来作甚么。我们到中国来学中国话。你们在那里学中国话。在学堂里学中国话。那个学堂有女人么。有女人，有的是姑娘，有的是太太。一个主日你们念几天书。一个礼拜念五天书。瞻礼六你们念书不念书。礼拜五（按：应为六）早晨念书晌午不念书。下午你们作甚么。我们下午写中国字。瞻礼七你们也学中国话么。星期六（按：应为日）我们不上学，到礼拜堂去听外国人说话。神父也说礼拜堂么。我们不说礼拜堂。你们不说礼拜堂说甚么。拜天主的人说天主堂，礼拜日说主日。……礼拜日主日一样不一样。一样。……大前天是主日也说星期日。……现在我都懂了。好。多谢多谢。

从对话双方的用词差异"主日—礼拜""瞻礼六—礼拜六""瞻礼七—星期日""天主堂—礼拜堂"来看，问话者似乎是熟悉天主教情况的中国人，而应答者则是知晓天主教和基督教用词区别、在华语学校学习中文的外国人。

第9课的课文进一步明确了每天学习中文的时长、每节课的时间、课堂教学情况、学校区分大课和小课的教学安排：

您上那里去。我上学去。每天您念几点钟的书。每日我们念五点钟书。您早晨甚么时候上堂。我们上午八点四十五分上堂。每堂念几刻钟。每堂念三刻钟。先生说话你们都懂么。有的时候不懂，先生必得说意思。他一说意思我们就懂了。你们学堂里头有多少学生？我们学堂二百多学生。先生也有二百多位么？没有二百多位，差不多七十来位。你们好些人都在一块儿念书？不都在一块儿。有的学生在大课堂，有的学生在小课堂。大课堂里头人多，小课堂里头人少。学生有念不对的，先生听得见么？我们不是一块儿念，一个人念完了一个人念。您念几年书了。我念二年了。在外国您念过中国书么。在外国没念过中国书念过外国书。您天天在学堂吃饭么。早饭晚饭不在学堂吃，午饭在学堂吃。

从这里谈到的学生和教师的数量可知，这所华语学校的师生比大致为1∶3，这与华北协和华语学校的情况一致，而区分大课堂和小课堂的安排，也与华北协和华语学校区分总班和分班的安排相似。

第10课谈及中文教学机构的名称、学生构成①：

我到中国来的时候，不会说中国话。后来我到华语学校去学中国

---

① 这所"华语学校"，应就是前文所说的圣母圣心会铎华语学校。

话,那里有中国先生教书。有好些外国学生念书。有的是老年人,有的是少年人,也有中年人,没有小孩子。各国人都有。

这部教材还有多篇课文谈到在家学习中文、聘请家庭教师进行个别辅导的情况。例如,第41课的课文有以下对话:

你看看去是谁。先生来了。请先生进来。先生您好哇。好。今天客厅里太脏,请您到我的卧房去念书。……我们这就念书罢。是。我们先念甚么书。我们先念地理,后念中国历史。您念地理容易,念中国历史难一点儿。

第64课的课文所谈相类:

陈三哪。是。今天我有一点不舒服,先生若是来了,请他在书房歇一歇,你替我招待招待,……请先生明天再来罢。

《中华适用话》的课文既记录了中文教学以学校教学为主、家庭辅导为辅的总体情况,也记录了学校教学中的课时安排、教学组织、教学内容等细节。

1.4 《华文初阶》

《华文初阶》第11课的对话,谈的就是这部教材自身的情况:

您到那里去了?我买东西去了。您都买甚么了?我就买了一本《华文初阶》。在那里买的?在华文学校买的。卖多少钱一本哪?五块钱一本。

第13课的课文是在华美国留学生与中国人的对话,谈到了华文学校的师资队伍以中国教师为主。

您贵姓?敝姓张。您贵姓?敝姓钱。您府上?舍下在西城三条胡同。您贵国?敝国美国。现在您府上在甚么地方?我在学校里头住。贵校是甚么学校?是华文学校。在甚么地方?敝校在东四牌楼北头条胡同。贵校学生是中国人是外国人?没有中国人,都是外国人。先生也都是外国人么?不是,外国人少,中国人多。

第21课是以《华文学校》为题的短文,重点总结了该校以总班—分班/单授为核心的教学安排。这与程锡之《华语学校教授法》中记录的情况一致。

在三十年以前,初到中国的外国人,若是要学华语,那可很难了。

自从北京有了华文学校以后,可就比从前容易的多了,因为他们的教授法和他们的课本都很好。他们教授的法子是:见天上午学生到校,先上总班,听总班的先生上生字、生意思。总班完了,学生都分开。一半儿上分班教室,一半儿上单授教室去温习。每半点钟换一堂。

2. 教学原则和方法

《官话初阶》《五十节十分钟中文课》《华语须知》《中华适用话》《华语课本》从学习或教授的角度讨论了教学原则和方法。

2.1 《官话初阶》《五十节十分钟中文课》

《官话初阶》《五十节十分钟中文课》对教学原则和方法的说明都是从学习者出发的。《官话初阶》第 34 课《论学中话》的问答起于学习者"中国话实在难学"的困惑:"请先生念我随着念。请先生说那一句我随着说。中国话实在难学。"教师的回答是:"中国话并不难学。若是得法就不难学。必得先学常说的话和自己常用的话。不可先学轻易不用的话。"同时须养成良好的学习习惯:"必得留心听人常说的话才能学的好。可以天天细细的学几句话才好。应当天天熟熟以前所学的话。就是士农工商常用的话也不可不学。中国风土人情必得学会中国话才能知道。我盼望阁下以后念敝国的五经四书。"

所谓学习"得法",指选择切合实用的语言材料,按照循序渐进的原则学习,从常说和常用的话开始,逐步过渡到士农工商常用的话,注意勤加复习,并从学话进展到了解风土人情,阅读四书五经。

这一课学习者还有一个困惑的问题是,"中国先生很客气怕得罪人所以不常说学生的错",这里点明的中国教师的特点,与鲍康宁《英华合璧》1894 年第三版"教法须知"("Instructions for Native Teachers")的"教书要规"第 7 条和第 8 条相似。"教法须知"的写作者并非鲍康宁本人,而是"与西人读书十年"的一位未署名的中国教师。① 这篇"教法须知"在 1911 年第 8 版时做了补充修订,②一直到 1921 年的第 12 版方为英文的"Phonetics"(语音学)所取代,所以我们认为这篇"教法须知"适足以代表 19 世纪晚期和 20 世纪初期中国教师对中文教学的认识。

这两条从教师的角度出发,强调教学工作中对学习者语言运用的是非

① 我们推测,这位教师应是 1873 年起鲍康宁在南京学习中文时聘请的教师。
② 修订以增补为主,原"教法须知"的主体部分基本未动。

166

问题的判断应立场鲜明,不可奉承,教学态度应端正,不可将就。

（1）教书不可奉承。凡从外国初来之人,不知声音之可否,全赖先生之教之也。假使为先生者不是则是之,非则非之,而徒以是作非,满口的称扬,怕得罪学者,则其有误人言也不浅,而其自己欺心也益深。愿我同志诸公当以奉承为戒。

（2）教书不可将就。无论某字某音,务先认真辨明,不可将将就就,以致后来话语不清。古语云:始入者为之主。使不谨之于始,而欲求之于终,势必不能然也。予与西人读书十年,粗知大略,特以此告诸同好。当不以为妄谈云尔。

同时也与鲍康宁和瑞思义（Baller & Rees, 1918）所论一致。鲍康宁和瑞思义说:"我们也会告诫新来的传教士,不要过于相信他们的中文老师那出于好意但是有害的教学评价,虽然他们并没有撒谎的意图,但是他们会使用含有谎言意味的语词。他们或许是并不在意伤害学生的感情,也或许只是出于礼貌想要鼓励学生,但是任何一点与事实不符的评价都会肆意地干扰到对自己学习情况的认识。"

夏威尔在《五十节十分钟中文课》第 1 课的学习指南中给学习者的建议是,"按先后次序学习课程内容。在彻底学习、完全掌握第一课之前,不要学第二课。将这一做法贯穿全部课程。课程是按照从易到难,从具体到抽象安排的,学习的顺序也应如此。"

第 22 课专门讨论了教材编写和语言学习的教学法基础:"语言实质上是口头的,基于此,耳朵而非眼睛是习得新语言的真正中介。如果学生能够得到中国朋友或有经验的教师的帮助,他就有望使用直接法或自然法,在三个月之内用中文进行会话交流。"

夏威尔结合儿童习得母语的过程,对直接法做了详细说明。"在习得汉语口语时,我们强烈建议学生使用直接法。这是幼儿习得母语的方式,因此可称为自然法。幼儿习得母语的顺序,就是在最短时间内将你带到目的地的顺序。""研究儿童,仔细观察他如何习得母语。当有人说话时,观察他的面孔,注意他在谈到的每件事上表现出的关注和兴趣。再次观察,你会发现他正尝试重复听到的话。这可能是他还没有习得的新词,也可能是他已经掌握的几百个词之一。不管哪种情况当他听到一个新词,他就会把这个词挂在嘴边,遇到伙伴时,就会使用它。他引以为傲的是他能重新发出成年人的声音,能够习得同伴还不熟悉的词语。"

在第 23 课他再次强调,"我们迫切希望你聘用一位有经验的教师,他应该知道如何运用直接法。"

第 28 至 35 课以习得一门新语言为主题,引述了英国著名外语教育家、时任日本文部省语言顾问和英语教学研究所主任帕尔默(H. E. Palmer)的多个观点,[①] 讨论了学习语言是学习一种技艺(art)而不是科学(science),外语学习要多模仿、多练习,多观察儿童习得母语的过程。人类自然的、无意识的习得语言的自然学习能力,与课堂学习者受过训练的或者非自然学习能力之间存在着根本性的差异,自然学习能力在口语学习中发挥作用,而非自然学习能力则是在读写能力的发展过程中培养出来的。夏威尔对帕尔默论点的引述和评析,标志着将中文教学放到世界外语教学层面进行观察和思考。

第 4 篇阅读课文《念中国书》,说的是念书的方法:"先要请一位教员到家里头来,教我们书。若是意思不懂,要问先生这是甚么意思。声音不懂,要问先生这是甚么声音。若是先生念的快,要请先生慢一点说。若是先生念的慢,要请先生快一点说。"

第 11 篇课文的题目是《教员》,不过是从学生的角度来说的:"学员念书的时候,不但是要知道说法写法用法,还要知道中国字的声音。"接下来谈了五种声调及声调学习的重要性:"一个中国字有五个声音,比方书是第一个声音,钱是第二个声音,纸是第三个声音,信是第四个声音,笔是第五个声音","若是说的声音不对,意思也就不对,别的人就不知道甚么意思。"

第 17 篇课文《学堂》(中),明确谈到中华函授学校华言科的教学法:"本学堂的教员教法是第一,教的时候,都是用比方,不用一句英文。先要学生听,后要学生说,然后再叫学生看书写字,所以学生们学了一年,就可以会朋友、买东西,还可以在各处地方做事。"这里的记录与学习指南里谈及的教学法是一致的,也与程锡之总结的华北协和华语学校初级总班的教学法相类。

2.2 《华语须知》《中华适用话》《华语课本》

另外三部教材都是从教师的角度出发谈汉语学习的。《华语须知》第 1 卷后半部分的"絮言"以奥瑞德的口吻,总结了他中文学习过程中的一些体会:

> 鄙人勉著此编,自知学识不足,而忆及学时经过之难处,却有深刻

---

① 根据豪厄特和威多森(2006:368—369),帕尔默 1922—1936 年间在日本工作。夏威尔所引,主要是帕尔默 1921 年出版的《语言学习的原理》(*The Principles of Language Study*)一书。

之印象。如着重字与轻重音,以及授课之程序,亦敢云具有心得。惟只知授以学者欲达之目的,而不示以途径步骤,亦不知按程渐进,洵非所宜。因鉴于此,特陈絮言贡献于诸大雅之前。未知有补于斯道否。

从这段引子不难看出,总结的旨归其实是教师的教学工作,即教师应以"着重字"和"轻重音"为重点,遵照循序渐进的教学原则,向学习者明示途径、步骤的教学程序。

引子以下所列"心得"共八条,是对引子的具体阐述。其中第 1 条强调教师应对学生的情况有较深入的了解:

> (1)中西社会不同,风俗因之亦异,故学者之眼光及其趋向,为教员者不可不知。(第一条)

第 2 条和第 4 条建议教师在词汇教学中可合理使用翻译法,借助英文注解进行词语解释。对比程锡之的《华语学校教授法》可知,这两条建议是从节约时间的角度,对于教学中直接法的适用范围过宽,甚至过度采用这种方法而影响教学效率的反思。

> (2)华语读本前人著者极多,然用字次序如行一辙。拙作虽稍革新,然亦未出常轨。倘课内之名词异于常法,或不合乎教员之心理者,在读书时不必即时讲明,以免枉费时间。因其意义已有英文注解矣。(第 2 条)
> (3)学者开蒙之始,程度尚浅,除"笔、钱、桌、椅"等类之物名应指告之外,其别项名词已均有英文注解明了,教者当知寸阴是惜,在授课时似无讲明之必要。(第 4 条)

第 8 条谈的是中文教学中的纠偏问题,提出教师在学习者的中文表达出现"置词颠倒""似是而非""张冠李戴"等偏误时,应根据对"大者"和"小者"的区分,采用不同的纠偏方式。

> (4)教员与学者时相接谈,每听学者之言,虽置词颠倒,或似是而非,或张冠李戴,皆能以理想会意,当时若不改正,久而久之,学者自以为是。致将来与常人谈话时,辄生隔膜,切望特别注意。倘遇此类之误,大者自应从容改正之,小者虽宜速指其疵,但不必遽然停言。(第 8 条)

这些认识不仅反映在"絮言"中,也反映在课文的会话中。从第 10 课来看,学习者周一至周五某所华语学校学习中文,学校里有英国人、美国人,还有日本人,上课的时候不能说英语,"都得用中国话"。第 26 课的主题是

169

"会客"，"长先生"应聘为"成先生"的中文教师，在确认"长先生"不会说英语之后，"成先生"决定聘请"长先生"，双方约定每天上午 7 点到 9 点上课，月薪 28 块钱。这两篇课文表明，当时不仅学校的中文教学采用直接法，而且家庭中辅导和补习性质的中文教学也强调使用直接法。

中文教师应能够根据学习者的语用需求开展教学。有时这种需求可能是临时的、突发的。第 28 课的主题是"算法"，学习者"因为鞋匠跟裁缝来，我得跟他们算账去"，所以请教师"李先生"教她"一点算法的话"。"李先生"教授的是："算法有加减乘除，是这么说，比方三加三是六，三减三等于零，三乘三是九，三用三除等于一。"学习者又问："用除法有除不尽的得数怎么说呢？"教师解答："得用'又'说，比方七用三除等于二，还有一除不尽，所以得数得说二又三分之一。"

教师还应能够适时评估学习者的中文水平，结合具体情况给出提高学习成效的合理建议。第 41 课的题目是《练习话》，教师提醒学习者不应局限于跟家里雇佣的中国人说话，"因为你们接近，用人容易习惯你们的话，所以初学的老不知道甚么说错了，进步就太慢了"。应该多跟"平常人"对话，可以"常到铺子去，一面买零碎东西，一面跟铺子的人练习话"，并强调"这原是作教科书的本意"。

奥瑞德在前言中指出，"在任何现代的、综合的教学方法中，都应充分考虑到中国教师对现代教育学了解不多，他无法从外国学生的观点和方法对自己的语言形成正确的概念"。"中文版本的课堂对话（包括罗马拼音和汉字）都经过了非常仔细的设计，是最接近普通汉语口语的表述，印刷的纸张似乎可以做到这一点。这有助于防止汉语教师在阅读印刷文本时偏离正常的对话风格（这是他经常的习惯）。"

从上述有关《华语须知》的"絮言"和课文的讨论可知，由于直接法的影响，20 世纪 30 年代国际中文教学领域对于教师是否会说外语如英语，并无硬性要求，而对于是否掌握中文教学原则、教学程序，则有着明确的规定。更为难能可贵的是，教师对直接法有了一定程度的反思，从直接法和翻译法的兼用来看，一定程度上具有了综合教学法的雏形。

《中华适用话》第 42 课谈到，教师按照"华文学校"的方法教学，"教中国话的法子很好"，富有中文教学经验。

作了几年华语教习。他教中国话的法子很好，是很有经验的，我所以请他。按着华文学校的法子，教我念书。

这里的"华文学校"指的可能就是前文反复谈到的华北协和华语学校1925年易名后的华文学校。如果这一推论成立,那么这里的教学法就是程锡之总结的直接法。

《华语课本》"前言"部分指明这是"二年级新课本",并列出了"请二年级教员注意"的十点事项。第6点和第8点要求教师教学时注意总班—单授分离的教学模式,总班课上应能够把握教学重点,合理安排教学进度,提高教学效率。

（1）二年级课本,另附有英文注释单行本,专为学生参考之用。偶有"专名词"或"学名""术语",仅指出注释号数,不必详加讲解,以节省时间。（第6点）

（2）在上总班时,如有少数学生有不能了解之意,可于单授时间内提出讨论,以免影响教学进度。（第8点）

最后两点要求教师根据学习者的情况遴选报刊文章,增强阅读材料的时效性,提高学习者的阅读能力。

（3）二年级课本,课文简短,自二十课起,可以每天采用报纸上的材料,代替国语选读,读书阅报,一举两得。（第9点）

（4）在开始看报的时候,教员应按着学生的程度,在报纸上选择简易的材料,供给学生研究。（第10点）

第19课有两则提示,其中之一是:"本书自二十课起,每天采用报纸上的材料代替国语选读。除下午上总班时,应读报之外,在单授时间,也可以用报纸当做教材,这是一种现代化的常新课本。在开始看报的时候,总班教员应按着学生的程度,在报纸上选择简易的材料,并且给他们分门别类,凡遇有难懂的文法,专名词和成语等,可用西语加以解释。在上课以前,最好把专名词的翻译写在黑板上,以供学生参考。"显然,由于适用对象的中文水平不同,《华语课本》对教学的具体要求因此就与前面几部教材不尽相同。

二、语 音 教 学

1.《中华适用话》

《中华适用话》第15课的课文说的是在学习者看来,因为每天在课堂学

习中都需要调动耳、目、口这些感知和发音器官,因此强度较大:

> 您学中国话累不累?太累。为什么那么累?因为天天到学堂去。八点二刻上课,先生给我们生字生意思,我们必得用耳朵听,用眼睛看,再用口学着说。若是我们的声音不对,先生给我们改一改,还必得用脑子记。有的时候忘了,我们必得想一想,就想起来了。有的时候想不起来,还必得问先生,所以很累。……中国俗语说,百人吃百味。

第 42 课的主题是语音学习,课文中的教师富有中文教学经验,他按照"华文学校"的方法指导学习者时,使用的是中国传统的音韵学术语,借由唇齿喉舌牙五音进行学理点拨:

> 作了几年华语教习。他教中国话的法子很好,是很有经验的,我所以请他。按着华文学校的法子,教我念书。现在我已经念了三年了,中国信我也能写了。但是有的时候,先生考我中国字,声音还有一点不好。有一天先生考我一个"塔"字,我把声音念错了。先生告诉我,这个"塔"字是用舌头的声音。比方说"把"字、"不"字都是嘴唇的声音,"后"字是喉音,"知"字是齿音。现在这唇音跟舌音字,差不多比从前好一点,可是还不能离开先生,必得常常的练习,后来说熟了,自然而然的就都能说了,也可以随便对人谈话,那时候我说中国话的声音,就有进步了。

这一课课文反复出现的"声音",以及第 15 课课文中的"声音",指的都是声母。教师在纠正学习者的声母发音偏误时,明确提到了舌音、唇音、喉音、齿音,如"塔"是舌音字,"知"是齿音字。

唇音、齿音、喉音、舌音、牙音,通常称"五音"。张世禄的《音韵学》(1933:23—24)指出,隋唐以前已有五音之说。《玉篇》末附有《五音声论》,《广韵》末附有《辨字五音法》,把声类分为唇齿喉舌牙五种。孙愐《唐韵》序里,也有"纽其唇齿喉舌牙,部件而次之"的说法。宋、元等韵家把三十六字母分为七组。五音之外,又有半舌、半齿,于是有七音之说:

> 牙音:见溪群疑。舌音:舌头,端透定泥;舌上,知澈澄娘。唇音:重唇,帮滂并明;轻唇,非敷奉微。齿音:齿头,精清从心邪;正齿,照穿床审禅。喉音:影喻晓匣。半舌音:来。半齿音:日。

张先生指出,"我们要是根据语音学上声母发音的部位,来解释这种学说,就可以晓得他们所分析的,有许多地方不对。"例如,重唇实际上指的是双唇音,轻唇指的是唇齿音,其差异在于发音部位的不同,并非轻重的分别。

从张先生的分析来看,20世纪30年代国内的学者已经有意识地借鉴西方的语音学思想和分析方法对中国传统的音韵学知识体系进行批判规范。而《中华适用话》的语音教学仍采用传统的音韵学术语,且学习者感到"现在这唇音跟舌音字,差不多比从前好一点",这一定程度上说明音韵学知识仍是国际中文教师实践素养的组成部分,基于音韵学知识的语音教学方法在国际中文教学中依然能够发挥一定的效用。

实际上,《中华适用话》的唇齿喉舌之说,在鲍康宁《英华合璧》1894年第3版的"教法须知"中已有体现。"教法须知"在导言部分首先从汉语和外语语音上的不同,推导出"教书自然有异",提出"教西人则非教华人可比也":"华人之教华人者,门馆以字斟句酌为上,经馆以讲改文理为佳。初未尝示以五音,而五音亦即寓于其中焉。"并对为何从语音入手、重视语音教学的理据做了进一步阐发:"盖以西人之学华语者,非五音不能为言者也,而我之教西人者,能不先告以五音乎? 不但此也,间尝有学五音,而并不成音者,岂可仍执泥五音乎? 是非告以唇齿喉舌之音不可,更以该字出气与否教之,如此一一辨明,则音同者庶免混杂,即音混者亦可分清。"

与《中华适用话》不同的是,《英华合璧》的"五音"指的是上平、下平、上声、去声、入声五种声调,因为"有学五音""而并不成音者",所以需要强调声母的类别和送气与否,"非告以唇齿喉舌之音不可,更以该字出气与否教之"。

接下来作者根据因材施教的原则,"所最要紧者,外国之地土不同,人生之资质各异,务要因材而教,不必概然以观",及教学中两个主要方面"字未懂者,宜详解说;音有误者,须辩正真",归纳了九条教学要点,即"教书要规"。

要规前四条都是关于语音教学的,以声调为主,并涉及声韵母。第1条介绍了五音及其特点:"必教以五音为先,如上下平上去入是也。五音为何? 上平声大而高,下平声小而低,上声上而长,去声横而短,入声重而浊。"第2条认为教学时应指明发音部位:"必又要教以唇齿喉舌者。盖因有五音之不能明辨者,必要以此告之最为要紧也。"第3条建议教师告知学生送气音和不送气音的区分:"字有出气不出气之分。苟教者不告以出气与否,而随口乱阽,则与先生同念时,固不相上下,而一旦独自说话,听之相隔天渊。究其弊端,悉是先生不曾告以出气之故也。为先生者,岂可不教以此乎?"第4条是从学习者的角度对"音韵出气"的再行强调:"读书不可敷衍了事。无论时候浅深,总要如丝过扣。苟其含糊成诵,不分音韵出气,则虽多读篇章,究何有益于学者?"

"教法须知"并未局限于仅仅总结中国教师的国际中文教学经验，而是同时也做了一些学理层面的思考和探索。其中，对语音教学要点的梳理，明确以声调为中心，并涉及声调和声韵母之间的关联，这显然为当时中文教师普遍采用的语音模仿教学方式提供了学理依据。"唇齿喉舌""上下平上去入"等术语的使用，表明中国教师的语音教学基础和教学方式，是从传统音韵学中汲取养分而建构起来的。《中华适用话》是这一做法在20世纪30年代的延续。

2.《华语须知》

《华语须知》的语音教学以声调教学、着重字和轻重音的教学为主。第1卷后半部分的"絮言"所列"心得"共八条，是对引子的具体阐述。其中，第5条、第6条和第7条详细讨论了语音教学和练习的重要性。第5条强调，对于初级阶段的学习者来说，教师应在"每日授课之初"引导学生通过"罗马字音表"练习语音："发音与声浪为学话之要点，此读本附有罗马字音表，每日授课之初，教员先将此表导念少许，练习音声之法未有胜于此者。学者语音正确，教者自易得誉。对于此点，幸勿轻忽。"

第6条和第7条集中阐释了教材重视"轻重音""着重字"教学的理念，对于教师应如何贯彻这一理念作了细致剖析。这两条内容不仅涉及语流音变问题，更重要的是从讨论词和句的关系入手，以语句韵律为切入点，对句子的句法和语义结构作了详细说明。

（1）关于轻重音与着重字，尤为此书之特点。前虽有读本见及于此，惜其不甚周详。余特为分剖式叙之。单字与名词单读之，自然无轻重音，若嵌入话内，因着重字之驱使，即生出轻重音也。故着重字与轻重音虽非一事，但有连带之关系。轻重音是名词定而不可移者，着重字乃按话之要点，重在何字而活用者。兹举一例，请试思之，如"你叫他来"，如重在"你"，其意是不令别人去叫也，在"你"字旁边加一符号。如重在"叫"，是唤之也，非请之也，在"叫"字旁加一符号。如重在"他"，是非他而不可也，在"他"字旁加一符号。如重在"来"，是令他必须来此也，在"来"字旁有符号。余者可以类推。本书亦本此旨加意推敲，凡课内汉字语句重读之字，皆在字旁注有符号。又洋文罗马译音单用名词重者用楷，轻者用草，并附有码字指示四声。又长篇语句之罗马译音，从第六课起皆用楷字，但着重字应重读者附有四声之号码，使教者学者一望而知。（第六条）

（2）每句话中有单字有名词，如单字是话内着重字，即当读之以充足之声音，若非着重者，不必注意其声；如名词是话内之着重字，其轻念之字亦不必注意其声。若句内之名词非着重者，即可轻念之。即有应重读之字，亦无须用满足之声音，但将轻重音分晰之可也。又除有两三声字连续而读，上一字必须改为二声。又"一、七、八、不"等字，改换声音之外，如遇有类似此种者，不必务令其改声音也，仍以平时在着重字轻重音时加注意为妙。尚望不疾不徐，由渐而进，习惯即成自然，此法对初学者之适宜，未有出乎其上者。（第七条）

值得注意的是，"絮言"里有关语音教学的总结还通过课文的会话做了模拟展示。如第 5 条体现在第 14 课的课文中，教师让学习者"念罗马字的表"即音节表，语音学习的量是一次 40 个或 50 个音节，并提醒他"念的功夫不够"：

关先生，你好。我今天来晚一点。不要紧，我也刚起来。今天的功课是念罗马字的表，从第一个字起，念到第五十个。那我们已经念过了。不错，前几天念过了，请告诉我，今天从那一个字念起？从第五十个念到第九十个。……你刚才念的这个字，声好，可是音错了一点。我学这话的日子不少了，你的学问好法子不错，就是我不很聪明。①

第 6 条和第 7 条涉及的轻重音和着重字，分别渗透在第 5 课和第 6 课的课文会话中。第 5 课讲解汉语的轻重音，以"学生"举例，"学"是重音，"生"为轻音，也就是说这个双音节词的重音模式是前重后轻：

"学生"那两个字是一个名词不是？是，你能说那个字是重念，那个字是轻念吗？是，我能说那个名词的轻重音，"学"字是念的重，"生"字念的轻。对了。我要学第五课的名词。好，先听先生说轻重音。

第 6 课介绍句子、连续语流中的着重字，以着重号进行标注，这种标注方式出现在后续的所有课文中。②

这是第六课，这课里说的话都是什么，你知道不知道？我不知道，请说说。第五课说的是轻重音，第六课说的是着重字，要是学好了声、轻重音、着重字，你们的话能说的好听了。

---

① 课文里"声好"的"声"指声调，"音错了一点"的"音"指的是声母和韵母。
② 教材中的着重号原为字旁星号 ＊，详见第 3 章，为与当前标注方式保持一致，我们改成了字下黑点。

我们知道我们的中国话不好听,请再说说着重字是什么。好,你们听着,是这么着,句句话里都有着重字。你们看第三课第七句什么字是着重的?"不"字是着重的。对了,你再看那课,第四句有什么着重的字?我不知道。你再看一看。是"没"字吗?是了。

声调教学体现在前三课的课文中,也是通过师生问答的方式展示的。第1课以"书、钱、笔、字"为例,强调了"中国字"即汉语音节的四声:

这是书,那是钱,这是笔,那是字。中国字有四声,"书"是一声,"钱"是二声,"笔"是三声,"字"是四声。"声"字是第几声?"声"字是第一声。

中国字有几声?有四声。"笔"字是第几声?"笔"字是第三声。"这"字是二声不是?"这"字不是二声,是四声。"书"字是四声不是?不是。是三声不是?不三声。是第几声?"书"字是第一声。

第2课介绍了"话、中"的声调,并通过提问列举了第四声的字:

我不说话,我听你说中国话。"话"字是第几声?是第三声。不对,是第四声。

你听这字是第几声的,"中"。我听是二声。不对,是一声的字,你听我说,"中"。是了,是一声,"国"是二声的字,对不对?对了,你说那四声的字,我听一听。是,我说"这""是""话""第""四""对""二"字。对了。

第3课介绍了"钱、国、的、第、那"的声调:

你要我看那课的罗马字?要你看第四课的字。我没念第四课。对了,念第二课,也念这课的罗马字。

你念第二课第二声的字,我听听。第二课没有二声的字。第一课有,是不是?有,你听我念,"钱""国"。第二课的"的"字是第几声?是一声,第一课的"第"字是四声。

可以看出,这几课课文的内容实质上就是课堂教学程序、教学实践的记录,是以师生对话的方式对教学理念、教学过程的摹写,贯穿在师生对话中的既有问答、跟读模仿,也有分析和纠偏,展现的是形式丰富的课堂教学互动流程。

据陈丽华(2016),奥瑞德1895年出生于美国密歇根州,1917年毕业于密歇根矿业大学,1918年参军,1928年被派来华。从文体风格来看,"絮言"

应不是奥瑞德所撰写,而是出于中国合著者之手。① 从"絮言"的内容及课文来看,应该是中国教师的教学经验总结和奥瑞德的中文学习心得的综合,是教和学两端相互作用的结果,实际上反映了当时对一名合格的语言教学技术型中文教师应具备哪些方面的专业素养,如何有效开展教学工作的认识。

3.《华语课本》

《中华适用话》《华语须知》都是适用于初级阶段的综合性教材。《华语课本》与此不同,这部教材的"前言"部分指明这是"二年级新课本",并列出了"请二年级教员注意"的十点事项。前四点是对语音教学的强调,尤其是前两点,要求教师不仅要有较好的国语发音能力,而且应掌握有关的语音知识,这样才能在教学中充分贯彻"用国语说话"而非"念书"的原则,重点在于句子的语调自然、韵律和谐,而不像《中华适用话》《华语须知》注重单字的声调和声韵母的准确与否。

（1）二年级课本,以用国语说话为原则,诵读时,要用说话的口气念出,使听的人不知你是在念书,简直的是在说话;如欲慢读时,亦应按照分写的词类,一词一词的自然的念出来。

（2）教师在上课之前,应将教材反复的念几遍,自然能推敲出字音的轻重,说出正确的音韵,而免去语调的生硬。

此外,教材中有多个教学提示,是对前言所列注意事项的进一步说明,为教师的教学行为提供了依据。如第 1 课:"'注解'(即生词表中最后一个词)讲完,请先生把短句和读课再给学生复习复习。"第 19 课第一则提示与语音教学有关:"每课短句或课文,讲授完毕,应率领学生,用国语自然强调,高声朗读,以资复习。"

三、字词和文化教学

1.《官话初阶》

《官话初阶》对字词教学的认识,体现在课文的对话中。课文里的师生

---

① 目前还难以确定是三位"同著作者"所写,还是致谢中所列十一位教师所写。

对话大多是在学习者的主导下展开的。例如,第 1、2、3 课的"与先生念书话",是学习者在家中书房跟着教师学习、读书时说的话,"先生"是家庭辅导教师。如第 1 课的问答中,"我们可以念书""我说得对不对""请先生再说""请先生大声说"都是学习者发出的请求。再如第 2 课共 15 句话,现完整记录如下:

> 这是甚么意思。那是甚么意思。拿字典查一查。我不懂得。你不懂得。他不懂得。我懂得。你懂得吗。他懂得吗。我们不知道。他们不知道。你们不知道。晓得不晓得。明白不明白。知道不知道。

这些句子反映的不是学习者和教师的即时互动,而是教学中围绕字词教学问答的汇总,其中包括学习者的问话如"这是甚么意思""那是甚么意思",答话"我不懂得""我们不知道",也包括教师的建议如"拿字典查一查",问话"晓得不晓得""明白不明白"。这些句子与鲍康宁《英华合璧》1911 年第 8 版的"书房"用语非常相近。

《英华合璧》卷四"大全"第 14 类收录的"书房"用语,既有用于学习者的,如"这个字怎么写法,我不认得这个字,这是甚么字,这个字从甚么旁,这是甚么声音,这个字从那里写起,这个字我查不出来请给我查一查,请给我写个印本,请指我的错,我的口音对不对";也有用于教师的,如"这个字要重念,这个字要轻念,请解说给我听,请讲这课的意思给我听"。

《官话初阶》第 34 课《论学中话》的问答谈到了识字的数量:"得识多少字才能看中国书呢?""若识四千字无论何书都能看。"

第 35 课《论礼貌》,是学习者请教"中国礼貌"。教师认为:"这是阁下最好的意思明白中国礼貌是最要紧的",逐一论说了来客、迎客、送客、宴请时的礼节,并特别指明了"西国人"应注意的情形。如来客时,"实在没有工夫见可叫人去当驾。若有工夫见就说请。用人该拿客的片子高擎领到客堂"。迎客时,"要紧的客可以接到院子里"。"左边是上坐。用人送过茶来接来放在客的面前。客起来说不敢当。不是熟客不能久谈。临走时客高擎茶杯吃一口就走。""送客走时客在左边走主在右边走。送到轿子前先对面作揖。抬轿子走时客在轿内拱手主人鞠躬。若步行客可送到大门彼此点头。""有一条西国人见客常盘着腿中国人看着不恭敬。见客当先摘眼镜。接谈时再戴上眼镜。阁下学会中国礼貌才好。礼貌最能见出恭敬之心。"

这些对话的发起人虽然都是学习者,显示学习者在中文教学中仍占主导地位,不过课文里的家庭辅导型教师教学经验丰富,对语言文化学习方法、内容已有较明确的认识，其角色形象已并非如禧在明所描述的处于完全被动的状态。

2.《国语指南》

《国语指南》第 4 章谈的是两个美国人来华教书，他们已经认识 109 个汉字，会写二三十个字。A 请了钱先生教他们学习中文，之所以请钱先生，是因为"他会教书，他的字写的好"：

> A：上月有两个人来到。B：甚么人？A：两个美国人。B：不是法国人么？A：不是的。他们是美国来的。B：他们来中国做甚么事？A：他们来教书。B：那两个人不识字，也不会写字，他们不能教书。A：他们会读外国书，也会写外国字。他们现在也认识一百零九个中国字，也会写二三十个字。他们来到那一天，我给他们请先生。B：你给他们请甚么人？A：请了钱先生。B：钱先生是我们本会的人么？A：不是的。他是外教的人，他会教书，他的字写的好。

第 10 章转述章先生（章道生）上安息一（星期一）写给父母的信，记述他从美国乘船经日本到上海的经过。信中多次谈及中文学习，如：

(在他离开美国之前)父母说，中国话难学。他说，万事起头难。但是我今天学一点，明天学一点，不到一年，也能学三五百个中国字。

章道生并不否认中国话难学，不过他认为学习是渐进的过程，可以通过日积月累克服这一难题。《在安息日会》记述了他在南京学习中文的情况：

> 我们在上海住了两个安息。后来到南京去学中国话。我们十家在南京，都住在一块儿。地方也很好。我想不到我们在南京可以得这样好的住处。我们都看这个学中国话的事情，是第一要紧的。有本会的一个人在这里，他来中国十三年。他说，各人天天当读书七八点钟的工夫。他说，我们天天所学的课，当读二十回。若是那样，就忘记不了。我们在这八个安息所学的，也不少。就是学了二百六十个字，又学了几十个字母。我也会写几十个中国字。我有一个同学，他会写二百个字。我先要学各字的用处，后来要多用一些工夫写字。中国的俗话多，我们也学了几句。有一句说，不怕慢只怕站。有一句说，好事不出门恶事行千里。又有一句说，远水救不得近火。又有一句说，生意各有道路。又有一句说，上天无路入地无门。我现在没有工夫多写，因为写信没有学中国话要紧。

可以看出，20 世纪初，来华传教士到南京学习中文（南方官话），仍是首要选择，这与英国传教士鲍康宁 1873 年刚到中国即赴南京学习官话的路径是一样的。

文中所记"十三年前"来华的安息日会传教士，很有可能即指 1903 年来华的施列民本人。这里记述了每天的学习时间、复习的重要性，学习的内容有汉字的识记和书写、字母、俗话，以字为学习的计量单位。8 个安息（星期）即学了 260 个字，学习进度超过了他离开美国时的预期。每周学习 32 个字左右，按一周学习 6 天，则每天学习五六个字。学的字多而会写的字少，与江新（2007）等强调的"多认少写"的原则一致。

文中提到的"又学了几十个字母"的"字母"，我们认为当指用拉丁字母如威妥玛拼音系统记写的音节。①

需要说明的是，从文体上看，这一课的开头是由他人转述章道生写给父母的信的内容，而信的末尾又以"请道安小儿章道生"落款，也就是说由转述转变成了自述，由于课文中并未给出转变的语言和非语言标记，所以因管界不清而使得前后的文体不一致。

3.《中华适用话》

《中华适用话》第 10 课重点说的是字词教学、汉字的书写及对学问的认识：

> 先生每礼拜四给我们课篇子，有的时候中国字我们不认识，必得问先生。先生告诉我们，也给我们说好些意思，他一说我们就懂了。平常不学写中国字，必得星期五学写中国字。② 现在我能写九百多个字，不到一千的数儿，我认识的字很多，可是会写的字很少。从前我认识一位外国先生，他能写一万多个中国字，也能念中国古时候的书，那一位先生是很有学问的人，现在可不知道他到那里去了。后来我也要看中国古时候的书，也能知道中国古时候的事，到后来差不多就知道好些了。

教师在课堂教学中注重生字（语素和词）的讲解，学生以掌握汉字的多少作为评判学习成效的主要标准，汉字书写安排在星期六，同时也谈及汉字的学习存在识易写难的问题。

---

① 应非 1918 年北洋政府教育部正式公布的注音符号。不过由于我们仅检索到 1919 年的再版本，未检索到 1915 年的初版本，无法进行版本比较，所以目前还难以确定"字母"的所指。

② 从前面第 8 课的课文来看，这里似非星期五，应该是星期六。

《中华适用话》的生字部分共收字 1106 个（缺第 40 课、第 42 课），平均每课 18 个字，最少的是第 63 课，9 个字，最多的是第 24、25、26 课，均为 27 个字。这些汉字都是与日常交流密切相关的常用字。生字无注音，无外语对译。

这部教材在汉字的遴选以及汉字作为基本教学单位的定位上，与华北协和华语学校的做法相近。例如，第 1 课生字共 16 个，分别是"我、你、他、们、的、书、笔、纸、钱、有、没、不、这、那、是、也"。华北协和华语学校教师程锡之 1923 年在《华语学校刍刊》第 3 期刊发的总结该校教学法的文章《初级总班教授法》中谈道："初级总班第一天所发的新字是什么字呢？就是'我、你、他、们、的、书、笔、钱、是、不、这、那、有、没、给、要、谁、什、么'十九个字。"对比可知，《中华适用话》第一课 16 个生字，与华北协和华语学校初级总班第一天学习的 19 个新字是基本对应的。

《中华适用话》第 1 课的课文采用逐级组合的方式，先从字（词）过渡到短语如"我的书、你的笔、他的钱"，然后再过渡到句子如"这是我的纸。那是他的书。那是你的笔"。可以想见，字词如"书、笔、纸"的教学可能借助于对物件的指认。这样的教学程序对应于华北协和华语学校主张的直接法。换句话说，当时初级阶段的国际中文教学，已经借由华北协和华语学校教师的总结而形成了一定的规范。

4.《华语须知》《华文初阶》

《华语须知》"絮言"中总结的词语教学理念在课文中也有体现。第 32 课《邮信》谈及中外书写信封的差别："外国人写姓名住址的法子跟中国人差不多对面。我们先写'先生'，再写名字、姓、门牌号数、街、城、省、国。中国的是先写国、省、城、街、门牌、姓、号、'先生'。"

《华文初阶》在生字（词）的选择、课文的编选上，充分体现了华文学校教学法的延续性。第 1 课的生词有"我、的、钱、你、书、他、纸、谁、笔、们、这、是、那、什么、不"，共 15 个词，16 个字，与程锡之《华语学校教授法》谈到的初级总班第一天所发的 19 个字基本对应。

第 17 课从学习者的角度谈到，华文学校中文课堂教学的强度较高，较细致地描述了教师的教学行为，如下面加下划线的句子所示。这种教学行为与程锡之《华语学校教授法》中讨论的中国教师的教学行为相符。

您下学了。请吃点心罢。您先吃罢。我歇一歇再吃。您今天累了么？喝，今天我可太累了。您为甚么这么累？因为今天先生给的生字太多了。您说说都是甚么字？先生告诉我们"耳朵"，他说"耳朵能听"，也告诉我们"眼睛"，他说"眼睛能看"。他还告诉你们甚么字了？他还告诉我们"鼻子，嘴，舌头"，他说"鼻子能闻，嘴和舌头能吃，能喝，也能说话"。这些字您都懂了么？我都懂了。

从本章第 1 节的讨论来看，《五十节十分钟中文课》《中华适用话》《华文初阶》的"字"都是体现直接法的教学单位，是由字(词)到短语再到句子组合的教学行为的起点。

5.《华语课本》

《华语课本》"前言"部分列出的"请二年级教员注意"的 10 点事项中，第 5 点和第 7 点谈到了字词和熟语教学。教材中的熟语是教学重点之一，如第 18 课的"一朝天子一朝臣"，其"借意"是"一个将军一个令，即一个长官有一个长官的办法"。

（1）在上总班时，除本书所给的联字外，不必介绍其他联字，以免教材臃肿。（第 5 点）

（2）二年级课本，内容采有中国古谚，俗语，以及民间流行之"歇后语"等，讲授时，可将出处，以及原意借意，分别说明。（第 7 点）

第 7 点对熟语的强调，与鲍康宁《英华合璧》1911 年第 8 版"教法须知"新增第一项即"每课首页下有一俗语，是要学者跟先生念熟，先生再将其意反复讲明，使学者踊跃前进"的说明一致。

同时，教材强调应随时注意中西习俗的对比，如第 31 课介绍白事用语时，加了一个注："西洋人(教士)对人家用'死'字要注意，不可随便用，比方：人家(教友家)落了白事(丧事)，请问时，要说'您(你)家里什么人过去了(或故去了，或去世了，或不在了)'。"这样的总结比 20 世纪 20 年代《华语学校刍刊》中傅寒山的观察要细致、准确得多。

四、语 法 教 学

《适用新中华语》署名"芮德义自识"的"凡例"指出，这部教材在语言文字上所持的观念是，"此书句法不尚虚华，务求简单，以将话说明为度，而用字无多，造句极短，语助虚字仍皆从俗，以便习惯"。"各项名词有一词而兼数用者,有一物而有两名者,教者随意摘用,勿为拘执,胶柱鼓瑟。"编写者的初衷是"迎合学者之心理,拟其大义"。

《华语须知》第25课和第40课分别通过师生问答,展示了中文教师应具有哪些细化的词汇、语法方面的知识。

第25课的主题是"装箱子",涉及"穿"和"戴"、"脱"和"摘"等近义词用法的辨析。学习者请教教师"庄先生":"庄,我老说不明白中国话,比方说衣裳必得用'穿''脱',帽子就得用'戴''摘'。那么袜子、手套儿甚么的怎么说呢?""庄先生"做了如下解答:"衣服、鞋、袜子说'穿''脱',帽子、领子、手套儿、手表都得说'戴''摘'。顶好这么记着,在头上、手上用的东西说'戴''摘',不是头上、手上用的说'穿''脱'。领带、鞋带子得说'系上''解开'。"

第40课的主题是"文法"。学习者首先质疑教材选词范围较窄:"我批评这教科书,名词大半是家庭常用的,别的话也要紧。"教师解释了教材如此选词的缘由:"不然,家庭的话各界的外国人都有用处,因为都有底下人,初学的有机会随学随用。皆因这个,作书的主张是多用家庭的用语。"接下来双方谈论中文的"文法",立足于词类和句法语义范畴分析了句子结构,这一点前文第4章已述及,此处不赘。

晚清民国时期的国际中文教材中,有关语法方面的知识通常是从学习者的角度出发,以外语(一般是英语)注释的方式呈现的。在中文课文里,从教师的角度出发,以谈论近义词、语法项目为话题的情况比较少见。换句话说,《华语须知》是民国时期对于中文教师的语法知识储备提出明确要求的代表性教材。

《华语须知》在课文中对句子结构的分析,奠定了对句子进行类推练习的基础。这一点与鲍康宁《英华合璧》的认识一致。《英华合璧》1894年第3版"教法须知"所列"教书要规"第9条以《英华合璧》第1课为例,说明如何通过类推灵活处理教材中的语言材料,展示了基于例句"这是他们自己的书""套说"出新句子"那是我们的钱"的教学过程。

(1)读书不可拘泥书中之话语。正可套书中之话语,亦足以启其聪明,开其心窍,使学者可以由此类推。试看《英华合璧》一书,每课后有英语翻华语,即于第一课第一句云:这是他们自己的书,正好套说:那是我们的钱。为师者,能逐日如此引导,纵有人十分鲁钝,亦不患不能说话矣。(第九条)

这里围绕"不可拘泥书中话语"对以结构为基础的"类推"的强调,可以看作是基于语法—翻译教学法（Grammar Translation Method），在教学中重视句子结构的朴素表达。这一点甚至使我们联想到英国学者亚历山大（1983）在回顾英语作为外语教学的历史时所指出的，帕尔默（H. E. Palmer）1917 年出版的《科学的语言研究与教学法》（*The Scientific Study and Teaching of Languages*）强调外语教学不能忽略结构而单纯以词作为语言单位的观点。

民国时期好几部中文教材设置了专门的语法点，编写者对这些语法点的注解为我们提供了了解语法教学的珍贵资料。例如"把"和"把"字句。

奥瑞德《华语须知》第 1 卷第 12 课第 3 个语法点是"把"和"拿"。奥瑞德认为，"把"和"拿"的意思都是 to take、to seize、to grasp，但是它们的用法不同。"把"常用于抽象义的"把握"（to take），用在谈论抽象的事物上，如"把他说的话说明白"。而"拿"则用于具体义的"把握"。因此，"把门关上"中"把"的使用，并不意味着门在字面意思上被"把握"，而是抽象意义上与门发生联系，所以不能说"拿门关上"。"拿"不能用于指涉抽象的事物，因而不能替换为"把"。

编写者还注意到了"把"的宾语的定指属性。奥瑞德强调，"把"也可以用来指涉主要动作的受事，在同一个句子里"拿"指向施事。换句话说，这两个词可用在同一个句子中。如"拿锤子把钉子钉上"，或"拿锤子把它钉上"。这里的"它"应理解为此前已提及的物体，如"钉子""盖子""盒子"等。

马守真《英华合璧》第 7 课第 1 个语法点是"标示直接宾语的小品词'把'"（把 as a Particle Indicating the Direct Object），他用了两页多的篇幅介绍了"把"和"把"字句。

马守真认为，汉语跟英语一样，直接宾语可借由它在句中的位置识别出来。例如，当它位于主要动词（principal verb）之后时，如"拿箱子来；拿一只箱子来；拿我的箱子来；拿我的外国箱子来"。这些例子跟英语的常规语序一致，因此学习起来没有什么困难。

不过在汉语中，还有其他的结构式（construction），其中特定的动词用作小品词，明示主要动词的动作所针对的对象。在这些小品词中，使用频率最高的就是"把"。在"把"构成的结构式中，"把"位于宾语前，常规的动词和宾语的次序正好颠倒过来。如"把箱子拿来；把一只箱子拿来；把我的箱子拿来；把我的外国箱子拿来"。

马守真也注意到了"把"字句中宾语的定指属性。他认为，当"把"后的宾语前无修饰成分，如上面的"把箱子拿来"，那么翻译的时候就有必要用有定的小品词 the。

　　杨联陞(1947/2016:134)认为,王力(1944)关注的是处置式使用的限制条件,其中一个重要方面是谓语动词通常是表示结果的复合形式,不过他并未指出宾语通常是确定或已知的,可以用英语的定冠词来表达。奥瑞德和马守真对于"把"字句中宾语的信息属性的认识,尤其是马守真从construction 的角度对"把"字结构特征的认识,为我们深入梳理《汉语教科书》(1958)之前教学语法项目的变迁历程奠定了基础。

　　可以看出,民国时期国际中文教材的编写者对基本教学原则和教学法、语言要素教学的内容和程序已有较明确的认识,这既与晚清时期传教士编写的汉语教材如《英华合璧》有关,也与世界外语教学法的变革、国语运动的开展有关。

结　　语

本研究首先梳理了民国时期国际中文教学机构的发展历程。从江西牯岭语言培训班、金陵大学华言科、华北协和华语学校、东方函授学校华言科、德胜院华语学校的创建和发展情况来看，这一时期的教学机构在教师聘任、课程设置上存在着较为密切的联系，其中金陵大学华言科和华北协和华语学校、金陵大学华言科和东方函授学校华言科、华北协和华语学校和德胜院华语学校之间的联系尤为紧密。

国际中文教学机构的创立和发展，对师资培养、教材编写、教学法改革都有直接而积极的推动作用。对教学机构和教师的考察，为我们开展教材的整合性研究提供了社会背景和学理方面的支撑。

1. 国际中文教师的专业化发展历程

民国时期的国际中文教师主要包括家庭教师和学校教师两类。整体上来说，民国时期的国际中文教师是按照从家庭教师向学校教师的路径发展的，语言教学技术型教师所占比重逐步增加，而家庭教师，无论是语言辅导型还是语文知识型，所占比重则逐渐减少。

家庭教师可分为语言辅导型和语文知识型两种，前者如美国医学传教士万德生 1909 年初到中国时聘请的中文教师，《益世报》（天津版）1934 年记者调查谈及的中文教师。从角色和职能上看，语言辅导型教师实际上是"教'京话'的发音人"（魏建功，1948）；后者如 1917 年秩父固太郎聘请的教师侯永盛，1928 年指导仓石武四郎和吉川幸次郎的奚待园，1932—1935 年指导雅罗斯拉夫·普实克的未具名中文教师。语文知识型教师以古典文史知识见长。

如第 1 章分析所示，学校教师以华北协和华语学校为代表。该校 20 世纪 20 年代已建立了一支接受过现代教学法训练的中文教师队伍，即语言教学技术型教师。该校与学习者分级（初级、二级、三级等）、分班（总班—分班/单授）的教学模式适应的师资队伍建设，在天主教会创办的德胜院华语学校中得以延续并有更充分的发展。

这一变化倾向也反映在国际中文教材中,拿《官话初阶》(1911/1918)与《华语须知》(1931)、《华文初阶》(1943)稍加比较,即可看出从语文知识型教师到语言教学技术型教师的过渡线索。20世纪40年代,国际中文教材开始向分领域、分技能的方向发展,与此相应,中文教师也呈现出多元化的发展态势。

民国时期,随着不同背景的华语学校的创建和发展,国际中文教师教育既通过短期培训和研讨交流提高教师的专业水准,也通过组建区域教师协会、探索资格分级认证提升教师的职业化程度,总体上看,初步建立起了国际中文教师测评和培训体系。这一方面的建设可以通过以下几点观察。

第一,华北协和华语学校20世纪20年代已形成一套比较规范、成熟的中文教师招聘、培训制度,该校教师在校刊《华语学校刍刊》刊发的文章对这种制度做了较为全面的总结,确立了以教学法(直接法)为核心,以对中文教师身份、职业效能感的认识为导向,以扎实的语言文字知识、科学文化知识为基础的专业素养考评机制。

正是得益于这一培训和培养机制,该校教师的国际中文教育工作的范围才得以有效拓展,如秀毓生、金叔延1927年参加了芮德义主编的《适用新中华语》的编写,金叔延、秀毓生、武汉章、金月波、林雨苍等在1931年参与了《华语须知》的编写,傅芸子1932年应邀东渡日本,在京都大学开展中文教学,并编撰了教材。据《益世报》(天津版)1934年3月的记者调查,华语学校的介绍信对于当时社会上教员的任职资格确认起着重要的作用。

中文教师在教学中应掌握直接法,这一要求一直延续到20世纪40年代。如《华中通讯》1947年第2期报道的华中大学"附设西人华语训练学校"的情况。

第二,已初步形成国际中文教师的资格分级认证办法。北京华语研究社在20世纪20年代将中文教师分为四类:普通教员、文理教员、英文教员和特别教员,并规定了前三类教员的合格条件。这一办法的提出和实施,意味着中文教师职业化发展已具雏形。从20世纪初起,各地区基督教教育会相继制定了教师资格与等级认证制度(罗伟虹,2014)。华语研究社对中文教师的分级和认证应是在此背景下形成的。

第三,组建了区域中文教学研讨会,国际中文教学问题已成为教师协会、国语教育研究的主要议题。沃尔顿(Frank B. Walton)1921年在《汾州》杂志第7卷发表的文章《教师讲学会》提到,1920年4月5日—11日在山西太谷举办的教师讲学会的直接成果是,成立了作为直隶—山西基督教育协会分支组织的山西基督教育协会,汾州的一位女教师李女士被选为新组织的副主席。协会的基本目的是在将来组织一些类似的教师讲学会,主要学科是中文教学,并提议将来对学校课程的不同学科轮流进行研讨。

同时,国语运动对师资培养的影响越来越大。例如,王拜言在《华语学校刍刊》连载了多期介绍注音字母的文章。20世纪20年代,上海基督教青年会附设华言学校从国语专修学校聘请了李级仁等国语教员任教。

2. 国际中文教材的规范化发展历程

在考察国际中文教学机构、国际中文教师的基础上,本研究从课文编选、注音方式、标点符号、词汇语法项目、练习设计等方面入手,对民国时期14部国际中文教材做了比较细致的历时梳理和对比分析,探讨了教材建设的继承和发展过程。所涉既有综合性教材,也有口语类教材,涵盖了初、中、高三个阶段的成年人和中学生学习者。

这些教材中有10部是针对或依托国际中文教学机构编写的,即《适用新中华语》《华语须知》《五十节十分钟中文课》《中华适用话》《华言拾级》《华文初阶》《初级华语课本》《华语易通》《华语讲话》《华语课本》,包括基督教和天主教创办的华语学校,美国驻华使馆开设的华语学校,以及国际学校。

总体来看,民国时期的国际中文教材在继承晚清西方学人所编中文教材的基础上,顺应时代的发展,以不同方式借鉴吸收中外语言教学研究成果,教材的内容越来越丰富,结构越来越完整,体例越来越完备。主要表现在以下五个方面:

第一,课文编选的继承和发展。民国时期的国际中文教材在课文编选上有一个比较突出的特点,前期如《国语指南》注重国际中文教材之间的互动,以征引辑录以往教材中的课文为主,后期如《华言拾级》《华语课本》更注重与国语、国文材料的互动,以改编引用中国学人所编教材的课文及报刊文章为主。

从《华言拾级》到《华文初阶》再到《华语课本》,各类短文是以不同方式逐步进入国际中文教材的。在《华言拾级》中,课文与生词、语法点还是分离的,课文的作用主要体现记诵的实用性。裴德士在《华文初阶》的前言中对背诵在中文学习过程中重要性的强调,显然更适合《华言拾级》。而《华文初阶》《华语课本》则以课文为中心,生词和语法点都与课文语料有关,三者联系紧密,已从记诵的实用性转变为教学的实用性,同时选文也为文体分层和习作应用提供了支撑,如此编排既扩展了实用的范围,明确了实用的性质,同时也使教材的结构更合理。换言之,课文的编选既体现了中外语言文化交流、中国社会语言生活变革对教材建设的影响,记录了时代特征,也反映了国际中文教材体例和形态的现代进程。

《华言拾级》和《华语课本》中的歌谣,都是因应语文策略的文体实践的一部分,不过因教学对象的不同(初级和中级)而有所偏重。《华言拾级》的歌谣主要是用于记诵的语言材料,而《华语课本》的歌谣则是编撰者侧重于向学习者展示文体区分的材料。从歌谣的来源看,这两部教材的差异显示了外国汉学家和中国教师对于国语运动的了解和切入角度不同。汉学家从代表性的国语教科书中选择资源,而中国教师则更为熟悉社会语言生活实际,资源的来源面更广。此外,《华言拾级》和《华语课本》收录、编选的歌谣,既是口头文化在国际中文教材中的继承、发展和传唱,也是在时代转型过程中,建立与之相适应的话语表述的表现。

第二,注音方式、标点符号的继承和发展。从 20 世纪 20 年代注音符号进入《日日新》《华语津梁》等教材,《适用新中华语》采用"与新书报章学校讲义稍有不同"的标点符号,到 40 年代《华语讲话》《华语课本》采用国语罗马字拼音法式并有一定调整,这一过程是国语运动对国际中文教育的影响逐渐深化的反映。

而《华语须知》采用威妥玛拼音,并在课文中突出强调轻重音之分及对语音规范化的重视,《五十节十分钟中文课》采用国际音标,同样重视重读和韵律,《初级华语课本》虽然采用威妥玛拼音,但不标声调的处理方式与该方案又有所不同,这些都是教材在现代发展过程中既继承和借鉴西方学者的语音研究成果,又充分考虑汉语语音特点的体现。

第三,词汇语法项目设置的继承和发展。民国时期的国际中文教材,在体现语言观的用词上存在从"官话""中国话"到"白话""国语"的变化过程,这些显然也是受国语运动影响的表现。从词的语法类别来看,《华语须知》《华言拾级》的词类八分,《华语易通》《华语课本》的词类九分,可溯源至纳斯菲尔德、马建忠、章士钊、孙俍工、黎锦熙等的词类观。

《华语须知》《英华合璧》《华言拾级》《华文初阶》都设置了 Auxiliary Verbs(助动词)这一语法项目,我们以此为切入点,在逐一描写各部教材的助动词的基础上,讨论了这一术语的源流。研究发现,这几部教材中的助动词直接受鲍康宁和狄考文所编中文教材的影响,而其源头则可以追溯至艾约瑟的汉语官话语法研究。经与孙俍工、黎锦熙语法研究著作中相关概念的比较,刻画了19世纪中期至20世纪中期这一百年里与助动词有关的术语承继和传播过程。

《华语讲话》中的词类标注符号,在学理上主要源于美国学者金守拙、霍凯特等的教学词类观。这些充分显示民国时期国际中文教材的教学语法建设具有前后传承和中外互动的特征。

第四,练习设计的继承和发展。民国时期国际中文教材里的专项练习和测试,渊源于鲍康宁《英华合璧》1894年第3版的课后练习、1911年第8版的课后练习和单元复习。我们主要考察了民国时期5部中文教材里的测试和练习。

研究显示,《五十节十分钟中文课》、马守真《英华合璧》《华言拾级》《华语讲话》均保留了鲍康宁的翻译练习方式。鲍康宁《英华合璧》缺少结合交际情景的语言运用练习,题干上所用语法术语较多,要素型练习的类别多、所占比重大,技能型练习的类别少、所占比重小,且有显明的偏重语言知识的倾向,而《华语入门》中的主题问答、《华语讲话》中的问答练习和情景会话练习则是对鲍康宁做法的调整,表明编写者已明确认识到练习设计应注重帮助学习者实现从语言知识到语言技能的转化。同时,研究还显示,《华语讲话》的情景会话练习可能源于受直接法影响的国内小学国语教学法。

第五,民国时期多部教材的前言、导论和课文都谈到了中文教学情况,从教授或学习的角度讨论了循序渐进的教学原则、注重操练的课堂教学方式,对语言知识教学、语言技能训练都有明确的要求和规划。

从《日日新》《华言拾级》的翻译练习来看,语法—翻译法仍有一定的影响。初级阶段的教材如《中华适用话》《华文初阶》的编写都渗透了直接法,《五十节十分钟中文课》更明确指出以直接法为教材编写和课堂教学的准则,而《华语须知》则对直接法有一定程度的反思,从直接法和翻译法的兼用来看,一定程度上具有了综合教学法的雏形。

在中高级阶段的教学中,则直接从国语教学法中汲取养分,第5章我们在讨论《华语讲话》的教学采用的角色扮演、辩论等练习方式时,已指明这与张士一、黎锦熙等提倡的国语教学法的联系。换个角度来说,与国语运动有关的社会语言生活实践和研究,对这一时期的教材建设和教学法运用的影响越来越大。《华语课本》的生词采用国语罗马字拼音方案注音,轻声标注采用《国语辞典》和赵元任先生的办法,前言部分"请二年级教员注意"的十点,有三点与国语有关。

概括而言,民国时期国际中文教材的建设过程是教材编排逐步规范化的过程,也就是国际中文教学的中国化进程和现代化进程同步加深的历程。当然,教材建设的规范化,并未集中体现在某部教材上,而是一种整体趋势。这一趋势就是在中外语言文化交流互动和国语运动的影响下,中国的学者和教师在教材编写、教学资源建设中参与的程度逐步提高,包括教材编写在内的国际中文教学实践,缓慢发展成为中国社会语言生活的一部分。

民国时期国际中文教材规范化、教师专业化、教学法科学化的发展历程,当然也就是国际中文教育的现代进程。

研究表明,对历史上的国际中文教材进行专题探索,细致描写分析教材的内容、结构、体例、编排方式,探索其学理背景、教学法动因,梳理教材的形态变迁,有助于加深对国际中文教育发展史的认识,对于当前国际中文教育教学资源建设也有一定的参考价值。

3. 研究的不足和展望

本研究虽然挖掘分析了多部截至目前尚未引起关注或关注不多的教材,如《五十节十分钟中文课》《华语讲话》《华语课本》,不过民国时期的国际中文教材仍有待继续发掘整理,例如金陵大学华言科钦嘉乐和贾福堂1915 年编写的《南京华言学堂课本》,华北协和华语学校 20 世纪 20 年代编写的《华语津梁》等。我们注意到《南京华言学堂课本》第 1 课的课文与《五十节十分钟中文课》第 1 篇阅读课文极为相近,可以纳入本研究的框架,围绕课文来源进行互文分析。

从考察的范围来看,本研究讨论的教材以在华西方学人所编为主,所涉教材还可以在史料收集的基础上进一步扩展,同时观察和探索也有待深入。例如,《华语须知》《华言拾级》《华文初阶》都设置了丰富的教学语法项目,除了词类观、助动词本研究已讨论之外,其他的语法项目也需要做专门的整理和分析。

教材在用字用词、语句上的差异虽然有所提及,不过并未展开讨论,例如从"甚么"到"什么",从"后来"到"以后"的变化,选择问句的构成从"是 A是 B"到"是 A 还是 B"再到"A 还是 B"的变化,等等。此外,教材中的词语、句子的方言特点和中介语属性,也都是值得进一步研究的问题。

参 考 文 献

白林海主编 2008《山西省汾阳医院志》,山西人民出版社。

毕芳丽 2016《鲍康宁〈英华合璧〉研究》,山东师范大学硕士学位论文。

卞浩宇 2016《晚清新教在华汉语培训学校的创办与发展》,《海外华文教育》第 1 期。

卞浩宇 2019《20 世纪初来华传教士汉语学习情况分析——基于来华传教士来会理的一次问卷调查》,《国际汉学》第 4 期。

陈宝泉、陶知行、胡适 1922《孟禄的中国教育讨论》,中华书局。

陈承泽 1922《国文法草创》,商务印书馆。

程相文 2004《汉语作为第二语言教材发展的三种形态》,《语言教学与研究》第 1 期。

陈志诚 1995《类型练习在语文教学上的效用和不足》,《第四届国际汉语教学讨论会论文选》,北京语言学院出版社。

程裕祯 2005《新中国对外汉语教学发展史》,北京大学出版社。

崔永华 1990《关于对外汉语教学语法体系的思考》,胡盛仑主编《语言学和汉语教学》,北京语言学院出版社。

戴陈丹琦 2022《上海美国学堂教材〈华语易通〉(1947)研究》,华东师范大学硕士学位论文。

丁光训、金鲁贤主编 2010《基督教大辞典》,上海辞书出版社。

邓守信 2012《从教学观点看汉语词类划分》,《汉语语法论文集》,北京语言大学出版社。

邓懿 1956《教外国留学生学习汉语遇到的困难问题》,《现代汉语规范问题学术会议文件汇编》,科学出版社。

段怀清 2016《新语文:清末民初的语文改良》,陈思和、王德威主编《文学》春夏卷。

范苗苗 2020《金醒吾〈京华事略〉研究》,山东师范大学硕士学位论文。

樊书华 1999《燕京大学与哈佛—燕京学社的建立》,《美国研究》第 1 期。

方书萱 2022《裴德士〈华文初阶〉研究》,扬州大学硕士学位论文。

冯友兰 1926《燕京华文学校》,《新教育评论》第 5 期。

冯友兰 1984《三松堂自序》,生活·读书·新知三联书店。

高万丽 2004《试析 P. C. t'ung & D. E. Pollard〈汉语口语〉课本的几个特点》,《第七届国际汉语教学讨论会论文选》,北京大学出版社。

郭锋 2019《福开森在华五十六年》,上海交通大学出版社。

郭利霞 2016《重新认识〈英华合璧〉——一百多年前理念超前的教科书》,王立新、冉启斌主编《汉语国际教育本科专业学科建设论》,南开大学出版社。

郭利霞 2017《汉语国际教育史视野下的鲍康宁和〈英华合璧〉》,《国际汉学》第 4 期。

郭利霞 2018《通过比较学习汉语——来华传教士鲍康宁的教学理念》,《教学研究》第 4 期。

郭卫东主编 1993《近代外国在华文化机构综录》,上海人民出版社。

郭修静 2004《日本中文教学材料中的中国图像》,丁钢主编《中国教育:研究与评论》第 4 辑。

何九盈 2007《汉语三论》,语文出版社。

胡明扬 1997《"七、八"变调不宜再推行》,《语文建设》第 6 期。

胡适 1934《从私立学校谈到燕京大学》,《独立评论》第 108 号。

胡适 1953《提倡拼音字》,台北《国语日报》1 月 6 日。

黄光域 2017《1807—1949 基督教传行中国纪年》,广西师范大学出版社。

黄晓蕾 2013《民国时期语言政策研究》,中国社会科学出版社。

[日]吉川幸次郎 1999《我的留学记》,钱婉约译,光明日报出版社。

蒋绍愚、曹广顺主编 2005《近代汉语语法史研究综述》,商务印书馆。

江新 2007《"认写分流、多认少写"汉字教学方法的实验研究》,《世界汉语教学》第 2 期。

[德]柯彼德 1991《汉语作为外语教学的语法体系急需修改的要点》,《世界汉语教学》第 3 期。

李菁 2013《史迪威家族的中国记忆》,《三联生活周刊》第 28 期。

李绍林 2003《对外汉语教材练习编写的思考》,《云南师范大学学报》第 3 期。

李孝迁 2014《北京华文学校述论》,《学术研究》第 2 期。

黎锦熙 1924《新著国语文法》,商务印书馆。

黎锦熙 1925《新著国语教学法》,商务印书馆。

黎锦熙 1934《国语运动史纲》,商务印书馆。

林穗芳 2000《引号的由来》,《语文建设》第 2 期。

刘家峰 2008《近代来华传教士的中文学习——以金陵大学华言科为中心》,《上海大学学报》(社会科学版)第 6 期。

刘颂浩 2000《"对以英语为母语者的汉语教学讨论会"述评》,《北京大学学报》(哲学社会科学版)第 6 期。

刘颂浩 2009《对外汉语教学中练习的目的方法和编写原则》,《世界汉语教学》第 1 期。

刘珣 1994《新一代对外汉语教材的展望——再谈汉语教材的编写原则》,《世界汉语教学》第 1 期。

刘小湘 1992《我国对外汉语教学的珍贵遗产——试论老舍在伦敦期间的对外汉语教学》,《世界汉语教学》第 3 期。

刘媛媛 2011《鲍康宁与〈英华合璧〉》,华东师范大学硕士学位论文。

[日]六角恒广 2002《日本近代汉语名师传》,王顺洪译,北京大学出版社。

吕必松 1993《对外汉语教学概论(讲义)第四章教学过程和教学活动》,《世界汉语教学》第 3 期。

吕文华 1991《关于对外汉语教学语法体系》,《中国语文》第 5 期。

吕文华 2008《对外汉语教学语法探索》,北京语言大学出版社。

吕叔湘 1942《中国文法要略》(上卷),商务印书馆。

吕叔湘 1953《语法学习》,中国青年出版社。

吕叔湘 1979《汉语语法分析问题》,商务印书馆。

吕叔湘、饶长溶 1981《试论非谓形容词》,《中国语文》第 2 期。

吕叔湘主编 1999《现代汉语八百词》(增订本),商务印书馆。

鲁健骥 1992《偏误分析与对外汉语教学》,《语言文字应用》第 1 期。

鲁健骥 1994《外国人学汉语的语法偏误分析》,《语言教学与研究》第 1 期。

鲁健骥 1998《谈对外汉语教学历史的研究——对外汉语教学学科建设的一个重要课题》,《语言文字应用》第 4 期。

鲁健骥 2014《对外汉语教学史研究中值得关注的几个问题》,《海外华文教育》第 2 期。

罗伟虹 2014《中国基督教(新教)史》,上海人民出版社。

[英]L. G. 亚历山大 1983《语言教学法十讲》,张道一等编译,科学技术文献出版社。

马国彦 2020《民国时期的国语运动与对外汉语教材》,《对外汉语研究》第 2 辑。

[意]马西尼 1997《现代汉语词汇的形成——十九世纪汉语外来词研究》,黄河清译,汉语大词典出版社。

孟庆波 2014《〈美国东方学会会刊〉中的汉语研究(1843—2012)》,《古代汉语研究》第 2 期。

[日]内田庆市 2004《近代西人的汉语语法研究》,邹嘉彦、游汝杰主编《语言接触论集》,上海教育出版社。

倪海曙 1948《中国拼音文字运动史》(简编),时代书报出版社。

聂丹 2017《对外汉语教材中练习的目标与方法》,《汉语学习》第 4 期。

聂绀弩 1936《从白话文到新文字》,大众文化社。

齐如山 1998《齐如山回忆录》,中国戏剧出版社。

宋桔 2015《〈语言自迩集〉的汉语语法研究》,复旦大学出版社。

宋雪 2017《语言接触与欧化语法——西方来华传教士和晚清语言革新》,《汉语言文学研究》第 1 期。

孙敬修 1989《我的故事:孙敬修回忆录》,四川少年儿童出版社。

沈国威 2009《传教士与 20 世纪初的新汉语》,《江苏大学学报》(社会科学版)第 1 期。

沈澍农 2007《中医古籍用字研究》,学苑出版社。

盛琴仙 1946《教外国人读中文》,《七日谈》第 19 期。

盛炎 1987《赵元任先生对汉语教学的贡献》,《语言教学与研究》第 3 期。

[日]太田辰夫 1987《中国语历史文法》,蒋绍愚、徐昌华译,北京大学出版社。

佟秉正 1991《初级汉语教材的编写问题》,《世界汉语教学》第 1 期。

王成志等 2017《北美藏中国抗日战争历史档案文献提要》,复旦大学出版社。

王东杰 2019《声入心通:国语运动与现代中国》,北京师范大学出版社。

王力 1943《中国现代语法》,商务印书馆。

王力 1944《中国语法理论》,中华书局。

王力 2002《汉语史稿》,中华书局。

王澧华 2014《赫德的汉语推广与洋员的汉语学习》,张西平、柳若梅主编《国际汉语教育史研究》,商务印书馆。

王澧华、吴颖主编 2016a《近代来华传教士汉语教材研究》,广西师范大学出版社。

王澧华、吴颖主编 2016b《近代来华外交官汉语教材研究》,广西师范大学出版社。

王治心 1948《中国基督教史纲》,青年协会书局。

魏建功 1948《文法学的理论与实际——〈实用国语文法〉序》,《国文月刊》第 76 期。

吴邦驹 1999《最新标点符号用法》(修订版),华艺出版社。

乌丙安 2014《民俗文化综论》,长春出版社。

武春野 2014《"北京官话"与汉语的近代转变》,山东教育出版社。

吴晓铃 1952《谈谈"快板"的结构》,《中国语文》创刊号。

吴研因 1923《国语课程纲要草案说明书》,《初等教育》第 1 期。

吴勇毅 2009《汉语作为第二语言/外语教学模式的演变与发展》,《华东师范大学学报》(哲学社会科学版)第 2 期。

吴直雄 1996《实用标点符号手册》,国际文化出版公司。

肖彤 2012《正白旗下的掌故》,《东方早报》7 月 15 日。

邢公畹 1990《论汉语的"连锁复句"——对〈官话类编〉一书连锁复句的分析》,《世界汉语教学》第 3、4 期。

徐菁菁 2018《〈南京华言学堂课本〉介绍——南京官话口语会话书》,《汉字文化》第 3 期。

徐书墨 2012《华文学院研究》,人民出版社。

[捷]雅罗斯拉夫·普实克 2005《中国——我的姐妹》,丛林、陈平陵、李梅译,外语教学与研究出版社(捷克语 1940 年出版)。

杨寄洲 2003《编写初级汉语教材的几个问题》,《语言教学与研究》第 4 期。

杨联陞 2016 王力《中国语法理论》上册,《汉学书评》,蒋力编,商务印书馆。

姚小平 1999《〈汉文经纬〉与〈马氏文通〉——〈马氏文通〉历史功绩重议》,《当代语言学》第 2 期。

姚小平 2011《西方语言学史》,外语教学与研究出版社。

殷华珲 1991《中国早期的外交人员汉语教学》,《世界汉语教学》第 3 期。

岳岚 2014《〈英华合璧〉管窥》,《人文丛刊》第八辑。

张宝林 2005《汉语水平考试中的语段测试》,《汉语学习》第 4 期。

张斌 2010《现代汉语描写语法》,商务印书馆。

张利民 2012《对外汉语教材生词英语注释研究——以〈实用速成汉语〉为例》,陕西师范大学硕士学位论文。

张美兰 2011《明清域外官话文献语言研究》,东北师范大学出版社。

张世禄 1933《音韵学》,商务印书馆。

张士一 1922《国语话教学法》,中华书局。

张伟 2015《风起青萍——近代中国都市文化圈》,福建教育出版社。

张西平 2003《西方人早期汉语学习史调查》,中国大百科全书出版社。

张西平 2009《世界汉语教育史》,商务印书馆。

张西平、柳若梅主编 2014《国际汉语教育史研究》,商务印书馆。

张旭 2015《汉语语言学问题》,商务印书馆。

张越 1987《民族文学漫评》,新疆青少年出版社。

赵晨 2016《战争·苦难·救赎——基督复临安息日会与中国的时兆文化(1912—1951)》,陶飞亚、赖品超主编:《基督教与中国社会文化》,广西师范大学出版社。

赵金铭 2002《魏建功先生在朝鲜教汉语和在台湾推广国语的贡献》,《世界汉语教学》第 3 期。

赵金铭 2010《对外汉语教学法回视与再认识》,《世界汉语教学》第 2 期。

赵贤州 1987《建国以来对外汉语教材研究报告》,《第二届国际汉语教学讨论会论文选》,北京语言学院出版社。

赵元任 1922《讨论国音字母的两封信》,《国语月刊》第 7 期。

赵元任 1924《"那"底分化底我见》,《国语月刊》第 2 期。

赵元任 1935a《国语语调》,《国语周刊》第 214 期。

赵元任 1935b《G. R. 连书词读法和"－"号用法》,《国语周刊》第 221、222 期。

赵元任 1979《汉语口语语法》,吕叔湘译,商务印书馆。

曾晓洁 2013《现代汉语母语教育史研究》,光明日报出版社。

中华续行委办会编 2007《1901—1920 中国基督教调查资料》,蔡咏春等译,中国社会科学出版社。

周健、唐玲 2004《对汉语教材练习设计的考察与思考》,《语言教学与研究》第 4 期。

周有光 1961《汉字改革概论》,文字改革出版社。

周祖谟 1953《教非汉族学生学习汉语的一些问题》,《中国语文》第 7 期。

Baller,F. W. & Hopkyn Rees,W. 1918. *The Missionary and the Study of the Chinese Language*. See *A Manual for Young Missionaries to China*,Arthur H. Smith ed. Shanghai:The Christian Literature Publishing House,10-23.

Birch,C. 1950. Review:*Speak Chinese* by M. Gardner Tewksbury. *Bulletin of the School of Oriental and African Studies*. London:University of London,Vol. 13,No. 2.

Carrington Goodrich,L. 1948. *Hua-Wen-ch'u-chieh*. *Chinese Language Lessons* (1943). The Far Eastern Quarterly. Vol. 7,No. 2.

Crofoot,J. W. 1908. *A Consensus of Student Opinion on Language Study*. The Chinese Recorder and Missionary. 39,7:375-384.

Howatt,A. P. R. & Widdowson,H. G. 2004. *A History of English Language Teaching*. Oxford:Oxford University Press.

Keen,C. S. 1917. *Language School Notes*. The University of Nanking Magazine:3.

Kennedy,G. A. 1942. Review:*Introduction to Spoken Chinese* by J. J. Brandt. Journal of the American Oriental Society,Vol. 62,No. 2.

Laessig,R. 1947. Review:*Beginning Chinese* by John de Francis,H. C. Fenn and G. A. Kennedy,Books Abroad,Vol. 21,No. 4.

Mrs. W. B. Pettus. 1920. *The Modern Study of Chinese Life*. FEWCHOW:4.

Simon,W. 1949. Review:*Beginning Chinese* by J. de Francis,H. C. Fenn and G. A. Kennedy. Bulletin of the School of Oriental and African Studies,*University of London*,Vol. 13,No. 1.

Sydenstricker,A. 1912. *Language Study Classes*. The Chinese Recorder. Apr 1,240-242.

Yuen Ren Chao. 1925. *A Phonograph Course in the Chinese National Language*. Shanghai:The Commercial Press,Limited.

后　记

20 年前,第一次检索到元末明初教材《老乞大》的一部分课文时,我就对历史上的国际中文教学产生了一些兴趣。不过当时收集到的材料有限,加之还没有明确的探索切入点,因而这种兴趣总体上是比较模糊、抽象的,并未付诸深入研究的实践。

10 年前,我在燕京大学的校报《燕京新闻》上看到一篇有关吴天敏先生20 世纪 40 年代教授外国人中文的报道,报道对该校"外人华语"(Foreigner Chinese)课程的学分、学时、教材、教法记述甚详。这重新唤起了我了解、考察国际中文教育史的热情。以这篇报道为起点,我查阅细读了一些国际中文教学机构、教师、教材的资料和研究文献,尝试写了两篇小文章,一篇是民国时期国际中文教学的"琐谈",一篇是国际中文教师角色和职能流变的考述,这一领域的研究方向和目标至此方逐步清晰。四五年前,我先后申请了汉考国际教育科技(北京)有限公司和教育部中外语言交流合作中心的研究课题,分别探索民国时期国际中文教师的专业素养和国际中文教材的发展历程。呈现在读者面前的这本小书,就是在这两项课题研究的基础上扩充、修订、整理而成的。

课题研究和书稿撰写过程中,上海师范大学王澧华老师、华东师范大学丁安琪老师馈赠多部珍贵的教材和文献资料,我指导的硕士研究生戴陈丹琦、杨依潼、王宴宗、赖冠洲、夏侯迎翔、唐雪婧、云霄等同学帮助搜集整理了许多史料,在受邀与河南大学文学院、上海第二工业大学国际教育学院、上海外国语大学国际文化交流学院、西藏民族大学文学院的师生互动交流时,受到不少教益和启发,谨此一并致以诚挚的谢意!

感谢华东师范大学国际汉语文化学院对本书出版的资助,感谢华东师范大学高慧宜老师、上海辞书出版社姜慧老师、上海外语教育出版社王璐老师对本书出版的关心和帮助!感谢上海外语教育出版社马乔老师的细心校正,感谢责任编辑李振荣老师的悉心审校及提出的宝贵意见和建议!感谢家人长期以来对我的教学和研究工作的大力支持!

本书是以民国时期的 14 部国际中文教材为中心,勾勒和刻画国际中文教育现代进程的一次尝试,探索的主要目标是接续 20 年前的愿景,在研究方向由朦胧转为明晰的过程中,透过星丛窥探谱系,为打通历史和当下的国际中文教学稍尽绵薄之力,然而囿于学识和视野,不足和舛误肯定在所难免,恳请方家多加批评指正。